中国
CHINA
期待一个怎样的未来

财新传媒编辑部◎编著

红旗出版社

图书在版编目（CIP）数据

中国期待一个怎样的未来 / 财新传媒编辑部编著.
—北京：红旗出版社，2017.10
ISBN 978-7-5051-4321-0

Ⅰ. ①中… Ⅱ. ①财… Ⅲ. ①中国特色社会主义—社会主义建设模式—研究 Ⅳ. ①D616

中国版本图书馆CIP数据核字(2017)第252029号

书　　名	中国期待一个怎样的未来		
编　　著	财新传媒编辑部		
出 品 人	李仁国	责任编辑	于鹏飞
总 监 制	高海浩	封面设计	尚刘阳
出版发行	红旗出版社	地　　址	北京市沙滩北街 2 号
邮政编码	100727	编 辑 部	010-51274617
E - mail	hongqi1608@126.com		
发 行 部	010-57270296		
印　　刷	北京富达印务有限公司		
成品尺寸	690 毫米 ×980 毫米　1/16		
字　　数	220 千字	印　　张	16
版　　次	2017 年 10 月第一版	印　　次	2017 年 10 月第一次印刷
ISBN	978-7-5051-4321-0	定　　价	48.00 元

欢迎品牌畅销图书项目合作　联系电话：010-57274627

目录

CONTENTS

第五部分　从文明的角度把握中国的未来

第六部分　谁来监督监督者

代 序

奋力驶过改革“三峡”

中共十九大已经闭幕，中国未来五年，甚至更长一段时间怎么走？决策者作了擘画，公众也满怀期盼。此时此刻，聚焦“中国期待一个怎样的未来”这一主题，其意义不言而喻。面对未来的希望与风险，展望发展与改革大势，我们认为，目前中国最需要的依旧是“改革执行力”，特别是几大领域改革的有机联动。

近年来，全球政治经济形势波谲云诡，许多变局为世人始料未及。全球化进入高度不确定时期，世界经济始终未能摆脱增长乏力之态，凸显中长期结构性痼疾。在中国，旧发展模式长期积累的问题显露无遗，当务之急是充分认识当下中国经济社会中的潜在风险，按照既定顶层设计，切实推进改革。

过往 20 多年，中国经济高歌猛进，但渐渐形成三大失衡，在全球金融危机已提出警示后仍无根本改观：一是实体经济内部存在供需失衡，在一些行业产能过剩的同时，另一些行业需求结构升级迟迟不能得到满足；二是虚拟经济和实体经济失衡，金融业陷入自我循环、自我炒作的怪圈，而其竞争力并无显著提升；三是房地产和其他实体经济间的失衡，房地产染上了过多的金融属性。

目前企业债务高企、金融风险不断显现，正是这三大失衡的具体体现。

对这些风险点自应有不同的长短期处置方式，但是，加速推进全方位改革方为治本之策。唯有深化改革，纠正这三大失衡，中国经济才能真正激发内生动力，国内外投资者才会对中国经济抱有信心。

中国体制改革仍在半途。中共十八届三中全会召开已近四年，改革方向已明，但落实不尽如人意，全会决议列出的若干重大改革进展不一：或一马当先，或长久停滞而近来终获突破，或依旧原地不动。一些旧体制的因素还有死恢复燃之势。这一切，构成一幅多彩复杂的图景。不容否认，国企、财税、土地、社保等基础性关键性改革总体上进展缓慢，制约了供给侧结构性改革的整体推进。更令人警觉的是，即便中共十八届三中全会已明确做出“让市场在资源配置中发挥决定性作用”的表述，在一些领域、一些地方，计划经济色彩依旧浓厚，社会上还不时泛起一些回潮的杂音。这反映了改革的艰难，而这种艰难也只有深化改革才能克服。

中国经济社会发展至此，任何一个领域内的改革都不可能在自身范围内求得解决，暂时的单兵突进或许可能，但倘若没有其他领域改革的配合，欲求得根本突破则断不可能，已有的成果也可能丧失。全面深化改革，被列入“四个全面”之中，然而，对经济、政治、社会、文化、生态几大领域改革联动的探讨少之又少，这对改革全局是十分不利的。

2018 年，中国将隆重纪念改革开放 40 周年。经过迅猛发展，中国已成为全球第二大经济体。以购买力平价计算，成为全球第一也变得不再遥不可及。中国的综合国力也显著增强，其影响力几乎可以在每一个全球议程上清晰感受。数十载“生聚”的成果值得万分珍惜。巩固和扩大这一成果，要靠全面改革过大关。中国经济增长面临的最严峻的挑战，就是实现经济增长新旧动能的转换。这不仅意味着农业、工业、服务业在经济总量中的比例升降，它还必然伴随着社会结构、国家治理、国民价值观的新陈代谢。过去 40 年的许多经验将不再灵验，而随着中国经济总量迈向全球前列，技术进步成果日积月累，往昔可直接借鉴的国际经验变得不再那么现成，“低垂的果实”不再伸手可及。开辟中国的崭新未来，唯有全面深化改革一途。

本书收入的文章，题材多样，涉及经济体制改革、政治体制改革、法治建设、民生改善，进而试图从人类文明的角度把握中国的未来。这些思考都是极富价值的，有助于我们在全面深化改革的关键时刻理清思路，激浊扬清。无论知和行何者更难，知都是行的前提。

展望未来有坦途，亦有险滩，而后者更值得警醒。消除风险源别无他途，唯有强化执行力，全面深化改革。改革真正的“三峡”还没有驶过。使中国变得自由、民主、富强，是百年来无数志士仁人的梦想。当今中国比历史上任何时候都接近这一理想。经我们的手，创造如此美好的未来，是所有中国人的追求与责任。

胡舒立

（财新传媒总编辑）

第一部分

读懂中国期待

回头却不是从前——从 1998 到 2018

明年 2018 年就是金融危机爆发 10 周年，从次贷危机算起，今年已经是第 10 个年头。在过去 10 年里，我们看到发达经济体基本上是在一个去杠杆的过程当中，而我们基本上是在加杠杆，从非金融企业部分加杠杆、政府加杠杆到居民加杠杆，虽然这其中某些部门的杠杆去化也取得了一定的成绩，但全社会总体杠杆率依然是很高的，全社会杠杆率（总债务除以 GDP）接近 250%。

摆在我们当前经济领域当中最大的问题，其实就是债务问题、杠杆率过高的问题。高杠杆率问题并没有解决，解决难度也很大，借的钱肯定是要还的，债务和资产价格泡沫不一样，债务不会凭空消失。

在加杠杆的过程中，金融机构在这几年总体是受益的，虽然利率市场化之后，商业银行的利薄了点，但至少加杠杆伴随着货币创造，金融机构的资产规模越来越大。但加杠杆并不能从实质上解决经济增速结构性换挡的问题，杠杆率比较高的这种压力已经逐一显现出来。资产价格、股权投资、股市、债市的走势，大家可以回想一下，并不用我详述。再看实体经济，制造业企业、零售企业、很多商铺都关门了，很多制造业企业退出市场，从我们的草根调研看，很多企业的微观表现并不如今年初的宏观经济数据那么亮眼，一季度经济增长 6.9% 的这个数字其实很好，我也相信数据的真实性，但宏微观出现了背离，这其实反映的是结构性问题，行业间、地域间的分化非常严重。

比如说杭州以及长三角一带， 2013 年、2014 年其实是我们压力最大的时候，浙江民营企业较多，很多企业都进行了破产，当时温州市一些银行的不良率比今天某些能源大省的银行不良率还要高，民间借贷乱象频出，但现在来看，温州调整过来了，情况已经朝健康的方向发展。2015 年、2016 年温州市的 GDP 增速从 7% 上升至 8%，工业结构中，高新技术产业对规模以上工业增长贡献率为 47%；装备制造业增加值占规模以上工业增加值的比重为 44.5%，高新技术产业、装备制造业、战略性新兴产业、信息产业已经远远超过传统的服装、皮鞋、汽摩配等制造业，成为温州工业经济的支柱。

当然，长三角现在依然在一个调整的过程当中，但是从全国的情况来看，这两个地区实际上相对较好，产业结构已经悄然转化，珠三角大概也是如此。

但是反观京津冀地区、东北地区、西北地区，这些地区现在这个调整才刚刚开始，某些地方大国企“大而不倒”，中央要求坚决淘汰的僵尸企业“僵而不死”，甚至某些地区，企业想破产都很难。

这就导致我们在研究出台宏观政策的时候，发现会遇到非常大的障碍，地区的分化非常严重，同一个宏观政策对不同的地区的影响是不一样的，不同地区的经济调整的阶段、经济发展的阶段是不一样的，但货币是可以跨区域流动的，所以造成很多矛盾、困境和悖论。

因此，我们现在对研究的一些问题，包括企业经营，都做一些本土化的思考。因为这几年越来越多地发现，我们在处理企业的日常经营中，包括研究问题、政策出台出发点和教科书上给我们的东西是完全不一样的，今天我试图梳理出几个。

以下简单总结为“三个软约束、三个扭曲和三个失衡”，希望通过梳理这些具有中国本土化色彩的特点，来帮助大家梳理清楚未来发展的一个思路。

三个软约束

第一个软约束，是货币发行的软约束。大家平时都说我国货币超发、票子印多了，等等，这实际上是一个通俗的说法，实际上你很难衡量说到底什么情况叫货币超发、超发了多少。老百姓在什么情况下会感觉到“货币超发”？钱不值钱了，因为他感觉到资产价格上升，房价涨幅非常大，普通老百姓实际感受到的境况变差了，特别是没有资产的群体。关于货币是否超发，学术上也有很多讨论说是不是合理，其中大部分是从 M2/GDP 或者杠杆率的角度。我们不讨论货币是否超发，我们看看中国的货币发行机制有什么特点。

我们先回顾一下从过去到现在我国货币发行的历史。今天在座的很多企业家，应该都经历过 20 世纪 90 年代中后期的那一次调整，我们称之为治理整顿，在政治上，我们看到小平同志南方谈话以后，中国开启了一个改革开放的新局面；但是在经济上，却曾经出现过一段严重的过热，通货膨胀率曾经达到过 20% 以上，货币的发行几乎失控，没有基准，因为本来我们的货币发行是目标制，货币投放几乎是失控的，这就是大家一直说的中国人分析经济问题一直要讲所谓政治经济学，南方谈话之后，货币闸门打开，出现投资过热、通货膨胀，之后就是债务问题、三角债问题、银行的不良贷款问题。其实在 1998 年开始改革的时候，我们的杠杆率高企问题、货币失控问题，已经积累了接近 10 年时间。

随后进入新千年，现在大家都讲中国货币发行的特点是，外汇占款是我国过去 10 余年基础货币发行的主要渠道，这背后的原因是中国加入 WTO 之后经常项目和资本项目双顺差，实际上是外汇占款逼着中央银行发钞。这是基础货币的发行。

那信用派生呢？如何形成 M2？这里我们把商业银行贷款创造存款的信用货币创造机制向现实情况中进一步延伸一下，即贷款需求从哪里来。有经济学家认为，说我们的货币形成中有一部分是“地根决定票根”，无论是地方发改委还是国家发改委，只要一批项目，土地一出去，项目审批通过，相应地，实际上它创造了贷款需求，信用派生随之产生，地方政府如果按照 GDP 考核，也会非常有增加投资的动力，M2 跟随政府的 GDP 目标考核被动增加。这一观点略为极端，有待商榷，但不能否认这一机制在过去的 10 余年里在某些地方是存在的、行得通的，至少在热播剧《人民的名义》中存在；

同时也可以看到“4 万亿”政策以后，M2 的余额加速上升。

可以看到，不论是基础货币投放还是信用派生，我国的货币供给是被动的，央行的货币供给是受外汇占款和政府投资意愿约束的，这是我们讲的第一个软约束——货币供给软约束的基本特点。

2011 年以后，我们看到外汇占款逐渐地收缩，外汇储备从 4 万亿美元下降到 3 万亿美元左右。央行基础货币投放也逐渐从外汇占款倒逼为公开市场操作，转型之后，央行基础货币投放的独立性看起来确实增强了，不过一定程度上还是被动的。但系统性风险底线不能破，这将导致“钱荒”“股灾”“债灾”，每次央行都要进行大规模的公开市场操作。目前央行通过公开市场操作（包括 MLF 等）投放的货币余额已经超过了 7 万亿元。不论是哪一种货币发行机制，我们可以看到，货币投放机制不是以国家信用为基础的，也不是以国债为基础的，所以它的约束机制相对于美联储、相对于欧央行，实际上是软的。

我们可以看到，2007 年我国的 M2 余额不到 48 万亿元，今天 M2 余额已经超过 150 万亿元，膨胀了 3 倍。金融行业增加值占 GDP 的比重现在达到了 8.4%，已经超过了美国金融危机前的水平。M2 余额加速上升、M2 占 GDP 的比重加速扩大，意味着总需求的剧烈膨胀，意味着你在“4 万亿”政策以后拿到贷款更容易、扩张产能更容易，当然后来陷入产能过剩的困境也更容易，同时也导致了我国整个金融和实体经济的背离或者失衡。

所以我一直说，货币供给的软约束是我国很多问题的症结所在，当然这里面有一个非常复杂的机制，我们的中央银行是政府组成部门，政府每年的经济工作目标里，排第一顺位的目标是稳增长，那么在这种机制下，这种软约束的特征是长期存在的。

第二个软约束，风险转移的软约束。什么叫风险转移的软约束？这个大家也都经历过，20 世纪 90 年代中后期，很多国有企业陷入三角债，国有企业成为财政包袱，财政上非常吃力，由财政压力引起的制度变迁，这种压力导致政府不得不进行国企改革。我们回顾这场国企改革，看看当时政府如何处理国企的巨额债务。国企的债务，包括社会稳定的费用，其实是先从国企甩给了另外一侧的国有金融机构，特别是国有银行，我国的国有银行在 20 世纪 90 年代中后期普遍经历了一个不良率急剧上升的过程，不良率 30%、50% 以上的都有。那么这种风险转移是怎么消化的呢？技术操作层面，当时组建四大资产管理公司，承接并处理不良资产，随后国有银行接受央行的资本补充，规范公司治理，普遍走了一条上市的道路。现在看这一过程银行和资管公司获得了双赢，但获得“双赢”是需要条件的。需要什么条件呢？需要经济周期重新步入繁荣，需要不良资产的增值，同时需要配合一个比较宽松的货币环境。2002 年、2003 年以后，整个货币环境，不仅是中国，应该说 2001 年“9·11”事件以后，全球货币环境都很宽松，然后资产增值，不良资产变成了优质资产，解决了这个问题。

我们现在看这个过程，它确实化解了金融风险，解决了不良资产问题，但同时也造成了巨大的资产价格泡沫，造成了巨大的收入差距分化。刘鹤在其获得孙冶方经济科学奖的著作《两次全球大危机的比较研究》中提到，美国金融危机前收入差距达到了历史高点。很多拥有众多房产或者投资成功的企业家可能觉得这个过程意味着财富的增加，但在这个过程当中，有一部分群体是受损的，没有资产的人只能被动承受通货膨胀、资产增值。所以货币政策、货币环境并不是中性的，至少它的效果是非中性的，对不同的群体、不同的行业，影响差别非常大。

这种风险转移机制还隐藏着另一个问题：国有企业和国有金融机构的效率始终无法得到有效提升。我们看到，国有企业改革、国有金融机构改革确实有了很大的改进，但是与纯粹市场化的企业和金融机构相比，效率还是偏低的。

这也促使我对这个问题做了更加本土化的思考，国有企业和国有金融机构的效率并没有得到有效的提高，但在货币环境比较宽松的情况之下，债务风险没有了，资产增值了。这是变好的一方面。但我们很少关注到在这个过程当中，有一部分人的利益是受损的，比如说当年下岗的工人、普通的车间工人、远离城市的农民的利益是受损的，我们土地的城市化大大地快于人口的城市化，这实际造成了新的“剪刀差”，新的“农业补贴工业、农村补贴城市”。

所以，我们的风险转移，实际上是国有企业和国有金融机构左兜装右兜，通过比较宽松的货币环境、比较快的经济增长转移了风险、消化了风险，实现了资产增值。

那么这一次有没有可能实现这种情况？有没有可能像20世纪90年代中后期那样，我们再遇上一个经济繁荣周期，货币环境也比较宽松，就像我们今天在处理债务问题上，我们讲地方债务、城投平台，做债务置换；国有企业面临问题，做债转股，这是90年代中后期的经验，这些事以前我们都干过，这次我们有没有那么幸运，经济周期再繁荣起来？债务又消化于无形当中？资产又实现新一轮的增值？我觉得这一次要打一个问号。

这是第二个软约束——风险转移的软约束，也是中国区别于成熟经济体很重要的一个方面。在美国，企业发生问题没有人给你兜底，只有极个别有系统性影响的这种企业，美联储、财政部才会给你救助，其他的只有破产这一条路，底特律整个城市都破产了，而我国却可以转移。

第三个软约束，预算的软约束。其实在政府部门工作和在国有企业工作的领导，可能对这个不一定支持，但是从学术研究这个角度来讲，或从第三方的角度来看，确实是预算软约束。最典型的情况是，比如说“4万亿”刺激计划出来以后，地方政府、国有企业（特别是中央企业），这两个天然的具有“投资饥渴症”特点的主体放开了，我们的巨额债务问题由此产生。在2008年以前，总体情况应该说问题还不是这么严重。在2008年以后，地方政府城投平台、国有企业大量举债。表现在杠杆率上，我们看到，非金融企业部门杠杆率最近10年一路上升。很多人说我们主要是内债，风险没有那么大，但是支撑杠杆率很重要的一个基础，是实体部门有持续的盈利，投资要有持续的投资收益，收益率要比较高、比较稳定。但是目前的情况，企业盈利虽然去年以来略有改善，但企业盈利的情况总体是恶化的，实体经济的投资回报率总体是恶化的，杠杆率这么高是很难持续的。后来我们做了债转股，做了债务置换，一部分债务风险得到了化解，但债务没有消除，这跟我们的预算软约束是有关系的。这个是我们讲的第三个软约束——预算软约束。

三个扭曲

这也是很有中国特色的一个特征，你可以说它支撑了我国过去40年的高速发展，也可以说它制约了我国过去40年的高速发展，实际上就是三大生产要素的扭曲：土地、劳动、资本。

第一个，土地。我国的土地制度是《宪法》明确规定的，农村土地集体所有制和城市土地国有化，我国土地产权制度与成熟经济体的私有化的产权制度是不一样的。

城乡之间土地要素的扭曲实际上是扩大了城乡之间的差距，造成了第二次“剪刀差”，农村的土地在工业化进程当中大量地被城市化，而人口的城市化速度是大大地慢于土地的城市化速度的。

在城镇化当中，土地逐渐作为一种重要的生产要素，实现货币化，实现资产增值，我们很多企业其实在具体的投资上都自觉不自觉地利用了土地这种生产要素的扭曲。比如同样一块土地，如果原本是工业用地，把它变成商业用地，可能坐地增值几倍、几十倍。典型的案例就是最近大家看的《人民的名义》里，丁义珍、高小琴和祁同伟干的就是这个事，三人利用了我们生产要素的扭曲，实现了要素的增值，因为我们是模糊产权，政府是土地最后的支配方。这种情况你可以说推动了发展，也可以说制约了发展。在资产增值这个过程当中，一部分人是受益了，比如说像高小琴，像祁同伟这些人都受益了；另一部分人在资产增值当中他没有享受到收益，比如大风厂的工人。所以这是第一个扭曲，就是土地这种生产要素的扭曲。

我国过去这些年很多地区的发展，其实靠的就是土地要素。按照传统经济学理论，假设资源固定，在实现了帕累托最优的情景里，是不可能在没有人变差的情况下任何一个人变好的。我最近也在思考这个问题，我们看到很多地区出现了大批的失地农民，我们也看到土地被城市化以后，很多地区非常快地发展了起来，也有很多农民拿到高额的补偿款，各地差异很大。北京马连道南边，南二环以内那些地方相对来说补偿款较高。但是你要到一般的城市周边，可能农民拿到的补偿款就相对较少，如果说当地政府又比较能干，把这个地方变成了一个非常好的开发区，变成了一个特色小镇，土地增值就非常大，发展就非常快。这些农民没学过经济学，不会现金流贴现，不知道原来补偿款现在变得太少了，他们为城市发展做了可以说最重要的牺牲，失去了土地，却没得到最公允的补偿，于心何忍，你怎么去评估呢？但土地增值是肉眼可见的，农民发现土地补偿款拿少了，没有背景的他们只能做一件事——上访。所以，某些地方政府接待最多的上访问题就是拆迁问题。土地要素如何用、怎么用引发一连串问题，可能真的不适合用教科书上教给我们的那种成熟市场经济体评价方式去评价，也没法评估，这是第一个扭曲。

第二，人力资本。人力资本的扭曲根结在于户籍制度。大家都讲公平，北、上、广、深这些超大城市，特别是北京、上海还在严格控制人口规模。户籍制度的松动在超大城市非常难，难也有难的道理。如果放开北京市的户口，很难想象北京是一个什么状态，户籍牵扯到买房、买车、医疗、教育等很多隐性资源，牵扯到资源分配的公平性。你觉得它不够合理、有待优化，但你从中国的国情出发，似乎觉得它又有一定的道理。当你生活在北京的时候你会发现，好像更有道理，因为人太多了。一个是超大城市的户籍制度，另一个是农村户口。一个小伙子从其他省份的农村考上北京大学，户口迁至学校，他在村里头分的那块自留地要自动交回给村里了，假设毕业后进了中关村某高科技公司，民营企业不一定能解决北京户口，刚毕业肯定买不起北大周边的学区房。与他在农村有块地、老婆孩子热炕头相比，劳动者素质提高，为全社会作出的贡献是增加的，他的收入水平也提高了，但他自身的福利到底是改善了还是恶化了，很难客观评价。这是对个人而言，可能不够公平，对全社会的经济发展，也可能是不够公平的，因为可能造成了更大的城乡差距、更大的地区差距。很简单，你想想，农村考大学考出来的孩子，大部分都特别有志气，相信在城市一无所有的生活终有一天会变好的，有信心留在大城市里拼搏。别说农村，一些三四线城市的大学生考到了一线城市，也是不愿意回去的，当地人口老龄化特别严重，怎么发展？这是一种新的“剪刀差”。我们过去在计划经济时代讲所谓工农业“剪刀差”，那是很明显的，通过计划价格压低农产品价格，相对抬高工业制成品价格，它就是典型的“剪刀差”，而我刚才讲到的土地、人，或者我们叫劳动，这是典型的隐性的“剪刀差”，这是第二个扭曲。

第三，就是资本的扭曲。资本的扭曲大家都会遇到，很简单，国有企业相较于民营企业融资就是容易，融资成本低，这里既有规模的问题，也有信用的问题。我们一直讲融资难、融资贵，其实主要是针对民营企业，但从金融机构角度，也很容易理解，国有企业政治上没有风险、信用上有背书、规模上有保证。但资本的扭曲还不仅仅限于国有企业和民营企业之间在融资上的已经显性化的差别，这种扭曲体现在资本市场上那就更多了，体现在股权投资上，体现在二级市场股票交易上，体现在我们的发行制度上。现在的资本市场平台，一定程度上扩大了这种扭曲，拉大了财富差距。上市公司为什么值钱？融资方便，它可以非常方便地融资，再怎么严格的监管，上市公司也比非上市公司融资容易。我们的退市制度一直有待完善，这不是资本扭曲吗？它本来应该退市了，但是退市涉及多少人多大的利益？A 股的估值水平为什么比港股、美股都要高？这种有待改善的制度设计实际是把财富做了二次分配，资本市场只是一个平台和管道，进一步扭曲了资本这种生产要素。这是第三个扭曲，就是资本的扭曲。

所以我们看到土地、劳动、资本，如果说和一个基准的模型去对比的话，确实存在一定的扭曲，这里只是客观分析中国经济存在的这种基本特征和它造成的基本影响，不做价值判断。这是三个软约束、三个扭曲。

三个失衡

第一个是区域的失衡。前面提到我们的宏观政策有时很难、很矛盾，浙江的情况和黑龙江的情况是不一样的，整个长三角、珠三角当前面临的经济发展阶段、转型升级的阶段、转型升级的程度，和东北地区、西北地区、京津冀地区完全不一样，这种失衡已经不是原来我们传统意义上说的东中西部差距，它已经严重制约了我们的经济政策、宏观管理，还有整个国家治理。区域经济状况失衡的背景之下，整个金融体系膨胀起来，而我们知道金融是不分地区的，资金是流动性的，所以我发现在区域失衡的状态之下，金融的失衡更为严重，比如说我们讲上海自贸区的开放，如果哪个地方做了一个所谓资本项目开放的试验的话，很多钱都会通过那个口子流出去，因为金融体系的流动性非常强。又比如说我国在2014年以后尝试的定向降准、差别降息，实际上不但达不到效果，而且适得其反。你不可能给黑龙江采取差别的货币政策，今天东北地区这种发展的阶段，我们看到重化工业的比重比较高，国有企业的比重比较高，和整个长三角、珠三角比起来，完全不一样。山东，从经济总量上排在全国前三位，但国有经济比重比较高，民营企业的发展和长三角、珠三角的企业相比还有很大的差距，这一轮它的经济调整与转型升级，相对于长三角和珠三角落后一大截。我国的区域经济发展如果从经济发展阶段和转型升级所处的阶段来看，我们看到基本上是从北往南，越来越先进，从南往北越来越落后，即便在长三角，浙江和江苏的情况也不一样，浙江想搞经济，政府和市场的关系相对比较融洽，我们也不能说它是个小政府，至少它是个中等政府。比如江苏，江苏政府的权利就非常大，它仍然是工业化驱动的一种经济模式，尽管苏南模式已经经历了一个转型，但是这种地区差距你会发现在这一轮经济的转型升级过程当中差距进一步拉大。就长三角和珠三角这两个地区与东北、华北、西北地区的差距进一步拉大而言，这几年西南地区有亮点，在重庆、四川、湖北等长江中游这一带。这是第一个失衡，就是区域失衡。

第二个失衡，是金融和实体之间的失衡。有很多人讲到过这个问题，中国当前金融业占 GDP 的比重一直超过地产泡沫破灭前日本和美国的水平。在 G20 国家里头，我国 M2 占 GDP 的比重仅次于日本。同时现在 M2 已经跟不上我国的实际货币供给了，商业票据、同业存单、二级债基均不计入 M2，但这几年发展十分迅猛，也形成了银行资产扩张的重要支撑。2012 年以后金融的膨胀主要表现在影子银行的发展上，银行和非银行金融机构规模同时膨胀。这一方面是由于监管缺位，另一方面是由于金融自由化鼓励创新。跟实体经济相比，金融机构特别是非银行金融机构的日子非常好过，2012 年到 2016 年是中国金融行业最辉煌的几年，也是中国股权市场投资最繁荣、增长最快、泡沫化程度最高的几年。这个不是政策有意推动的，现在回过头去看，其实当时监管层也好，决策层也好，可能没有意识到这个问题，就像我们说在互联网改革、互联网监管的过程当中，我们的互联网管理部门并没有意识到电商对实体企业的冲击。阿里发展起来了，金融行业特别是非银行金融机构也是这几年快速地发展起来了。

大量的流动性只能在金融体系里头空转。去年以来的强监管主要是针对这种空转。空转的形式多样。最基本链条是这样的，个人投资者用自己的钱买了商业银行的理财产品，商业银行形成了巨大的资金池和资产管理池，那么这个资金池这些钱去干吗呢？它需要去投资，资产端得有足够的收益率能够弥补负债端的成本，商业银行要把大量的资金委托给非银行金融机构，特别是投资机构去投资，这里有一级市场，有二级市场，虽然这些投资机构发现实体企业有融资需求，但是它们并不想把这个钱给实体企业，因为它们发现这个企业的风险很高，我们的实体行业在收缩，很多行业在败落，所以大量的机构重新把从商业银行拿到的理财资金又转而去买了一些中小银行发行的同业存单，同业存单的利率稍微高一点。为什么中小银行要去发行同业存单，因为在过去几年有一个利率市场化的改革，存贷款利差收窄，商业银行的压力非常之大，特别是中小商业银行，这个时候就逼迫着它必须做大规模，做大规模它既要做大负债端也要做大资产端，它要比大型商业银行以更高的利率去吸引资金以做大负债端，同时去做大资产端，所以我们看到一般中型的股份制商业银行是同业业务这几年做得最快最猛的，当然也是风险最大的。那么我们看到资金到了商业银行，商业银行拿着资金到非银行金融机构去投资，非银行金融机构又用这个钱去投资了其他银行的同业业务，这个钱有多少流到了实体经济当中去？有一部分，但大部分实际上是在空转，这个空转的进程在整个货币环境比较松的时候是没有问题的，因为中央银行可以给你更便宜的钱，我拿到更便宜的钱之后把便宜的钱拿出去给其他商业银行，给其他投资机构，我中间赚了一个利差，何乐而不为？只要中央银行可以不断地给我更便宜的钱，理论上这个过程可以永远无限制地复制下去，金融体系可以无限地膨胀下去，但是膨胀的过程也是风险不断积累的过程，也是资产价格不断膨胀的过程。

监管不可能堵住所有的口子让这些流动性不进入金融资产，不去买债券，很多金融机构一定是要去买债的，而债券收益率在货币环境非常宽松的时候是持续下行的，怎么去覆盖负债端的成本呢？怎么去提高我资产端的收益率呢？当然是短期加杠杆以小博大，3 倍杠杆，5 倍杠杆，10 倍杠杆，只有用杠杆我才能赚到钱，所以金融机构不停地在加杠杆。这就是在 2015 年股灾以后债券市场中金融机构的基本做法，但这个做法也是不可持续的，所以 2016 年年底发生了严重的债灾。金融机构都想卖债的时候发现卖不出去了，而且这个过程还没有结束。

反过头去看，2012 年以后的资产泡沫无论是房地产、非标、股票、债券，基本的一个要素是什么呢？杠杆。加杠杆就有风险，高杠杆高风险，当货币环境突然发生变化，杠杆出现连环崩塌的概率就大为增加，就像在 2015 年我们怎么也没有想到股灾最终是因为杠杆，就是场外配资连环爆仓导致整个股灾的，债券市场的风险也来自于杠杆。

简单举个例子，对一个债券基金来讲它要想赚钱只能加杠杆。这里头蕴含的风险在 2016 年年底已经开始爆发了。杠杆是一个直接因素，货币空转、流动性过剩、钱又到不了实体经济里去，金融和实体出现背离。这种背离，金融体系的快速膨胀在2016年7月份已经开始出现逆转，出现了一个系统性的逆转，触发条件就是货币政策出现转向，货币政策从稳健、相对比较宽松转向稳健、中性、边际上收缩。

现在回过头去看，无论是我们投资机构还是上市公司，在2016年7月份以后就应该有意识地缩减杠杆率，不然会输得很难看。我现在甚至担心过去这些年看到的很多上市公司出现的问题，包括一些大企业出现的问题，比如说德隆系出现的问题，在未来几年会轮番上演。去杠杆的过程非常难熬。去杠杆的直接表现就是流动性消失，资产贬值，企业破产清算，企业出现的风险其实跟规模关系没有那么大，关键看你的杠杆率有多高，这是我们说三个失衡里的第二个——金融和实体失衡。

国家层面已经开始在降杠杆了，短期内这个过程不会转向，只可能阶段性地缓和，这个进程已经开始了，对于我国企业来讲一定要逐渐地把杠杆率降下来。该做市值管理就做市值管理，债务规模比较大的企业，抓紧时间减小债务规模，没有企业可以因大而不倒，特别是民营企业。

我个人对这一轮降杠杆的过程中债务风险的问题相对要谨慎一些。这一轮一些大企业的债务规模非常大，有家非常大的地产企业，光南方一家证券公司持有它的债券就达1000亿元，在整个行业环境收紧的过程当中，如果资金链条出现恶化、变动，盈利跟不上，盈利大幅度减少，这就是非常严重的事情。这还只是一家券商持有的这一家大型地产公司的债券。而注册地所在地方政府是帮不了你的，它没有这么多钱。

这里特别强调一点，我后面要讲20世纪90年代中后期我们的经验，我们和90年代中后期有一个很大的不同，当时的债务规模相对来讲是小的。今天债务膨胀的速度以及规模已经到了连省一级政府都很难救助一家大型企业的程度，这种风险最后可能会爆发在我们都想象不到的一些领域。我想象不出现在地产紧、基础紧、金融紧的情况下，这家企业盈利怎么改善，怎么维持如此庞大规模的债务，这种杠杆率比较高的企业实际上非常危险，无论企业有多大。今天讲的所谓债务问题、企业面临的经营环境、投资机构面临的投资环境，主要跟金融和实体的失衡有关系。

第三个失衡，是政府和市场的失衡。中国政府和西方政府不一样，西方政府是有限政府，也有人称之为小政府，我们是无限政府、大政府。我国政府和市场的关系其实一直很密切，过去近40年改革开放取得的成就就是因为市场发挥了很重要的作用，政府发挥了正确的作用。我从来不否定政府的作用，也不认为政府应该无为，也不太同意有些经济学家说政府不应该制定产业政策，东亚国家、非洲国家，确实政府的这种所谓有为，包括制定产业政策还是非常重要的，但是今天我们看到政府对于市场的影响不但没有减少，而是增加了，政府对市场的干预愈发严重，甚至我们可以说出现了非标准意义上的“国进民退”。我在前年写过一篇文章，中国在很多行业会出现美国那种情景，就是国企托拉斯，很多行业产业集中度提高，但主要是国企。

而我今天强调的是政府的这种作用越来越多地表现在对经济具体事物的干预上，比如说在供给侧结构性改革的过程中煤炭行业规定276天的生产天数，这不是去产能，这叫去产量，为什么呢？因为这些国企没法出清，民营企业中很少有“僵尸企业”，因为无法生存，僵尸企业主要在国有企业中。在处理政府和市场的关系当中，2013年十八届三中全会明确地讲到了要让市场在资源配置当中起决定性作用，相对于原来的提法起基础性作用更进一步，但是2013年以后我国实际的政府和市场的关系，是政府的力量越来越强，市场的力量反而往后退了，甚至于这种情况导致企业家的所谓预期不稳。

政府和市场的关系其实也进入了一个失衡的状态，如果说在2008年危机以前也许政府和市场的关系还相对比较平衡，具有中国特色，政府既发挥作用，市场也发挥作用，相对达到了一个平衡。最近几年政府之手干预力量确实是比较强，市场之手其实是在退步，在退缩。

三个不协调

第一个不协调是监管不协调。监管不协调其实表现在很多方面，实际上造成了比较大的问题，这也是在经济运行当中一个基本特征，我前面提到2012年以后影子银行的膨胀，这就是监管能力没有及时跟上的一个很重要的体现。2015年股灾以后大家看到监管不协调的问题凸现出来，如果说再有股灾这样级别的金融风险，可能发生在债券市场，也有可能发生在企业，实体企业因为债务风险出现连锁反应危及银行。从股灾影响来看，我们在应对措施上经验不是很丰富。

2017年以来的监管，所谓监管协同问题大家已经看到了。上面的调子定了，整个监管机构，一行、三会、发改、财政一齐发力，我们这个刹车不是轻踩油门，上面一声号令急刹车一下子就出来了，所以监管不协调确实是比较大的一个问题。

监管不协调还有一个属于中央监管机构和地方监管的不协调问题，“条条块块”问题，因为地方有地方的考虑，地方有地方的诉求，地方上在过去这些年看到很多金融创新的业态，各类交易所乱象与地方金融管理部门的默许是分不开的。新的金融业态中央还没有发现、没有想清楚怎么做的时候，地方上觉得不错，有新的金融机构，有新的税收，再披上“鼓励创新，鼓励‘双创’”的外衣，服务“双创”，服务地方经济，地方上的很多交易所、P2P，各种业态都出来了。以云南泛亚有色金属交易所为代表，带来的问题也很大。这里提醒大家一点，目前估计不是在今年下半年就是在明年上半年对于新金融业态的清理估计会有非常猛烈的一波，这对于一些上市公司开展的相关金融业态的业务，对于一批P2P企业、小贷公司、互联网金融，我觉得会有摧毁性的打击。2017年中央把金融风险已经上升到国家金融安全的高度，可想而知，未来对于整个新金融业态的清理估计会非常剧烈，就像秋风扫落叶一样，大型金融机构现在都是资产端收益和负债端成本“倒挂”，更不用说一些抗风险能力很差、融资成本很高的新金融业态。事实证明，我们这几年的金融创新确实有值得反思的地方，这些新金融业态的发展，可能面临非常大的问题。

第二个不协调是政策的不协调。政策不协调表现在很多方面，在地产和金融上表现得尤为突出。2016年“9・30”房地产政策收紧，而且这种收紧是不惜一切代价的收紧。2017 年以来，这种收紧几乎冻结了房地产市场的流动性，然后金融政策的这种收紧大家也看到了，跟监管有关系，去杠杆同时发力。我国经济下行压力还比较大，我们有点担心多管齐下对于下半年经济运行会产生比较大的冲击。宏观层面上表现的数据可能下滑不大，但到微观层面，我觉得长三角、珠三角一带可能还好一些，在东北地区、京津冀一带，无论是制造业企业还是一般零售业企业，困难还是比较大的，我们觉得有些地方甚至有点凋敝的状况，挣钱非常之难。一方面我们看到资产价格居高不下，另一方面发现企业越来越难赚钱了。2016 年以来实际有一个小的反弹，所谓库存回补周期，2016 年煤炭、钢铁、化工、纺织、服装，特别是一些传统制造业企业，确实有一个库存回补，大家开始补库存，企业盈利情况也不错，到今年上半年整体上盈利情况都不错，这跟全球在过去几年去库存是有关系的，我国的钢铁、煤炭行业实际上受益于行政化的供给侧改革，这种反弹实际上不是持续的，因为需求端没有扩张起来，没有明确的需求扩张的迹象。

第三个不协调是治理的不协调。朱镕基任总理时期的改革实际上就是典型的供给侧结构性改革，清理三角债，国有企业改革，另一方面扩张需求，西气东输这些政策，当时应该说压力是很大的。经济下行从 1992 年呈两位数以上的增长态势，一直到 1998 年 7.8%、1999 年 7.2%，大规模失业、几千万人下岗，通货紧缩，不用具体说，大家都经历过，可能很多人的创业跟这一次改革都有关系。我上大学的时候正好是上一轮改革的时候，那时候有一部流行的电视剧叫《雍正王朝》，讲雍正如何改革，有一些反映。我们现在流行的电视剧是《人民的名义》，每一个时代都有一部我觉得挺能说明那个时代背景的典型的文艺作品。

我们看 1998 年的经验，1998 年以后应该说既有经验也有教训，如果跟现在做一个对比，我们看到 2015 年以后，中央层面正式提出“三去一降一补”供给侧结构性改革，但是政策上还有些摇摆，在出清这个政策的制定和执行上，其实我们感觉不太坚决，有点摇摆。

从其他国家的经验来看我们很难有一个“既要又要”的政策，这“既要又要”

就是什么都要不了。但是你强调一头，你就要忍受这个后果，比如说强调出清，要能控制住风险，能容忍风险，能兜住风险；要不走这个路子，就仍是我们过去走的路子。来回摇摆，比较中庸的这种政策，不停地出现杠杆化、泡沫化这种情况，不停地出现去掉的产能又死灰复燃。在这个过程中，最终杠杆问题没有解决，债务风险问题没有解决，外部压力没有解决。

经过这几年的摸索总结，现在看，这种“既要又要”的思路可能真不行、做不到。既要经济增长又要结构调整不可能实现，既要经济高速增长又要环境优化，大部分地区短时期是做不到的。我估计只有浙江这样的地方，经济发展到了一定阶段，然后环境治理，有足够的钱去做这个事情，才能部分做到，在特定时期里头做不到，环保和经济状态就存在矛盾。

所以，2015 年底虽然提出了供给侧结构性改革的思路，提出“三去一降一补”的具体操作方式，但供给侧结构性改革的效果还不尽如人意，有的地区搞得好一些，比如广东、浙江，2008 年金融危机以后就开始调，相对于全国其他地区来讲它们确实做得好。深圳是典型的案例，但深圳现在也面临新的问题，高新技术企业确实比较多，但金融业发展太快规模太大，大大提高了它的商务成本，珠三角一带整体上在 2008 年以后大批“腾笼换鸟”，确实做得还是相对比较到位的。浙江和广东的事实也再一次证明让市场发挥决定性作用，自然出清是行得通的。

这种出清的思路有没有，至少我们现在看实质性经济出清并没有出现，金融行业金融去杠杆其实并没有完成，没有看到明显的经济数据指标上拐头向下的迹象，也没有看到金融机构出现风险。

市场出清的过程当中一定会有中小型金融机构、中小型股份制商业银行出现问题，甚至我们担心现在比较大型的商业银行出现问题，因为过去几年同业业务做得太多了，一定会有企业出现信用风险，会沿着同业链条蔓延。

我国大型国企的信用风险问题如何解决总是来回摇摆，输血这个做法对不对，从地方政府角度来讲也是没有办法，稳定第一位，比如龙煤集团。在一些地区规模不大但是对当地有很大影响的企业也是这样，就是这些企业才是僵尸企业，但这一波金融去杠杆，货币政策收紧，还能撑得住吗？一个省的财政厅有多少个亿贴给这些企业呢，贴得起吗？还有房地产企业，有些房地产企业杠杆非常高，债务规模非常大，房地产行业收缩，利润下滑，股市又不好，有很大的潜在风险。

也有很多人讲现在是一个比较好的出清时机。因为海外给了我们一年喘息的机会，海外总体的温和复苏，目前中美关系处于“蜜月期”，特朗普政策总体上对美元支撑力度没有那么大，美元指数近期在下滑，人民币兑美元汇率走势特别强。特朗普制定的政策越来越多地受制于美国的官僚体系和司法程序，美国经济复苏也没有那么强劲，美元走势也没那么强劲，美联储也没有开始实质性的缩表。中央银行开始收缩它的资产负债表，就意味着整个市场的流动性开始收缩，美国开始收缩流动性，美元可能进入新一轮的走强，但是缩表的问题要到明年才讨论。因为美国经济的复苏还没有那么扎实，所以从现在到明年二季度，是海外特别是美国货币政策对中国来讲的一个真空期，相对比较友好。习主席这一次访美给中国创造了一个比较好的中美关系“蜜月期”，这也是中国国内政策调整的一个窗口期。

我们做一个假设，如果我们现在控制不住房价上涨、资产泡沫，金融体系仍然在膨胀，等到美国开始缩表、收缩流动性，资本将面临更加严重的外逃压力，人民币贬值压力难以避免。也就是说我们国内就像一个气球，外边给了非常大的压力，那种资产泡沫的破灭就要比今天惨烈得多，用一个星期跌完还是用一年跌完非常重要，差别很大。痛苦的周期长，但相对给你一个延缓的时间，期间可以有很多补救措施，一刀子下去对整个金融体系、对资产价格冲击是非常之大的。

所以未来一年是我们的窗口期，这里跟大家交流，就是我们目前金融监管，强监管的总体基调没有发生太大的变化，现在很多政策是中央定调，这个调一定不会轻易发生变化，比如十八大以后反腐，到现在没有一点松动，抓的干部数量级别一点没少，永远在路上。经济政策现在看也是这样，地产政策从去年“9·30”以后没有松动，越来越严厉，金融监管今年一季度强调把金融风险上升到金融安全的高度上，没有松动，也没说过要放松，所以调子一旦定了它持续的周期是很长的，从目前来看这种强监管，紧缩周期至少要持续到明年二季度末。

什么东西会引发这种政策基调发生一些微调和变化呢，就是经济出现比较大幅度下滑，比如说今年一季度 6.9%，如果二季度到 6.7%，四季度到 6.5% 甚至 6.5% 以下，到明年一季度还是在 6.5% 以下，可能会出现调整。

还有信用风险集中爆发，而且比较大的信用风险事件，今年有几个地区，特别是产业结构比较传统、重化工业比较多、国有经济比较重的东北、山东、陕西出现信用风险事件的可能性都比较大，山东已经连续出现几家，地方政府也在帮助处理。

未来一年里我们会看到很多信用风险事件，也推演过出现比较大的信用风险事件之后怎么救助，特别是金融机构，能不能救，哪些能救，哪些不能救，哪些救也救不了，地方政府掏不出那么多钱来，商业银行也不可能再像过去那样承担那么大的风险。金融机构特别是比如说某家中等规模的城市商业银行，仍像过去存单发展很多，委外做得很多，规模扩得很大，一旦出现挤兑风险，这个时候只有中央银行能救助。

金融机构出现流动性风险的时候，我们在金融救助的协同上仍然面临问题。“股灾”以后，有一个很重要的事情没有做成，这很可惜，就是“宏观审慎 + 职能监管 + 机构监管”这三结合的监管体系没有形成，以至于股灾以后出现“债灾”，债灾以后不知道还会有什么灾还未可知。

未来一年我们应对处置一些重大风险仍然会面临监管协同问题，当然可能会略好一点。中央金融工作会议仍要解决监管协同的问题。也说明关于房地产调控、金融监管、去杠杆的政策，在十九大前后不会有什么太大变化。

只要我们能够保证不发生系统性风险，未来一年无论是金融领域还是实体经济部门都是一个市场出清的过程。

未来一年到 2018 年下半年会是一种什么情况，目前还无法完全说清楚。有两种情景：第一种情景是出清相对顺利，风险释放相对有序，2018 年下半年可能还真是经济的一个底部，经济也好，市场也好，可能会有一个同步向上，这是比较美好的愿望。另一种情况就是未来一年出清的进展还是比较缓慢，外需增量不大，内需现在往下走的迹象非常明显，无论投资消费还是政策环境都是趋紧的。如果说 2018 年下半年要达到我们刚才说的第一种情景，就需要在 2018 年二季度政策做重大调整，重新走回相对比较宽松的路。另一种情景就是坚持目前基于房地产收缩金融这种做法，经济下行的容忍度进一步提高。2018 年下半年我觉得仍然是风险释放的一个过程，而且 2018 年的二季度美联储缩表极有可能会发生，外部环境对汇率、对资本流出的压力可能相对会比较大一些。这是目前我们推演的两种情景，现在说不好用哪一种，因为政策不可控因素太多。这是我们推演的基本情景。

下面分几个方面来给大家再说一说几个投资领域的情况。

第一个是股票市场。如果说按照出清这个思路，股票市场未来的压力仍然是比较大的。2012 年确实是比较好推出注册制的时候，指数比较低，估值相对比较低，但很可惜，很多时候这个窗口期一过去就没有机会再做了。之后 2012 年一直到 2014 年，股票整体杠杆牛，估值高，指数高，怎么做注册制，没法做注册制。注册制肯定是要搞的，当然不是说为了注册制而注册制，因为你不可能永远维持二级市场高溢价，然后机构用高杠杆去炒股票，不可能维持所谓资产高估的这么一种状态。从这个趋势上来讲，股票市场未来在金融去杠杆的过程一定要经历估值不断下移的过程。我们现在选择推注册制确实不是一个好的时机，当然比 5000 点推注册制肯定要好。

今年以来大家看股票指数的下降，其实跟股票市场的政策不协调有关系。一方面流动性收紧、金融去杠杆；另一方面 IPO 加速，估值肯定往下走，指数肯定往下走。而且这个时候从交易上来讲，越是把所谓的漂亮 50 这些银行股使劲往上打，机构和投资者对其他股票就剁得越坚决，因为他知道你要拉抬指数，就像股灾时候，越拉银行股越卖中小板、创业板，因为流动性好估值高，跟着“国家队”走，所以股票指数我觉得压力仍然是比较大。

我所知道的就是券商自营在过去一个季度基本上都在边打边撤，这里头有很重要的两点原因：第一，券商自营，证券公司自己炒股票亏钱，第二，今年金融去杠杆对券商的流动性压力是很大的，它需要把自营头寸挪到其他业务去保持流动性头寸。

指数在这种情况之下肯定是易跌难涨了，大家都觉得蓝筹跌不动，蓝筹跌不动不代表其他股票跌不动，很多个股都回到了指数1800多点时的价格低点。而且现在创业板平均估值还在50倍，仍然是世界上估值最高的市场。

在从审批制、核准制过渡到注册制的这个过程中，我们也研究过其他的市场。已经搞了注册制的市场，几乎无一例外，它们的周期都更长一些，搞了8年、10年，指数无一例外地都跌了一半。高估值的股票现在没有投资价值，PE倍数下不来，货币环境不宽松，不会有钱去的。

今年一部分企业的盈利情况确实在好转，包括我们调研和统计的情况，像广东那一带、珠三角一带一批制造业企业确实企业盈利情况不错，很多分析师听很多同行讲过这个，今年是企业盈利和流动性的对抗。企业盈利略微好转或者企业盈利下滑没有那么大，流动性收紧，就看谁收得更快。但这种盈利其实是不可持续的，盈利增速已经放缓了。一批我们觉得盈利情况很好的龙头企业的股票已经创历史新高了，不大好买，所以今年二级市场股票真的是特别难做。所谓低估值高成长，写起来容易做起来太难了。

另外，股权质押的风险是不是过去了，我不太清楚。股权质押从目前的统计上看，我们只统计了场内的，就万得（Wind）数据库里的股权质押的，主要上市公司都披露，还有大量不披露的场外的质押。银行的质押率肯定是比证券公司的质押率要低，银行有的是3折，证券公司一般是4折、4.5折。我们了解有些信托公司做这种股票的，虽然不能叫股权质押，但其实就是抵押股票，一般是8折、9折，这个企业得有多好能做到一般是8折、9折？我认为就目前股市情况之下它是有一定风险的，这就像股灾的时候统计说，场外配资我们通过恒生系统监测到的规模也没什么问题，但仍出现了问题，最后发现在恒生系统以外还有大量的场外配资，都不知道从什么渠道进入股市，然后连环爆仓，到现在我们也不知道有多大的规模。股权质押会不会是一个风险，我也不清楚，也说不好。我们能统计银行券商的，场内的凡是上市公司公告的，包括补充质押，这些都能统计，场外有多少，目前无法统计。这会不会成为一个问题，我相信这也是监管部门关心的问题。

所以股票市场我们总体觉得压力还是挺大的，创业板现在50倍估值，如果按照这种趋势，没有从宏观层面、从货币层面、从交易情绪层面把握这些变化，不但是有压力可能还是有风险的。

第二个是债券市场。债券市场现在的分歧在于二季度末到底是不是好的配置机会。一种观点认为二季度末可能就是个抄底的机会，经济运行情况如果欠佳，债市肯定还有机会。而且债市经过去年年底到今年上半年这一轮调整，调整得比较充分，所以大家觉得会有机会，但在三季度还是四季度说不太清楚，也是边打边看。

如果频繁爆发信用事件，产业债的风险还是很大，特别是有一批非银行金融机构持有很多企业的高收益债券，什么叫高收益债券？我称之为垃圾债。如果这些企业出现信用风险，这些非银行金融机构也会受到连带冲击。

从理论上来讲，非银行金融机构之间的风险传染性相对银行是可以隔离的，但是现在和20世纪90年代中后期有一个很大的不同，我刚才讲非银持有的债券规模太大了，债券市场规模已经膨胀起来了，而非银行金融机构相对于银行的抗风险能力那是没法比的。举一个例子来讲，证券公司注册资本金几十亿，不超过百亿，管理资产规模几千亿，一旦出现问题那就是破产清算。银行的资本金要求是非常严格的。如果非银持有的企业债出现问题，可能就是资产减零，持有债券减值，流动性消失。这些非银行金融机构持有的这些企业债券大部分资金还是来自于银行，也就是说这一轮企业债大规模违约，影响到非银行金融机构之后，可能马上就会影响到银行。

所以我特别提醒大家的是，现在的债务无论是比重还是规模和90年代中后期已经不可同日而语了。而且像90年代中后期那样依靠海外上市、依靠用国际投资人的钱已经不现实了，该上市的基本上都上市了，风险恰恰是发生在我们都觉得没什么问题的时候。这一轮大家都担心银行不良率上升，中小商业银行出现问题，但我觉得重灾区可能在非银行金融机构（信托、证券），保险相对来好一些，保险持有的债券基本上都是信用程度比较高、收益率相对低的高评级债券，持有到期也可以。

现在从城投公司到海外融资几乎全面收紧，有很多人说这一轮金融监管没有影响到实体企业，我不大赞同。城投公司的海外发展现在全面收紧，这个影响是比较大的，房地产公司的融资全面收紧，2016年以来经济反弹小高点开始往下走，金融监管全面加强，流动性在收缩，企业的融资闸门在收紧。就现在面临的这种状态，整个下半年到明年这一年，至少未来一年无论是投资机构、上市公司还是企业，都应该是防风险。防风险应该放在第一位的工作日程当中。

第三是股权投资。当然对很多机构来讲，特别是对股权投资机构来讲，如果过去积累了足够的投资收益，未来一两年我倒觉得还是一个好的时候，资产便宜了，好的项目便宜了，大家不再那么浮躁了，能挑到比较便宜的有价值的项目。

从股权投资这个角度来讲，还是讲技术驱动、消费引领、产业整合这三大类。很多珠三角一带的制造业企业，他们对于日常生活用品，有一个很朴素的理解我觉得特别好，国人用什么我们就生产什么，国人买什么我们就生产什么，国人喜欢什么我们就生产什么，因为庞大的市场人口规模还在这，所以有人总结说投资还是要基于中国庞大的消费群体的衣食住行等。

今天把中国经济运行的短期趋势、中长期和过去的一些特征给大家做一个总结，把趋势给大家做一个推演，把风险给大家做一个提示，希望能够对大家有所启示。

管清友

（民生证券副总裁、民生研究院院长）

多角度认识现阶段经济体制改革

回顾我国经济体制改革的历程，可以很清晰地看到：历史发展的轨迹是摇摆的，正所谓“三十年河东，三十年河西”。

新中国成立初的“前三十年”，是计划经济建立、强化和缺点集中暴露的时期。共产党人选择了社会主义道路，选择了计划经济和公有制。但“大跃进”运动遭遇的严重挫折，给豪情万丈的人们当头泼了一盆冷水。此后，人们不得不谨慎许多，再加上20世纪60年代以后政治运动不断，自然难以取得预期的经济建设成就。结果，我国不仅与发达国家拉开了差距，甚至被东亚“四小龙”远远地甩在了身后。

改革开放的“新三十年”，是逐步引入市场机制、积极融入世界经济的时期。改革开放极大地释放了社会活力，推动经济增速年均9%以上。改革开放以来，中国综合国力显著提升，人民生活显著改善，社会面貌发生深刻变化。当然，在发展的道路上也出现了一些新的问题，表现在收入差距持续拉大、公众不安全感增加。许多人怀念“虽然紧张清贫，但稳定可预期”的生活方式。在下一步的发展方向上，“左”和“右”两种思潮的争论和对立趋于激烈。

当前则处在“新三十年”。“新三十年”聚焦两个百年发展目标，强调必须坚持和加强党的领导，坚持和完善社会主义制度，以推动实现中华民族伟大复兴，彰显社会主义制度相较于资本主义制度的优越性。“新三十年”的特点，是试图把“前三十年”和“后三十年”调和，既“不能用改革开放后的历史时期否定改革开放前的历史时期，也不能用改革开放前的历史时期否定改革开放后的历史时期”。党的十八大报告明确提出：要“坚定不移高举中国特色社会主义伟大旗帜，既不走封闭僵化的老路，也不走改旗易帜的邪路”。在经济领域，上述努力体现为兼顾市场资源配置的决定性作用和更好地发挥政府作用；在政治领域，上述努力体现为在确保党的执政地位的前提下“依法治国”；在文化领域，上述努力则体现为坚持道路自信、制度自信、理论自信（乃至文化自信）。随着“四个全面”治国理政方略的次序展开，经济乃至整个社会改革的上述特点更加清晰地展现在人们面前。

当前是制度定型（固化）的关键发展阶段

向“中间道路”回归，意味着最高决策层对改革模式的认知更加清晰。这在很大程度上意味着单向的“市场化”改革进入尾声，意味着制度的定型和“传统意义”上“改革”的结束。

做出这样的判断，也符合邓小平当年对改革开放时间节点的构想。

在南方谈话中，邓小平曾对我国的改革进程做过如下设想：“恐怕再有30年的时间，我们才会在各方面形成一整套更加成熟、更加定型的制度。在这个制度下的方针、政策，也将更加定型化。”这一设想在中共十四大上得到确认：“在90年代，我们要初步建立起新的经济体制，实现达到小康水平的第二步发展目标。再经过20年的努力，到建党100周年的时候，我们将在各方面形成一整套更加成熟、更加定型的制度。在这样的基础上，到下世纪中叶建国100周年的时候，就能够达到第三步发展目标，基本实现社会主义现代化。”

20年后，党的十八大再次重申了上述设想：“全面建成小康社会，必须以更大的政治勇气和智慧，不失时机深化重要领域改革，构建系统完备、科学规范、运行有效的制度体系，使各方面制度更加成熟更加定型。”《中共中央关于全面深化改革若干重大问题的决定》也明确提出：“到2020年，在重要领域和关键环节改革上取得决定性成果，完成本决定提出的改革任务，形成系统完备、科学规范、运行有效的制度体系，使各方面制度更加成熟更加定型。”而制度的成熟和定型，也意味着制度的稳定，意味着改革年代的离去。20 世纪 80 年代的“狂飙突进”，将定格为“时代记忆”而留存在人们心中。

从社会转型角度看我国经济体制改革

如果把考察视角进一步拉长，我们可以看到另一幅图景。中国有着悠久的历史、灿烂的文化和辉煌的经济成就。但近代以来却积贫积弱，饱受西方列强凌辱，在甲午海战中甚至败于“蕞尔小国”日本。

在残酷的事实面前，国人终于认识到：国家强弱的背后是制度之争。变法也好、革命也罢，都是为了建立现代的制度，都是为了给古老的中华民族注入新的活力。正是在对君主立宪制、英美共和制乃至苏维埃的比较、鉴别中，中国共产党带领广大工人、农民选择了社会主义道路。

生产资料公有制的广泛建立，使政府拥有了强大的社会动员能力。这为“集中力量办大事”、实施“赶超战略”提供了现实可能性。但坚持“集体主义至上”的计划经济和与此相适应的社会管理体制，毫无疑问也存在有压抑个人自由、抑制社会活力的一面。因此，无论是苏联、原东欧国家，还是中国，在经济发展取得一定成就的同时，都面临经济僵化、活力下降的问题；都面临民主意识抬头、意识形态多元化的问题；都先后启动了经济乃至社会管理体制改革。像波兰、匈牙利等国，改革进程甚至数次“起落”。

自 1978 年以来，伴随着工作重心的转移，我国也开始了改革开放的伟大历程。改革在经济领域的主要做法，就是引入市场机制并最终决定发展社会主义市场经济；在政治领域则是不断完善社会主义民主，健全社会主义法治。人们常说，经济基础决定上层建筑。和计划经济相适应的，是高度集中的政治体制；而和市场经济相适应的，则是民主法治。改革计划经济体制、发展市场经济，必然会孕育出对民主、自由、法治的内在要求。马克思曾明确指出：

“商品是天生的平等派和昔尼克派”，无疑也可以为上述变革提供一个理论注脚。

从整个社会转型的角度看，我国的改革任务显然还远没有完成：首先，社会主义市场经济体制还很不完善；在市场机制配置资源的功能发挥尚不充分、政府职能转变也不到位的条件下，“无形之手”和“有形之手”的弊端已充分暴露了出来。其次，政治体制乃至社会管理的变革，明显滞后于经济体制改革的步伐。需要加快相关领域改革以扭转改革进展不均衡、相互掣肘的现象。再次，在培育现代国家意识、塑造合格公民方面，差距更加明显。在一定意义上讲，我国甚至需要一场“现代启蒙教育”。

当年，梁启超曾把中国人向西方学习的过程划分为三个阶段：先是从器物上感觉不足，随后是从制度上感觉不足，最后是从文化根本上感觉不足。“革命成功将近十年，所希望的件件都落空，渐渐有点废然思返，觉得社会文化是整套的，要拿旧心理运用新制，决计不可能，渐渐要求全人格的觉悟。”如果套用梁启超的分析框架，我们可以看得很清楚：当前中国正处在社会大转型的中途，距离改革的彼岸还很远。就像经济发展正处在由中等收入向高收入国家迈进的关键时期一样，当前我国的改革事业也处在“爬坡过坎”的关键期。

但恰恰是这个处于“山腰上”的过渡体制，具有很强的生命力。

首先，它在很大程度上纠正了计划经济时期过分压抑个人自由的弊端；其次，强大的国有经济和“强政府”不仅与当前“集体主义”导向的官方意识形态相适应，也与“当官要为民做主”的传统意识形态相适应。有哪位主政者不是希望能够大显身手以实现自己的“家国情怀”呢？再次，“强政府”特征也与当前公民意识严重不足、社会中介组织发展严重滞后的现实相适应；最后，它以优异的经济发展成就证明了自己存在的合理性。这就使得当前推进改革面临着错综复杂的局面。一方面，有大量的深层次问题需要解决，另一方面很容易出现改革动力消失的现象，很容易出现向“前三十年”“借”思维方式和政策工具的现象（因为“前三十年”的突出特点是解决“市场失灵”

问题，这和当前的改革任务存在许多重合的地方）。这就使处于“爬坡过坎”期的改革事业，面临“不进则退”的现实风险。

着眼于民族复兴目标的现实选择

在许多人看来，改革的目标还应“激进”一些。比如，应大幅收缩国有经济布局，进一步推动“国退民进”，把政府职能收缩到有限的必要限度之内。并且，伴随着经济基础的变化，应推动政治体制做出相应的变革，如鼓励发展非政府组织、推动言论自由等。很显然，决策者对经济体制（乃至整个社会体制）改革目标的选择偏离了上述人士的预期。

决策者选定当前的改革目标，原因是多方面的。

1. 改革的目的是完善和发展，而不是颠覆

改革历来是由上层社会发动的，其目的不是为了颠覆，而是为了巩固自己的统治。中国的改革也不例外，一开始就被定位为社会主义制度的自我完善和发展。《中共中央关于经济体制改革的决定》曾明确指出：“我们改革经济体制，是在坚持社会主义制度的前提下，改革生产关系和上层建筑中不适应生产力发展的一系列相互联系的环节和方面。这种改革，是在党和政府的领导下有计划、有步骤、有秩序地进行的，是社会主义制度的自我完善和发展。”

因此，改革应该有利于发挥社会主义制度的优越性，应该有利于巩固共产党的领导。从这一点出发，近年来要求“坚定不移高举中国特色社会主义伟大旗帜，既不走封闭僵化的老路，也不走改旗易帜的邪路”，要求加强“四个自信”，主动向“三权分立”“公民社会”等思潮“亮剑”也就不足为奇了。

2.“次贷危机”导致国际思潮改变

“次贷危机”的爆发宣告了新自由主义的破产。由于市场化、全球化带来收入差距持续拉大，主要市场经济国家社会情绪发生逆转，要求改变现状的呼声越来越高。奥巴马就是高呼“变革”口号入主白宫的。他对内力推医保、

教育改革，大力缓和社会矛盾；对外力推跨太平洋伙伴关系协定，为美国企业拓展投资空间。虽然奥巴马也取得了显著成绩，但广大“草根”仍不满意，他们把主张“孤立主义”“美国优先”战略的唐纳德·特朗普推举出来。类似的，英国“公投脱欧”，推行国内优先的政策；意大利公投失败后，也将脱离欧盟。而在日本，安倍政府在推动国家政策“右转”的同时，更是积极推行“安倍经济学”以强力刺激经济增长。在国际层面上，OECD（经济合作与发展组织）则着力推行“包容性增长”战略，以解决社会收入差距和发展共享的问题。

3. 国内社会情绪变化带来舆论转向

随着时间的推移，人们对计划经济的记忆逐渐模糊，对艰苦条件下亲情、友情的美好回忆却浮现出来，擦亮了罩在计划经济时代上的玫瑰色（而计划经济的设计本来就是以大众利益为导向的）。在现实生活层面上，社会大众处在激烈的竞争压力之下，饱受购房、看病、养老和子女教育等问题困扰。他们希望能够过上相对简单的生活。许多事业有成的父母，都不希望孩子像他们当年那样摸爬滚打。为了给孩子创造一个好的生活环境，他们尽最大可能把孩子安排在政府机关、事业单位，甚至国企内工作。对于普通大众而言，计划经济时期由单位负担职工福利，由大队（公社）为农民提供公共服务的模式，无疑也具有很强的吸引力。

4. 历史和文化的制约

不同的历史和文化，也会对一国现实的制度安排产生潜移默化的影响。英国、美国是新教国家，个人主义盛行，他们认为政府是在个人让渡权力的基础上建立起来的，政府运行应该受到有效的制约和监督。在英美国家，个人参与意识强，公民社会活跃，政府当然可以是“小政府”。

反过来，法国是天主教国家，天主教徒与上帝的交流必须借助神父才能完成。再加上法国中央集权制导致“绝对主义”影响深远，即便是法国大革命的启蒙者卢梭，在其社会契约理论中也为“公意”留下了一席之地。“公意”的存在，意味着可以为了社会利益而牺牲个人（少数人）的利益。

因此，法国人具有强烈的等级观念，社会生活中充满了对权威和上级领导的依赖。“离不开政府，却又仇恨政府”，是法国人经济社会生活的重要特点。

在《官僚主义的弊害》一书中，法国社会活动家阿兰·佩雷菲特特别分析了法国天主教传统与法国中央集权政治是如何相互影响，最终导致法国社会发育不健全、逐步丧失活力的。他曾明确指出：“法国人以为他们已经实现了民主，事实上他们并不是民主社会。”阿兰·佩雷菲特认为，消除法国社会弊害的出路就是解放社会，即我们理解的充满生机活力的社会组织和社会生活。但多少年过去了，法国仍然是法国。

我国长期受到儒家文化的浸润，“修身、齐家、治国、平天下”“内圣外王”的人生目标追求，使广大的士绅阶层具有浓厚的家国情怀。在这种集体主义导向的意识形态下，很容易出现“为大家舍小家”的现象，其结果就是压抑个性、忽视个人权利；另一方面，“家天下”的传统，又使得士绅、官僚阶层在参与公共管理事务时抱有“为他人打工”的心态，再加上统治者严厉禁止“结党”“结社”，就导致国人公民意识淡漠、社会组织发育严重不足。

典型例证就是国人对“青天大老爷”的期盼和家族文化、圈子文化的盛行。这种公民意识缺乏、社会组织发育不足的状态，在经济领域内就表现为社会信任度低、协调能力差。在经济转型的关键时刻，在需要公众集体行动的关键时刻，政府贸然把凡是（理论上）市场能办好的事都交给市场，把社会能办好的事都还给社会，这带来的可能不是效率的提升，而是社会运行秩序的混乱。

从务实的角度看，目前政府尚难以做到从诸多中观乃至微观协调的事务中彻底脱身，这也是历史发展连续性的一种表现。经济体制的选择，必然会对经济运行绩效产生影响。综合经济发展阶段变化、外部环境变化、人口结构变动等因素的影响，未来一段时间，将是我国经济运行常态化的关键时期。

回归到治理现代化的目标上

毋庸置疑，当前在推进改革的进程中仍存在许多不如人意的地方。出现上述局面，有对改革目标存在认知差异的原因，有改革触及切身利益的原因，也有改革方法不得体、改革措施落实不到位的原因。要充分挖掘改革带来的“制度红利”，需要牢牢把握住推动治理现代化这个关键。

1. 反思“顶层设计”，以正确的方式推进改革。“加强顶层设计”是近年来的一个热词。不仅中央在讲在做，就是到基层调研，县乡干部也提出了同样的要求。在中央加强“顶层设计”之后，基层要求加强“顶层设计”的呼声反而更高了。

需要对“顶层设计”进行反思。所谓顶层设计，顾名思义就是最高层次的改革设计，它考虑的应当是政府、市场与社会如何分工合作以形成新体制的问题，应当是执政党（中国共产党）、人大、政府、政协如何分工合作以推进改革的问题，应当是改革的成本收益在不同群体间如何公平分担（分享），乃至如何建立补偿机制以减少改革阻力的问题。如果偏离上述三个基本问题，把重心放到各专业领域改革的决策上，就很容易回到过去由行政主导推进改革的传统路子上，并且会因党政不分、以党代政，使改革手段（行政主导）与改革目的（如建立“法治国家”等）之间的冲突进一步加剧。

在引入新的社会力量推动改革方面，有关部门近年来采取了一系列措施，也取得了一定成绩，如，建立决策咨询制度以提高决策质量、通过加强行政督导来推动改革措施的落实等。

但上述努力仍未突破“行政主导式”改革的基本框架。对于中国这样的大国，要想消除当前推进改革所面临的惰性，达到改革的彼岸，仅靠党政机构和上级部门的推动显然是不够的。必须充分发挥人大和社会组织的作用，动员全社会力量来推进改革。《中华人民共和国宪法》规定了我国的基本政治架构和运作方式。遗憾的是，这一制度的潜力尚未得到充分发挥。

2. 以提高政府效能为目标，掀起公共管理革命

社会主义市场经济体制不是经典的纯粹市场经济模型，而是政府作用和市场机制的有机结合。而且，社会主义的社会属性决定了我国政府必然是“大

政府”。道理很简单，只有“大政府”才可以有效弥补市场失灵，推动实现社会公平正义的目标。

但政府并不是万能的，也存在有“政府失灵”的现象。政府和市场结合的边界，就在于两者效率的比较。“大政府”得以稳定维持的前提，除了文化和历史的原因，最根本的还在于政府运转的高效率。从现实角度考虑，在建立、完善社会主义市场经济体制的过程中，转变政府职能始终处于关键地位。政府职能转变到什么程度，市场机制就完善到什么程度。当前政府职能转变的重心，已经不是简单地加强和退出政府在某些特定领域的存在，而是全面提高政府履行职能的能力和水平。

近年来，从担保公司资金链断裂到P2P平台公司大范围倒闭，从股票市场崩盘到全面收紧期货市场和外汇市场管制，固然与经济发展阶段转换、金融风险集中暴露有关，也与金融监管体制不顺、市场监管严重缺位密不可分。在一连串的经验教训面前，我们终于回到了“先监管、后改革”的正确发展轨道上。这也再次反证了政府有效履行职责的极端重要性。

应当全面总结“大部制”“绩效预算”“绩效考评”的经验教训，以“服务客户、提高效能”为内容掀起一场公共管理革命：首先，根据宏观调控、市场监管、公共服务、环境保护、社会保障等职能的内在要求和履职特点，明确其工作机制、完善业务流程，明晰不同层级政府间权责划分；其次，以政府换届为契机，推进政府机构改革，优化机构和人员配备；再次，整合绩效预算、绩效考核与政府问责，实施政府绩效管理改革，以绩效管理为手段推动政府职能优化和政府效率提升；最后，充分发挥互联网技术对公共管理的支撑作用，加快建设“互联网+”政府。

3. 推动“依法治国”，全面落实“四个全面”

随着“新常态”的到来，结构优化和产业升级成为经济发展的主旋律。跨企业、跨部门、跨地区的资源流动、优化重组大量增加，使要素市场改革与发展滞后的问题凸显出来。特别是在发展PPP的过程中，大家普遍反映政府管理存在规则意识薄弱、产权保护不力、法制不健全的问题。迫切需要把经济运行的规范化、法治化水平提升到新的高度。

以习近平同志为核心的新一届领导集体，高度重视法治社会建设。在“四个全面”的治国理政方略中，全面依法治国和全面深化改革一道，被视为推动实现全面建成小康社会宏伟目标的“两翼”。

党的十八届四中全会还就全面推进依法治国问题做了全面部署。当前的任务，就是真抓实干，把十八届四中全会决定的各项内容不折不扣地落到实处。

张俊伟

（国务院发展研究中心宏观经济研究部研究员）

扩大中等收入者比重

在中国经济进入新常态的背景下，居民收入增速下降、收入差距高位运行、消费贡献低迷等问题持续存在。无论以何种标准衡量，中国当前中等收入者比重严重偏低，大部分中等收入者在收入平均线附近徘徊，中等收入者在收入分配中所处位置不稳定，中等收入者在城乡和区域分布严重失衡。

一般来说，中等收入者是产业结构优化的中流砥柱，也是稳定渐进的工业化力量。中等收入者不仅是维护社会稳定的中坚力量，也是释放消费红利的主力军。确立扩大中等收入者比重的战略，明确中等收入者比重增长的目标，关系到经济社会转型与改革的全局，对于协调重大利益关系、形成广泛的改革共识、提振社会对改革的信心有着深远影响。

为此，我国中等收入者问题研究课题组选取2010—2014年追踪调查的47804个个体，根据家庭人均收入水平进行划分，并对上述问题进行了研究。

上篇：“扩中”难点

顾名思义，中等收入者通常指在一个国家或社会中，收入处于中等水平、生活相对宽裕的人群。但是，关于中等收入者的划分标准却多种多样，众说纷纭。学术界对中等收入者的界定标准大致可以分为两类：第一类是绝对标准，即设定一个固定的收入上下限，从发展水平的意义上来理解中等收入者，根据此标准，随着人们生活水平和收入的提高，一个国家或者社会中等收入者所占比重也会逐步提高；第二类是相对标准，从收入分配结构变化的角度来理解中等收入者，根据此标准，决定一个国家或者社会中等收入者所占比重的大小，主要是收入分配结构的变化，而不是普遍收入水平的提高。

本文选取了三个不同的标准来定义我国中等收入者，并估算在这三种不同的标准下我国中等收入者的比重：第一个属于绝对标准，选取10美元—100美元（户人均每天）作为定义我国中等收入者的下限和上限；第二个属于相对标准，选取我国当年收入中位数的66.6%—300%作为定义我国中等收入者的下限和上限；第三个属于绝对标准和相对标准的结合，选取全世界200多个国家收入中位数的66.6%—300%作为定义我国中等收入者的下限和上限。

综合考虑，采用全世界200多个国家收入中位数的66.6%、300%作为我国中等收入者定义的下限和上限更为恰当，既可以反映出随着我国经济发展和居民收入的提高，我国中等收入者比重的变化趋势，还可以反映出随着全世界整个收入分配格局的变化，我国中等收入者所占比重的变化趋势。根据此定义，就全国而言，我国中等收入者所占比重从2002年的4.88%上升到2007年的14.33%，又进一步上升到2013年的24.03%。根据估算，2016年我国中等收入比重约为34.79%，到2020年将达到45.01%。

中等收入者“面相”

一、我国中等收入者的收入结构。若比较各分项收入在可支配收入中所占的比重，财产性净收入在中等收入者可支配收入中所占的比重明显高于贫困人口、低收入者相应的比重，而转移性净收入在中等收入者可支配收入中所占的比重则明显低于贫困人口、低收入者相应比重。另外，无论中等收入者还是贫困人口、低收入者，工资性收入在他们可支配收入所占比重都在60%左右，是他们可支配收入的主要来源。（见表一）

二、我国中等收入者的特征描述。再比较贫困人口、低收入者、中等收入者的家庭条件和耐用消费品的拥有状况。中等收入者所住同类住房的市场

表一 2013年，各分项收入在可支配收入中所占比重（%）

	贫困人口	低收入者	中等收入者	总计
工资性收入	62.33	58.86	62.67	60.35
经营净收入	9.47	18.67	13.19	16.55
财产净收入	-1.45	6.02	11.20	8.62
转移净收入	29.66	16.45	12.93	14.48

注：例如62.33%=1306/2096。

资料来源：本文作者整理

价月租金平均为1917元，远高于低收入者（533元）和贫困人口（202元）。几乎所有的中等收入家庭都是管道供水、拥有水冲式厕所、电冰箱和洗衣机，但是低收入者、贫困人口家庭却未能达到如此水准。尤其在“家里是否有水冲式厕所、是否有空调”这两方面，低收入者和贫困人口家庭与中等收入家庭的差距较大。

关于主要炊用能源，有三分之二的贫困人口家庭、三分之一的低收入家庭仍然使用的是柴草和煤炭，中等收入家庭相应的比重仅有2.1%。72.9%的中等收入家庭拥有连接互联网的计算机，44.3%的中等收入家庭拥有汽车。这两个比重也远高于贫困人口、低收入家庭相应的比重。

中等收入者中，绝对多数居住在城镇，占75%，而低收入者、贫困人口则多数居住在农村，其农村人口所占的比重分别为52.7%、85%。就地区分布而言，约三分之二（60.4%）的中等收入者居住在东部地区，剩下40%的中等收入者差不多平均分布在中部和西部。贫困人口的分布与中等收入者的分布正好相反，贫困人口分布在西部的居多（44.5%），其次是中部（34.6%），再次是东部（20.9%）。

分民族来看，中等收入者中少数民族所占的比重小于低收入者和贫困人口中的所占比重。这也符合情理，现实中很多少数民族聚居区同时也是经济发展较贫困的地区。中等收入者的受教育状况也好于贫困人口、低收入者，平均来看，中等收入者的平均受教育年限比低收入者、贫困人口高出三四年。

现阶段“扩中”所面临的主要问题

中国家庭追踪调查是一项全国性、综合性的社会跟踪调查项目，旨在通过跟踪收集个体、家庭、社区三个层次的数据，反映中国社会、经济、人口、教育和健康的变迁。课题组选用2010—2014年调查数据，五个方面动态研究我国现阶段扩大中等收入者比重所面临的主要问题：一、家庭人均收入的分布变化；二、中等收入者的城乡和区域分布变化；三、我国居民在收入分配中的流动性；四、中等收入者的主观认同；五、中等收入者的消费需求变化。

一、家庭人均收入的分布变化。为了分析2010—2014年家庭人均收入分布变化情况，我们利用2010年和2014年中国家庭追踪调查面板数据描绘家庭人均收入对数的概率密度图。2010—2014年我国居民收入水平整体上升，但是居民收入分布远非正态分布，具有明显的右偏和厚尾现象。相对2010年家庭人均收入分布而言，2014年家庭人均收入尾部向两端延伸，这也就导致了我国现阶段不可能拥有较大比例的中等收入阶层。我们将家庭人均收入由低到高进行十等分组：2014年我国家庭人均收入普遍上涨，2010年最高组的收入水平仅分布在2014年第7收入组。整体看来，我国居民收入水平呈金字塔状，随着收入分组的提高，收入组的比重越小，即最低收入组的比重最高，最高收入组的比重最小。相对于2010年家庭人均收入的分布状况，2014年家庭人均收入分布更加集中。这同样也能验证2010—2014年中等收入者比重有所提高。

另外，根据城乡划分，2010—2014年农村家庭人均收入水平上涨幅度更大，农村居民基尼系数由0.472下降到0.471，城镇居民基尼系数由0.469上升到0.476，农村内部收入差距有所下降且小于城镇内部收入差距。2010—2014年最高收入组和最低收入组（1、2）比重减小，中间收入组比重均有所提高。农村家庭人均收入分布由扁平状金字塔转变成标准正金字塔型，城镇家庭人均收入分布由水滴型变成倒梯形。通过动态分析2010—2014年家庭人均收入分布变化，我们可以得到一个基本观点：随着经济的发展，我国居民家庭人均收入整体上涨，但水平仍然较低，主要分布在中低收入组；农村居民收入水平上涨幅度更高，城镇内部收入差距扩大且高于农村内部收入差距。

二、中等收入者的城乡分布。无论城镇还是农村，2010—2014 年中等收入者的比重均有所提高，农村增长得更快，中等收入群体中农村所占的比重由 21.46% 上涨到 27.06%。如果考虑城乡生活水平差异，这一比例会更高一些。这主要是由于近年来一系列惠农政策，使得长期处于低收入状况的农村居民转移性收入增加，从而导致农村居民整体收入水平显著提高。但村镇的中等收入者收入水平较低，大多分布在中等收入者划分标准的下限。

我国中等收入者主要分布在城镇地区，农村地区很少。据国家统计局数据，2014 年全国居民人均可支配收入为 20167 元。在所有城镇居民五等分组中，中等收入组平均收入为 26651 元，远超全国所有居民的平均收入，甚至城镇居民的中等偏下组平均收入也达到 19651 元，接近全国居民人均可支配收入。这说明，所有城镇居民中有接近 80% 的居民收入超过全国平均水平。另外，在农村居民五等收入分组中，仅有高收入组收入（23947 元）超过全国平均水平，而中等偏上收入组平均收入仅为 13449 元。这说明，在所有农村居民中仅 20% 左右的居民人均收入超过全国居民的平均水平。

从区域分布看，Gustafsson 等（2016）发现中部和西部地区占所有中等收入者的比例分别为 26% 和 22%，东部地区占比则高达 52%，超过全国的一半以上；同样，省会城市和直辖市占所有中等收入者的比重超过 45%，而所有剩余城市的占比只有 55% 左右。也就是说，我国中等收入者主要分布在城镇、东部地区和大城市，区域分布结构严重失衡。

我们将 2010—2014 年调查的 25 个省份划分为东部、中部、西部和东北地区，2010 年各地区样本量占比为：42%，29.6% 和 28.4%，2014 年各地区样本量占比为：42.2%，29.5% 和 28.3%。2010—2014 年东、中部地区中等收入者比重上升，而西部和东北地区中等收入者的比重下降。各地农村居民中等收入者比重均有所提高，而各地区城镇居民中等收入者的比重下降。

再比较 2010—2014 年中等收入者的区域分布变动情况。整体看来，我国中等收入者主要分布在城镇、东部地区。2010—2014 年中等收入者区域分布较为稳定，中等收入者中一半以上分布在东部地区，仅 16% 中等收入者位于西部地区。这在一定程度上说明了我国收入阶层存在地域性固化。经济欠发达的西部地区中等收入者的比重在短期内很难得到提高，这是由于西部地区原本收入水平就较为低下，而拥有高技能的劳动力大多向东部地区转移，进而导致西部地区整体水平上涨较慢。

三、我国居民在收入分配中的流动性。为了进一步研究我国居民在收入分配中的流动性，即各收入阶层在收入分配中是如何变化的，我们选取 2010 年和 2014 年追踪调查的 47804 个个体，根据家庭人均收入水平进行划分，考察 2010—2014 年居民收入阶层的动态迁移变化。详见表二。

表二　2010 年和 2014 年中等收入者城乡分布（%）

家庭人均收入分组	2010年城镇	2014年城镇	2010年农村	2014年农村
2.1万-3.1万元	53.06	52.5	70.32	65.64
3.1万-4.1万元	23.07	23.93	12.72	21.78
4.1万-5.1万元	9.97	11.18	6.36	5.57
5.1万-6.1万元	5.59	5.17	4.95	2
6.1万-7.1万元	1.97	1.98	0.71	1.39
7.1万-8.1万元	2.46	1.53	1.94	1.33
8.1万-9.1万元	1.03	0.88	0.53	0.73
>9.1万元	2.86	2.84	2.47	1.57
合计	100	100	100	100

资料来源：本文作者整理

按照中等收入者划分标准，根据家庭人均收入水平划分低收入、中等收入和高收入群体。2010—2014 年间，我国低收入群体中近 80% 的个体会在 4 年的周期内维持其收入等级，而向更高收入组移动的概率仅略高于 20%。在不同年份，中等收入群体中有 39.3% 的个体收入水平向下偏移，仅 1.1% 的中等收入群体进入高收入阶层。总的看来，我国居民在各收入等级之间转移呈现出向下迁移的概率偏高、向上迁移的概率过低，中等收入者的流动性较强。低收入者进入中等收入等级的难度较大，底层收入者出现一定程度的固化现象。

为了更细致地分析 2010—2014 年不同收入组别下的居民收入变化情况，我们根据家庭人均收入水平进行五等分组。整体看，2010—2014 年居民收入分组大多保持不变，即位于居民收入分组两端的个体维持相同收入组的概率较高，中间收入组的流动性最强。结果发现，低收入家庭转变为高收入家庭的概率较低，且位于更低收入组的低收入家庭转变为高收入家庭的概率更低；高收入家庭维持高收入地位的概率较高，而且位于更高收入组的高收入家庭更容易维持高收入地位。家庭收入水平向相邻收入组转移的概率较高，这说明 2010—2014 年家庭收入变化幅度较小，短期内很难实现各阶层之间跨越式变动。

一个处于转型阶段的国家，居民在各收入等级之间转移的状况应该更加活跃，而我国的情况则是向下迁移的概率偏高、向上迁移的概率过低，中等收入者流动性较强。低收入者进入中等收入等级的难度较大，底层收入者出现一定程度的固化现象。所以说，未来要调整居民收入分配结构，关键是要实现低收入者向中等收入者转变，在减少中等收入者向更低收入等级下降的同时，要想办法促进低收入者向更高收入等级转移，由此真正实现由不稳定的“上字形”社会向两头小、中间大的“橄榄形”社会转变。

四、中等收入者的主观与客观认同。2010—2014 年我国中等收入阶层虽然呈现递增趋势，但从整体结构看，比重还是很小，离合理的“橄榄形”社会结构还有很远的距离。从政治上看，中等收入者是国家经济发展的最大受益者，他们拥护执政党和政府的路线、方针、政策。从绝对收入看，收入越低的社会群体，对社会的认同心理也越低；收入越高，对社会的认同也越高。从相对收入看，越趋向于均等化的收入分配，人们的认同感也越高；相反，收入差距越大，人们的认同感越低，甚至产生对社会的抵触情绪，继续发展下去，就成为社会不稳定的导火索。因此，扩大中等收入者比重，既可以提高低收入者的绝对收入水平，又可以缩小相对收入差距，从而对社会起到稳定作用。而客观的社会结构分层和经济社会地位，需要通过主观阶层认同，才能与人们的社会态度、社会行为选择建立起逻辑链条。

图1 2014年各收入阶层消费情况

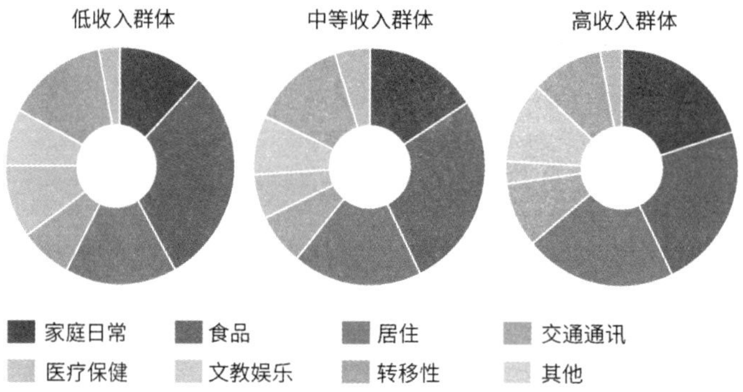

资料来源：本文作者整理

图2 中国与高收入国家居民家庭收入分布比较

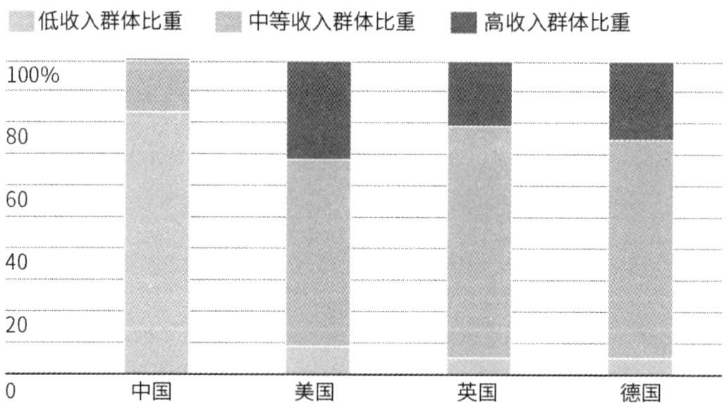

资料来源：本文作者整理

我们利用2010—2014年追踪调查数据，分析不同社会群体对自身状况和社会问题的主观评价差异，重点研究我国中等收入者主观认同感、社会满意度等问题。

社会各阶层主观认同感是指个体对自身收入水平、社会地位的主观评价。根据定义将家庭人均收入划分为低收入、中等收入和高收入，依次代表下层、中层和上层。结果显示：客观收入分层中的经济认同和社会地位认同并没有与客观收入层次一致；客观收入分层与主观经济认同和社会地位认同相关性减弱；主观经济认同和社会地位认同均以中层认同为主流，呈现“趋向中层”的主要特征；客观收入分层人群中，经济地位认同及社会地位认同呈现明显的偏移特征，即客观收入层次为中、上层的人群，其主观认同以上层以下的层次为主，呈现“向下偏移”的特征；客观收入层次为下层的人群，其主观认同以下层以上的层次为主，呈现“向上偏移”的特点。

为了分析社会各阶层幸福满意度差异，我们选取 2010—2014 年调查问卷中“您对自己生活满意程度”和“您认为自己有多幸福”这两个问题进行讨论。分析可知：客观收入阶层越高的群体，其对生活满意度和幸福感指数越高。

图3　不同国家不同群体转移性收入所占比重差异比较

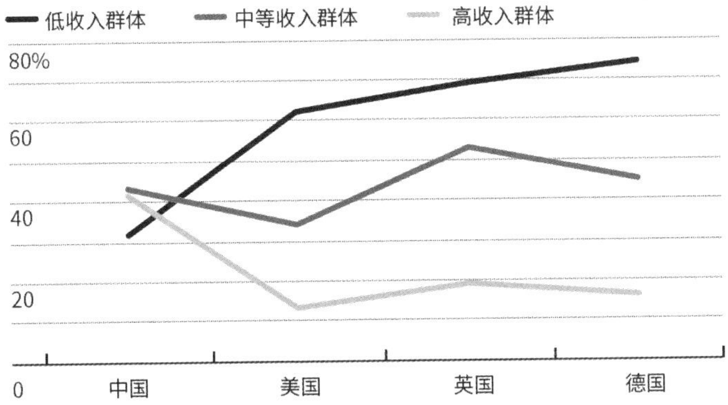

资料来源：本文作者整理

我们来考察社会各阶层对政府工作和贫富差距的主观态度。根据 2010—2014 年问卷中“您对去年本县 / 市政府工作的总体评价”观点题，考察不同收入阶层对政府工作的主观评价。整体看，2010—2014 年各收入阶层对当地政府工作大多持有正面评价，但正面评价的比重均有所下降。各阶层对当地政府工作认可持中立态度的比例有所增加，认为政府工作取得很大成绩的比重大幅度减少。2014 年客观收入分层位于中层的群体对政府工作的认可度低于其他阶层，但是主观收入阶层位于中间层的群体对政府工作认可度高于其他阶层。

为了探究各阶层对贫富差距问题的不同看法，我们首先选取 2010 年和 2014 年调查中关于贫富差距共有的问题“您有过因贫富差距而受到不公正对待吗”进行分析。2010—2014 年，主观感受到因贫富差距而遭受不平等对待的比重大幅度下降。2014 年客观收入阶层越高，因贫富差距而受到不公平对待的比重越低；主观收入分层位于中间层的群体因贫富差距而受到不公对待的比重最小。通过选取 2014 年调查问卷中“您认为贫富差距问题在我国的严重程度”的问题，进一步分析各收入阶层对我国贫富差距的直观感受，我们可以看到客观收入阶层属性越高，认为我国贫富差距问题严重程度也越高；主观收入分层的群体阶层属性越高，认为我国贫富差距问题严重程度就越低。

综上所述，我国客观收入分层中的经济认同和社会地位认同并没有与客观收入层次一致；主观经济认同和社会地位认同均以中层认同为主流，呈现“趋向中层”的特征；客观收入层次为中、上层的人群，其主观认同呈现“向下偏移”的特征；客观收入层次为下层的人群，其主观认同呈现“向上偏移”的特点。客观收入阶层越高的群体，其对生活满意度和幸福感指数越高。客观收入分层位于中层的群体对政府工作的认可度低于其他阶层，但是主观收入阶层位于中间层的群体对政府工作认可度高于其他阶层。客观收入阶层属性越高，认为我国贫富差距问题严重程度越大，但因贫富差距而受到不公平对待的比重却越低。主观收入分层位于中间层的群体认为我国贫富差距严重程度低于其他阶层，因贫富差距而受到不公对待的比重也低于其他阶层。

上述结论说明两点：一是客观收入分层越低的群体，对社会认同及生活满意度越低；客观收入分层收入越高的群体，对社会认同及生活满意度也越高。二是主观收入分层位于中间层的群体，对政府工作和社会问题持有更积极的态度。因此，当前除了要扩大中等收入者比重，还应该注重提高中等收入者主观认同感。

再看中等收入者主观认同感。我们将中等收入者的自我认同划分为三类：向下认同、一致认同和向上认同。农村户口、男性、已婚、党员身份的中等收入者更可能表现出“向上认同”的倾向；城镇户口、女性、未婚、非党员身份的中等收入者更可能表现出“向下认同”；相对于中年人，年轻人和老年人更容易表现出“向上认同”；相对于小学及以下受教育程度的中等收入者，受教育程度越高的中等收入者表现为“向上认同”的概率越高；工资收入越高的中等收入者更可能表现出“向上认同”趋势；相对于个体工商户，在国有企业和事业单位工作的中等收入者更容易表现出“向上认同”，在党政机关工作的中等收入者可能表现出“一致认同”；相对于东部地区，中、西部地区的中等收入者更可能表现出“向下认同”和“一致认同”。这说明受教育程度越高的中等收入者主观认同感越强；党员的主观认同感高于非党员；中年人由于需要担负家庭抚养和赡养的压力，其主观认同感低于年轻人和老年人；已婚人士主观认同感高于未婚人士；男性比女性更倾向认为自己是“中产阶级”；较高的经济收入和职业地位更容易产生“向上认同”。

五、中等收入者的消费需求。2011 年，全国城镇居民家庭现金消费支出倾向为 69.51%，较高收入户消费支出倾向为 67.19%，最高收入户消费支出倾向为 59.79%，而同年中等收入者的消费倾向最高，约为 71.77%（国家统计局，2015）。我们选用 2014 年中国家庭追踪调查（CFPS）数据对不同收入阶层的消费行为进行分析发现：中等收入者大都接受过良好的教育，具备较强的投资意识和投资理念，其消费倾向明显高于高、低两个收入阶层。不过，中等收入者的消费倾向仅比平均水平高出约 2 个百分点，与其他国家相比仍然较低。

我们来看各收入阶层消费情况。根据定义将人群划分为低、中、高收入群体，其收入额分别占总收入的 69.7%，28.4% 和 1.9%，消费额分别占消费总额的 33.8%，57.1% 和 9.1%。图 1 描绘 2014 年不同收入阶层的消费情况，随着收入阶层提高，用于家庭设备、衣着鞋帽、日用品等日常支出的比重不断增加，食品支出的比重不断缩小。高收入群体的居住支出比重远高于中、低收入群体，其中，低、中、高收入群体人均房贷支出分别为：260.66 元、906.4 元和 2893.17 元，分别占人均居住支出的 14.4%、18.2% 和 34.9%。随着收入阶层的提高，用于医疗保健支出的比重不断下降，这可能是由于高收入群体更容易享受到医疗保险福利。收入阶层越低，其私人转移性支出的比重越高。

图4 中等收入者消费支出比较

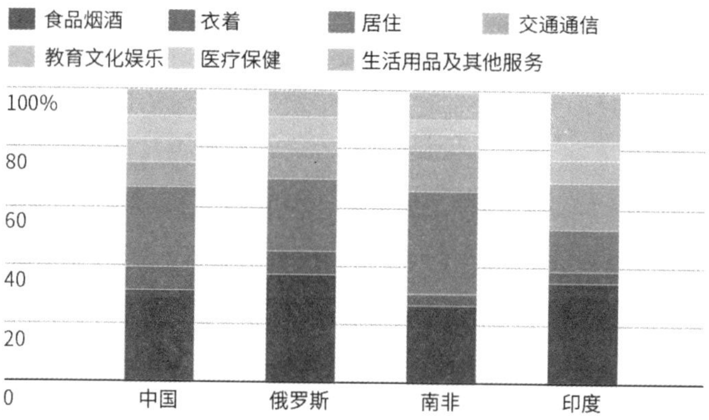

资料来源：本文作者整理

再看各收入阶层边际消费倾向。我们利用 2014 年调查数据，将总样本按收入、城乡、地区进行划分，考察不同群体边际消费倾向差异。中等收入者的边际消费倾向高于低收入群体；城镇居民的边际消费倾向远高于农村居民；东部地区居民的边际消费倾向低于中部、西部地区居民的消费倾向。因此，扩大中等收入者对于拉动需求发展具有一定作用。

再看主观认同感对消费的影响。上文仅采用基础模型考察家庭成员消费与收入之间的关系，中等收入者的消费倾向远高于其他两类群体。我们再在基础模型上引入家庭规模、个体特征、受教育程度以及地区等因素。另外，我们将 2014 年总样本划分为主观收入认同向下偏移、一致认同和向上偏移分别进行分析，考察不同主观认同下的边际消费倾向差异。最后，为了进一步分析不同类型的中等收入者的消费倾向差异，我们仅选取 2014 年中等收入者作为研究对象，考察不同主观认同感的中等收入者的边际消费倾向差异。

回归结果显示，主观收入认同感高于或与客观收入分层一致的群体，其边际消费倾向高于主观认同感向下偏移的群体；主观认同感越高的群体，其边际消费倾向最高。这样的规律在中等收入者中表现得更为突出，即主观认同感越高的中等消费者，其边际消费倾向越高。

最后分析一下影响中等收入者消费的主要因素。引入家庭人均收入、家庭规模、个体特征、受教育程度、地区等因素，以及收入评价、幸福感指数、对贫富差距问题看法等主观评价，回归结果显示，家庭人均收入水平越高，消费能力越强；家庭规模越大，人均消费水平越低；城镇居民家庭人均消费水平显著高于农村居民；已婚的中等收入者家庭人均消费水平高于未婚人士；党员的家庭人均消费水平低于非党员；受教育程度越高，消费水平越高；主观收入评价越高，消费水平越高；主观幸福感指数越大，消费水平越高；个体对社会贫富差距问题的判断并不影响其消费水平。这说明相对于社会公平问题，主观收入和幸福感评价对个体消费的影响更大。因此，提高中等收入者的主观认同感以及幸福感指数，对提高居民消费水平有着重要的推动作用。

下篇：可行之策

扩大中等收入者比重，一方面要稳步提高中等收入者的收入水平，扩大其在社会总收入中和社会总人口中所占的比重；另一方面，要使其收入结构进一步合理化。有必要了解和借鉴其他国家各类收入人群和收入来源的结构，与我国当前的现状进行比较，明确提升目标的方向，探索落实的手段。

基于此，本报告选取了处于不同发展阶段的多个国家，将他们不同收入群体的比重和收入来源的差异与我国进行了比较和分析。

为进行中等收入者比重及收入来源的国际比较，本报告使用世界上最大的跨国收入数据库之一——卢森堡收入研究数据库（Luxembourg Income Study

Database，LIS）以及中国家庭收入调查数据（CHIP）进行分析。卢森堡收入研究数据库（LIS）包括家庭和个体层面的特征、劳动力市场结果，以及详细的收入和支出情况等。中国家庭收入调查数据库（CHIP）是分别于 1988、1995、2002、2007 和 2013 年进行的全国城市和农村家庭收入调查，是我国研究收入问题的权威数据。本报告选取了 CHIP2013 年度 18302 户家庭层面的收支数据，覆盖全国 15 个省份，具有全国代表性。为便于比较，我们从 LIS 中也选取了相关国家 2013 年的数据。

为便于比较和分析，按照世界银行 2013 年的国家收入划分标准选择不同收入水平的国家：人均国民总收入低于 1045 美元为低收入国家，在 1046 至 4125 美元之间为中等偏下收入国家，在 4126 至 12745 美元之间为中等偏上收入国家，高于 12745 美元为高收入国家。中国在 2013 年的人均国民收入属于中等偏上收入国家。本报告选取了与中国一样，属于中等偏上收入国家的俄罗斯、南非和巴西，属于中等偏下收入的印度，以及高收入国家美国、英国和德国。

中等收入者的国际比较

一、收入群体构成的国际比较。我们对中等偏上收入国家的收入人群构成进行了分析，发现除俄罗斯外，中国、南非等国的低收入群体比重都很高，中等收入人群的比重都不高。一般来说，收入差距越大的国家，低收入群体所占比重越高，中等收入群体的比重越小。因此，有必要采取各种措施不断缩小居民收入差距。我国中等收入人群的比重在中等收入国家中居于中间位置，但高收入人群的比重最低，这可能与样本本身选择也有一定的关系。

我国居民家庭收入群体分布与高收入国家有明显差异。发达国家都呈现出“两头小，中间大”的橄榄形收入分布结构，中等收入者比重都占到 50% 以上，低收入人群的比重非常低，均在 10% 以下，与我国形成鲜明对比（详见图 2）。由此可以推测，在我国向高收入国家发展的过程中，需要不断提升低收入人群的收入，扩大中等收入者所占比重。

二、中等收入者收入来源的国际比较。我们按照国家统计局的划分标准，将家庭收入分为“工资性收入、经营性收入、财产性收入和转移性收入”四类，并对收入来源的差异进行了国际比较。与中等收入国家相比，我国中等收入者的财产性收入所占比例相对较高，具有更好的往高收入群体发展的空间。但是，经营性收入所占比重偏低，需要进一步完善鼓励个人创业的政策措施，通过税收减免等引导创业，提升中等收入者经营性收入。目前我国的“大众创新，万众创业”为提升经营性收入创造了良好的条件，可以从一定程度上推动中等收入者群体的扩大。同时，我国中等收入者的工资性收入相对较低，说明我国的中等收入者收入更多的来源于非工资性收入。工资性收入作为收入的重要来源，本应占有更大比重，这可能与初次分配中员工工资偏低、分配不公有关。为了保障中等收入者的收入水平，一方面应进一步改革和完善个税政策，调整起征点和征收方式。由目前主要由工薪阶层承担的个税现状，逐渐向高收入群体为主、中等收入为辅的方向转变，降低中低收入者的个税负担。另一方面，建立工资正常增长机制，发挥工资性收入在提升总收入中的作用。

与高收入国家相比，我国中等收入者的经营性收入和财产性收入所占比重都不低，尤其是经营性收入，这可能与我国的经济发展方式和就业结构有关，国家在推动创业、生产性经营等方面的政策在增加中等收入者的收入方面发挥了一定的作用。不过，我国中等收入群体的工资性收入偏低，尤其是显著低于美国和德国。

我国中等收入者的转移性收入并不是特别低，但是不同收入群体间的转移性收入在收入中所占比重没有明显差异，甚至中等收入群体的转移性收入高于低收入群体的转移性收入。高收入国家则是随着收入的增长，转移性收入在收入中的比例会降低（见图3）。转移性收入作为二次分配，缩小收入差距的重要手段理应更为偏向中低收入人群。

这在某种程度上揭示了我国居民的转移性收入中，养老金、社会救济和社会补助等转移性收入偏低，而个人所得税、社会保障费用等转移性支出方面较高，导致我国的中低收入人群转移性净收入比重低于高收入国家。一方面反映了我国社保替代率水平偏低，但社保缴费又过高的现状。同时，也说明我国当前的个人所得税政策可能没有很好地起到调节二次分配、缩小收入差距的作用。

三、中等收入者消费支出的国际比较。再从消费支出（主要为“食品烟酒、衣着、居住、交通通信、教育文化娱乐、医疗保健、生活用品及其他服务”等七类）看，各国在“食品烟酒”和“居住”上的支出均占相对较高的比例，说明中等收入国家的中等收入者将大部分支出放在了生存上，对于教育、医疗保健等发展型和生产型投入相对较少，不利于提升收入能力（见图 4）。与其他国家相比，我国中等收入者的教育消费支出相对较高，达到约 7.8%，这从一定程度上可能反映了我国的教育投入由家庭个人承担的相对较多，国家公共教育支出可能偏少，这更不利于通过教育来解决起步公平的问题。

四、扩大中等收入者比重的各国政策。各国在由中等收入国家向高收入国家迈进的过程中，都经历了中等收入者的比重不断提升的过程。此间，各国根据自己的情况采取了相应的促进措施，有一些措施和路径值得我们借鉴。

一是建立健全的税收制度，促进中等收入群体的发展。发达国家通常采取税种齐全的高税收手段，通过二次分配来调节社会收入分配，保障中等收入者的利益。一些发展中国家，如印度通过提高所得税、赠与税的免税额，减轻工薪纳税人的税收负担，也有利于中等收入者比重的提升。

二是通过完善社会保障制度，为低收入者向中等收入者转化提供安全保障。比如北欧和西欧的一些国家建立了非常健全、覆盖面很广的社会保障体系，对于提升中低收入群体抗风险的能力有很重要的意义，避免中等收入者的向下流动。

三是通过大力发展教育，培育高技能、高素质的人力资源。以教育促进经济政治社会协调发展，推动经济增长与产业结构升级，进而提升相应从业者的收入，扩大中等收入者阶层的比例。

政策建议

就扩大我国中等收入者比重，我们提出如下政策建议：

一、扩大中等收入者比重的目标设定。为判断我国当前中等收入者比重状况，就必须使用国际可比较的绝对标准来测算。Gustafsson（2016）等使用欧盟 15 国中位数收入的 60% 至 200% 这个绝对标准，来平行度量中国的中等收入者比重。同时，Kharas（2010）还利用购买力平价修正这一标准，并计算了 145 个国家在不同年份的中等收入者比重。按照这个国际可比较的标准，发现中国 2013 年中等收入者比重为 16%，而可比较标准下法国同年中等收入者比重为 45%，比利时为 49%，卢森堡为 53%，芬兰为 57%，欧盟 15 国的平均值高达 42%。总的来看，在国际可比较的标准下，我国当前中等收入者比重明显偏小，与不少发达国家 50% 以上的比例相比还有很大差距。

二、设定中等收入者比重达到 50% 的目标。根据西方发达国家的发展经验，只有各种标准衡量的中等收入者超过社会群体的 50% 以上时，收入结构、分配秩序和社会流动性才能与成熟经济体保持一致；只有超过 50% 的成员进入到中等收入群体时，整个经济社会的治理才能保持稳定。综合看，不管以当前何种标准计算，我们可以在实现全面小康社会之前，即在 2020 年设定中等收入者比重达到 50% 的目标。

三、扩大中等收入者比重的发展战略。

1. 以人力资本提升战略扩大中等收入群体。实施 15 年公共教育，将高中阶段教育全面纳入基本公共服务体系，由公共财政兜底，全面免除学费，大幅提高入学率和巩固率。均衡配置义务教育资源，缩小城乡、地区、校际间硬软件差距，有力保障农民工子女平等接受义务教育的权益。内涵式发展高等教育，实施宽进严出的招生毕业制度，面向经济社会转型升级要求优化学科和专业结构，引入教学科研人员长期激励机制，推进高等院校与校外实践基地、企事业单位实训基地、创业培训和孵化基地紧密对接，增强毕业生实际操作能力和创新创造基础。鼓励发展民办教育，购买义务教育阶段学位，提供多层次高质量教育培训服务。深入推进教育对外开放，加大境外高水平大学、职业培训机构等引进力度，积极开展教育“走出去”活动。培育技能人才，以科研管理体制创新和资格认定制度改革为突破口，多措并举培养高技术人才和高技能人才。优化选人用人机制，建立常态化培训制度，形成适应国际化要求的政府管理、企业管理和社会组织管理人才队伍。贯通中高等职业教育，形成一体化的现代职教体系，提供高技能人才系统性培养方案。面向产业需求发展职业教育，增强教学的针对性和实用性。理顺企业内部技能人才上升通道，试点推广现代学徒制，促进技能人才职业化发展。加快培育重点领域技能人才，大力发展面向农村的职业教育。

2. 企业创新战略扩大中等收入群体。打通科技和经济社会发展之间的通道，让市场真正成为配置创新资源的力量，让企业真正成为技术创新的主体。充分发挥重点企业、龙头骨干企业在企业创新中的主导作用，积极发挥中小企业在自主创新中的独特作用，重视扶持创新型中小企业。加大技术创新要素投入和结构优化，把资金投入用在关键性领域。鼓励企业加大 R&D（研究与开发）投入，构建以企业为中心的技术创新体系。不断提高劳动者素质，着眼于关键环节，增强对研发、设计、营销、供应链管理、金融服务、咨询等专业人才培育，重视对企业家的现代素质的培育。建立以市场为导向、企业（以重点企业、龙头企业和骨干企业为主）为主体、产学研结合的科研攻关机制。鼓励以重点企业、龙头企业和骨干企业为主体，建立重大技术选择和培育机制，加强重大科学技术攻关，推进重大技术创新成果转移应用，启动以政府采购制度为主的相关市场培育政策，保证重大专项研发成果迅速实现产业化、规模化，提高创新绩效。在重大专项实施中加强知识产权管理，并与技术标准战略相联系，明确专项成果的知识产权归属和转化责任，推动以我国为主的技术标准。以骨干企业为依托，建立以企业为主导、产学研有效合作的产业创新联盟，建设关键核心技术研发和系统集成的工程化平台，加强公共技术服务平台建设，推进产业源头技术的开发，继而辐射带动产业链各个环节的技术进步，提升产业整体竞争力。还应充分利用全球创新资源，鼓励自主创新与国际合作创新相结合，提升我国创新水平。完善创新服务体系建设，加强各类中介服务机构建设，形成网络化、专业化、规范化的科技中介服务体系，促进技术、市场与资本的结合，加速科技成果转化，构建支持技术创新的金融服务体系，建立起多层次、多渠道的支持创新的金融服务体系。为中小企业加快创新创造条件，鼓励产业技术创新联盟等创新合作平台吸纳中小企业加入，积极创办为中小企业提供产品研发、技术创新、质量检测等服务的共性技术服务平台，鼓励有条件的中小企业与高校、科研院所开展多种形式的科技合作，寻求技术依托。建立健全中小企业公共信息服务平台。积极引导中小企业加强知识产权管理，依法保护自主创新成果。

3. 新型城镇化战略扩大中等收入群体。根据放开与放宽结合、自愿与引导结合的原则，全面放开建制镇、中小城市、大城市落户限制，并以居住年限、就业年限、城镇社会保险参与年限等为基准，有序放宽特大和超大城市落户条件。到 2020 年努力实现 1 亿左右农业转移人口和其他常住人口在城镇落户。加快实现职工基本养老保险基础养老金全国统筹，鼓励和引导农民工积极参保、连续参保，不断扩大农民工参加城镇职工工伤保险、失业保险、生育保险比例，推进各类社会保险关系跨地区、无障碍转移接续。采取廉租住房、公共租赁住房、租赁补贴等多种方式，逐步解决进城农民工的基本住房问题。进一步完善城乡居民最低生活保障制度和扩大社会救助覆盖面，逐步将农业转移人口纳入保障范围。切实将农民工随迁子女义务教育纳入城市教育发展规划和财政保障范围，保障农民工随迁子女以公办学校为主接受义务教育。扩大农民工随迁子女在流入地接受中等职业教育免学费和普惠性学前教育的规模，健全农民工随迁子女在居住地参加升学考试的政策。继续实施免费向农业转移人口提供健康教育、妇幼保健、预防接种、传染病防控、计划生育等公共卫生服务的制度，努力使农民工与当地城镇居民享有同等医疗卫生服务水平。把农业转移人口聚居地纳入到城市社区医疗服务体系，加强农民工聚居地疾病监测、疫情处理和突发公共卫生事件应对。

四、扩大我国中等收入者比重的政策着力点。

1. 提低而不是限高才是扩大中等收入者比重的出路。截至 2015 年底，我国仍有 5575 万绝对贫困人口（国务院扶贫办，2016），如果在 2020 年能实现现行标准下所有贫困人口的脱贫任务，就会有一部分家庭进入中等收入群体。再加上还存在大量的其他低收入者，如果未来能实行良好的社会保障制度和最低工资政策等，就有可能把相当一部分低收入群体提到中等收入者中。最重要的是，过去几年的政策经验表明，提低是缩小我国收入分配差距最为有效的手段，各种惠农资金、转移补贴和社会托底政策使得 2009 年以来我国收入分配差距水平持续走低。所以说，要扩大中等收入者比重，未来政策的核心还在于“提低”这个方面。

2. 农民工是未来扩大中等收入者的主要来源。在劳动力资源充分流动和新型城镇化的背景下，农民工已经成为中国经济增长的重要动力来源。2015 年，我国农民工数量已经达到 2.77 亿人，占全国总人口的 20% 左右，约占全国劳动力数量的 35%（国家统计局，2015）。根据国家统计局数据，2015 年全国农民工人均月收入 3072 元，其中农民工最高 20% 收入组的月均工资已经达到 8063 元左右（国家统计局，2015），远超过各种标准定义的中等收入者门槛。由于农民工数量庞大、相当部分农民工的收入已达到中等收入的水平，这使得农民工是未来中等收入者增加的主要来源。所以在政策上，未来要把农民工作为供给侧改革的核心，提高对农民工的技能培训力度，使得农民工具有稳定的收入增长来源。

3. 要防范中等收入者掉入低收入群体，更重要的是要稳定住已经存在的中等收入者。收入流动性研究发现，当前有一部分中等收入者掉入到低收入者，主要是因病致贫、因学返贫导致，当然各种意外冲击也使得相当一部分中等收入者又重新回到低收入群体。从这个角度来看，完善医疗保险、养老保险和失业保障等各种社会保障制度，增强政策的托底保护，应该是未来政策的核心。同时，要逐步放宽市场准入条件、优化市场竞争环境，进一步拓展城乡居民增收渠道，促进城乡居民收入结构不断优化。而且，要清理针对农民工的各种歧视政策，逐步取消城乡隔离的户籍制度，防范农民工失业返乡所带来的收入增长中断，从而在最大程度上稳定中等收入者的比重。

4. 要进一步增强中等收入者的作用贡献。在未来，政策上要把增强中等收入者的获得感、存在感和安全感作为核心，通过制度设计和政策托底来减少他们面临的各种风险，从而达到增强自主意识、提升边际消费倾向和稳定行为模式的目的，并且进一步提升中等收入者对经济增长和社会稳定的边际贡献。

5. 提高财产性收入是扩大中等收入者比重的重要途径。对于中等收入者来说，财产性收入通常都构成其收入的重要来源。当前美国中等收入者的财产性收入占比达到 20% 左右，日本占据 24% 左右，瑞典则能达到 30% 左右（Kharas，2010）。相对来看，2014 年我国中等收入者的财产性收入占比只有 4% 至 10%，而低收入者的占比则仅有 3% 左右。所以，未来要扩大并稳定中等收入者比重的重要着力点就是，要逐步放宽金融市场准入条件，深化以银行为主的金融体系改革，加快发展多层次资本市场，鼓励金融产品创新，开发适宜投资需求的金融产品，拓宽城镇居民利息、股息、红利、租金、保险等财产性增收渠道；同时，深化农村土地制度改革，推进宅基地流转、置换方式创新，让农村居民合理分享土地升值收益。

6. 以全面改革推动中等收入者比重扩大。收入是结果，深层次原因则是产业、教育和社会保障等各种相关的政策。因此，要扩大中等收入者比重，必须从经济社会的战略视角去看待，要从产业和就业结构的宏观视角去理解。要从源头上提高教育质量、增加中高端就业比重、调整产业结构等。只有这样，才能从根本上增强中等收入者的就业和产业结构支撑，也才能有效提升中国经济竞争力。

总体来看，必须要从全面改革的视角来推动中等收入者比重的扩大。首先，大部分经营者都是中等收入者，通过简政放权，支持小商小贩的就业和改善营商环境就非常必要。其次，每次股市的大起大落，几乎都是对中等收入者的一次洗劫，房价过快增长则几乎把整个年轻一代从中等收入者拉入到低收入阶层，因此必须要稳定宏观政策，抑制资产价格泡沫，防止资产价格的过度上涨给中等收入者带来损害。再次，教育、医疗和养老等高昂的生活成本在很大程度上侵蚀了中等收入者的生活水平，严重制约了工薪阶层积累财富的能力，有关教育、医疗和养老等方面的政策也需要进一步改革，从而支持我国中等收入者比重的稳定快速增长。

万海远 李实
（北京师范大学中国收入分配研究院研究员）
杨修娜 杨玉梅 杨灿
（北京师范大学中国收入分配研究院）

新型智慧城市之路怎么走

智慧城市是当今世界城市发展的前沿趋势，是推动以人为核心的新型城镇化、促进城市持续健康发展的新理念和新模式。建设智慧城市有助于为公众提供更加便捷、高效、灵活的社会公共服务，有助于增强城市的综合竞争力和承载力，对于提高民众的生活质量、提升政府的宏观调控和公共服务的水平，协同推进新型工业化、信息化、城镇化、农业现代化具有重要战略意义。

2015 年底召开的中央城市工作会议明确指出，要加快智慧城市建设，发展民生服务智慧应用，实现“科技让生活更美好”的目标。

2016 年政府工作报告也提出，要打造智慧城市，改善人居环境，使人民群众生活得更安心、更省心、更舒心。

实际上，“智慧城市”的概念源自 2008 年 IBM 公司提出的“智慧地球”的愿景。

近年来，智慧城市在我国新型城镇化进程中逐渐落地，各地在实践探索中，着力于创新城市发展、提升城市品质、增进民生福祉，我国的智慧城市建设不仅取得了新进展，更对智慧城市赋予了新内涵。

目前，我国正在经历着世界范围内最大规模的城镇化进程，截至 2015 年底，我国城镇化率为 56.1%，城镇常住人口达到 7.7 亿。在全国 653 个城市当中，城区人口超过 100 万的城市已经达到 140 多个。今后还将有大量的人口进入城市，城市人口将逐步达到 70% 左右。在此背景下，人民群众对城市服务和管理体系智慧化、城市信息基础设施建设普及化、民生服务智慧应用多样化的需求将不断提升，互联网及智慧城市正深刻地改变着人们的生活方式，由此“新型智慧城市”的理念也应运而生。

近期印发的《中共中央、国务院关于进一步加强城市规划建设管理工作的若干意见》中明确了我国到2020年建成一批特色鲜明的智慧城市的发展目标。

目前我国智慧城市建设的进展

1. 地方城市积极探索实践。我国智慧城市建设过程中，地方各级政府积极响应“互联网 +”“信息惠民”“宽带中国”等行动号召，纷纷将建设智慧城市作为“十三五”时期的重要发展目标。目前，全国已经有近500个城市宣布建设智慧城市，覆盖了东、中、西部地区。

我国智慧城市市场规模巨大，预计可达4万亿元人民币，涉及的智慧化应用涵盖了几十个领域。其中，信息基础设施、电子政务、社会治安、智能交通、市政管理、智慧医疗、社区服务等相关领域较受关注。先行一步的城市都往往高度重视智慧城市的顶层设计，秉承“多规合一”理念，应用各种新技术，提升智慧城市认知、规划、管理的水平。如，武汉市投入1000万元，在全球范围内招标，编制了《武汉市智慧城市建设总体规划与设计》方案。以“大智武汉、信息通衢”为目标，计划用10年左右的时间打造智慧城市。又如，南通市贯彻落实《关于推进智慧江苏建设的实施意见》，从智慧设施提升、智慧产业培育、智慧民生普惠、智慧政务优化四个主要方面制定了智慧南通的顶层规划，形成了智慧南通建设的管理标准、规则及评价体系。

2. 信息基础设施明显改善。信息基础设施是智慧城市的基础支撑，“十二五”以来，我国在光纤网络覆盖、移动网络部署、智能终端拥有率等多个方面呈现出快速发展的势头。截至2015年底，我国的网民规模已达6.88亿人，互联网普及率达到50.3%，互联网宽带接入端口达4.7亿个，网站423万个。互联网宽带接入端口“光进铜退”趋势显著，光纤接入端口达到2.69

亿个，占比由 2014 年的 40.6% 上升至 56.7%，xDSL 端口占互联网接入端口的比重下降至 20.8%。移动电话用户总数 13.06 亿户，其中，4G 用户在移动电话用户中的渗透率为 29.6%。智能电网加速投资，国家电网在“十二五”期间投入约 1.6 万亿元用于加强智能电网建设，主要是对于骨干网络的智能化升级，包括智能变电站、智能巡视系统、智能电表等。

智慧管网、智慧交通等城市基础设施智能化改造也在不断加快，大数据中心、智能服务平台逐渐成为城市新的基础设施。如，无锡市建设了集城市大数据中心、电子政务服务平台、城市管理服务平台、民生服务平台、经济运行服务平台于一体的“一中心四平台”系统，大力推进“无线城市、光网城市、宽带提速、三网融合”四大基础设施工程建设，全市信息通信网络基本实现了“百兆到户、千兆到楼、T 级出口”的目标。

3. 城市服务治理得到创新。智慧城市建设明显带动了城市治理水平的提升，户籍管理电子档案、城市道路实时监测、电子病历、智能应急系统等都是城市治理智慧化的典型体现。

电子政务助力打造高效的政府，综合性的城市管理数据库逐步建立，浙江、山东、广东等地推广应用网上办事平台，促进政府不断优化创新公共服务，推进了行政权力程序化、规范化和透明化运行。运用大数据、物联网、云计算等新一代信息技术与城市管理服务融合，实现政府部门之间的数据共享，加快加大政府信息开放程度，提升城市治理和服务的水平。例如，威海市投资建成电子政务云，铺设 98 条光纤链路，整合了市直属部门机房和服务器设施 150 多台 / 套。目前已实现 200 多个部门使用统一技术平台、统一运算存储、统一内外网络、统一互联网出口、统一安全防护、统一运行维护，将公共服务拓展延伸到网上，变“群众跑腿”为“信息跑路”。

4. 建设成果更加惠及民生。各地更加以民生需求为导向，把有限的资源投入到亟待解决的问题上，把群众的关切摆到首位，使智慧城市的建设成果更加便民惠民。例如，北京市朝阳区团结湖街道办发起的“智慧团结湖”项目，为社区内居住的近 200 户老年人家庭利用物联网设备安装了烟雾探测器、红外入侵探测器、燃气泄漏探测器、心脏脉搏监测仪和血压仪等一系列设备，并接入互联网。当监测到任何紧急情况，将自动采取报警、呼叫救护车等应急措施。

同时，街道办事处还为这些家庭安装了智能电视，由医生根据探测器收集的健康数据为老年居民提供医疗建议。注重智慧城市与实体经济的融合发展，逐步使互联网产业从“消费服务型”向“生产服务型”延伸，加快城市产业转型升级。例如，河南新县将智慧城市建设作为惠民兴业的重要抓手，坚持产业扶贫先行，重点打造智慧农业平台，根据当地的资源禀赋，重点发展信阳毛尖、山茶油、淮南黑猪等特色农产品，围绕农业标准化生产、农产品质量溯源、农产品电商助力农业产业精准扶贫。通过信息化平台聚集新型农业经营主体560个，培育农业产业化龙头企业30家，孵化出羚锐、新林茶叶、豫南葛业等一批新县品牌，2015年推动农民人均可支配收入增长10.5%，实现约9000名贫困人口稳定脱贫。

5. 新城新区成为建设重点。新城新区相对老旧城区在开发成本、协调难度、土地资源等方面具有优势，智慧城市建设可从规划阶段与基础设施建设同步开展、实施，能够实现有效的整合。从国际经验来看，日本的柏之叶、韩国的松岛等智慧城市的建设都是以新城新区的开发为切入点的。随着我国新型城镇化的稳步推进，智慧城市已成为新城建设的必备内容。同时，促进产城融合是我国当前智慧城市建设中的一个突出特点。新城新区是载体，在一开始建设新城的时候，就把智慧家居、智慧社区、智慧园区等社区服务、政府公共服务以及市场化服务等所有要素植入其中，成功以后会对老城区的更新与改造有重要的借鉴作用。大中城市的智慧社区可能成为下一阶段新型智慧城市建设的重要入口，从城市最基础的细胞入手，实现智慧化的服务和管理，更容易建立跨界整合、利益共享的模式，更容易形成具有典型意义的样板。从局部到整体，促进智慧城市协调健康发展。

6. 政企联动破解资金难题。各地政府积极尝试以PPP模式开展智慧城市建设，通过特许经营、购买服务、股权合作等方式与企业合作，建立多元化投融资体系。在政府开放市场、正确引导的前提下，未来智慧城市的建设资金关键取决于市场，因为市场化的资金更加注重投资回报率，会更好地把握市场的需求，效率会更高，效果会更好。如，易华录公司通过 PPP 模式成为山西吕梁市离石区智慧城市建设项目的供应商，项目总投资约 12 亿元，其中政府投资 1.6 亿元，募集社会资本 10.4 亿元。要吸引社会资本投入智慧城市建设就必须提高项目收益，目前智慧城市的项目收益主要分为两种：一种是直接收益，即收费类的智慧应用通过使用者付费来直接获得收益；另外一种是间接收益，利用大数据获得增值服务，企业可以充分挖掘在智慧城市建设中积累的海量数据，通过数据增值服务提升项目的整体收益。智慧城市中的很多服务都具有公益属性，很难完全通过直接收益的方式获取，后一种模式显然更具有拓展的空间。

推进新型智慧城市的建议

我国智慧城市建设正逐步从理念走向实践、从效仿走向创新、从单一自建走向合作共赢。但是，目前我国智慧城市建设还存在一些亟待解决的问题：一是智慧城市碎片化发展，每一个行业都根据自己的特点，都把自己的功能要素纳入智慧城市的范畴，但从全局角度并未有机整合；二是智慧城市建设存在重概念、轻务实的现象，民众缺少参与感、互动感和获得感；三是建设模式仍然单一，政府引导、企业主导的建设路径尚未形成可复制、可推广的经验。

随着我国城市的发展进入全新的阶段，以人为核心的新型城镇化要求下一阶段的新型智慧城市建设要在以往实践的基础上，更加突出做好以下几个方面的工作：

1. 加强顶层设计，注重示范效应。从中央部委的角度进一步加强智慧城市的顶层设计和政策指导，在 26 部委“新型智慧城市建设部际协调工作组”的领导下，形成重大事项、重点工作的部际协商机制，汇聚政策合力，加强对地方智慧城市建设的统筹协调和科学引导。统筹各类试点示范，在“十三五”时期内，开展智慧城市建设效果评估，分行业、分领域选取一批有代表性的新型智慧城市建设案例，以点带面，有序推进新型智慧城市建设。

2. 坚持以人为本，成果民众共享。新型智慧城市建设要从城市居民的实际需求出发，重点解决民生关切的公共服务和社会服务问题，将生活在城市中的居民的满意度作为新型智慧城市建设的关键点。重点发展民生服务类智慧应用，提升衣食住行以及社保、医疗、教育、养老等民生领域智慧化资源的配置效率。要以个人、家庭为基础单元，以社区、园区为基本板块，以城市新城新区为重要载体，鼓励政府和各类企业向城市居民提供广覆盖、多层次、差异化、高质量的公共服务和市场化服务，使公众分享新型智慧城市建设成果。

3. 促进融合渗透，带动实体经济。新型智慧城市建设将促进传统行业的快速变革，并通过推动传统产业的更新升级，提升实体经济的发展。如，智慧城市可推动相关上下游产业链的延伸与整合，带动包括基础信息网络、智能终端制造、智能建筑、应用软件开发等多个产业的发展，推动商贸服务业、金融服务业、生产性服务业等行业的信息化、智能化、自动化改造。将大众创业、万众创新工作与新型智慧城市建设有机结合，加强对大数据、人工智能、物联网等新业态、新技术的支持力度，制定相应的扶持引导政策，加快推进互联网与实体经济的融合渗透。

4. 加速技术转化，提升城市治理。加强城市基础设施智慧化的管理与监控服务，加快市政公用基础设施的智慧化改造升级。通过应用“互联网 +”、大数据分析、可视化等手段，加强城市数据资源整合，最大限度地开发、利用、维护好各类城市数据资源，将城市建筑、街道、管网、环境、交通、人口等方面的实时情况用动态数据反映出来。促进大数据在社会治理、社会服务、产业发展、宏观调控等方面的创新应用。建立“用数据说话、用数据决策、用数据管理、用数据创新”的管理机制和智慧化的城市管理体系，提高城市治理决策精细化和科学化水平。

5. 厘清政企关系，创新合作模式。坚持政府引导、市场主导，处理好政府和市场的关系，使市场在推进新型智慧城市建设的资源配置中起决定性作用。政府要加强政策支持，充分利用智慧手段统筹规划，激发市场活力，发挥企业创新主体作用和敏锐捕捉市场需求的优势。紧扣智慧城市服务项目能够提供价值作为核心，在具体项目的操作过程中协调好各方的投资和收益关系。可将智慧城市项目细化分类，除提供基础公共服务的公益类项目由政府财政投资，其他类型的项目需要创新工作思路，放开准入、放开市场，设计灵活的投融资模式，积极吸引风险投资、私募基金和商业性金融机构投资，减少政府大包大揽行为。

6. 强化国际合作，培育国际产能。当前国际社会十分关注我国的智慧城市建设进程，应加强与国际组织、企业、城市政府的沟通与合作，传递中国新型智慧城市建设的重要理念，相互借鉴发展经验，学习国际先进的技术手段和建设模式。依托已有的双边和多边机制，务实推进智慧城市领域的国际合作，支持自主企业走出去和先进技术引进来，将我国互联网产业、信息产业、能源环保产业、智能建筑产业的优势与“一带一路”的产能输出结合起来，加快形成国际产能合作新领域，开拓国际智慧城市新市场。

冯波　郭巍　戴璐

（国家发改委城市和小城镇改革发展中心）

2016 年 7 月

以“互联网+”推动农村普惠金融发展

推动农村普惠金融发展，关键是引入资源要素。面对农村金融体系供应不足、“三农”资产风险识别和定价难、信用体系基础缺乏等痛点，银行、非银金融机构、互联网企业和其他微型金融组织互补协作，形成了多层次、广覆盖、适度竞争的农村金融服务体系。

开放合作，全面构建立体服务渠道

在广袤的县域和农村地区，金融服务覆盖不足，铺设物理网点成本高一直是制约农村金融发展、导致金融服务难以“下乡”的关键因素。中国银行直击农村普惠金融的痛点，一方面扎根农村，以批量集约化模式打造全国最大的村镇银行、以互联网模式提供低门槛和易获取的金融服务；另一方面利用“跨界融合、开放合作”的互联网思维，借助合作伙伴网点提供金融服务，将服务触角深入基层，送金融服务下乡。

一是扎根县域，打造全国最大的村镇银行集团。自2011年3月中国银行第一家村镇银行在国家级贫困县——湖北蕲春开业以来，按照批量化、规模化、集约化方式发起设立了中银富登村镇银行。截至2016年底，中银富登村镇银行已在全国12个省市设立了82家法人机构、160多家分支机构，覆盖了中西部金融服务空白或薄弱的县域，2017年5月正式收购了国开行持有的15家村镇银行股权，目前已成为全国机构数量最多、业务范围最广的村镇银行集团。

二是借船出海，借力合作伙伴延伸助农服务点。目前移动运营商、供销合作社等网点深入到各县乡镇等行政区域，中国银行采取“借船出海”的发展策略，通过集团战略合作，延伸金融服务触角，在供销社网点布设助农固话 POS、与移动等运营商代理点等商户合作，为农民和涉农企业提供存取款、转账、支付等一系列金融服务。截至目前中国银行已在河北、河南、福建、山东、山西、江苏、辽宁等多个省市开办助农业务，累计开办助农服务点 1 万余家。

三是移动优先，提高线上线下渠道覆盖水平。截至 2016 年底农村网民规模达 2.01 亿人，农村地区互联网普及率为 33.1%，这为农村金融服务成长提供了良好的互联网环境。中国银行秉承“移动优先”的发展策略，通过手机银行渠道极大扩展服务范围，新增语音识别、指纹认证等创新服务，进一步降低客户使用门槛，方便农村居民使用。在线下县域网点建设方面，增设县域网点、增加离行式自助设备布设，积极建设消费金融、中小微企业、轻型网点等特色网点，提供差异化服务，满足新型城镇化和农业现代化进程发展需要。

创新驱动，按需定制专属金融服务

近年来“三农”金融需求增长迅猛，缺口需求超 3 万亿，“融资难、融资贵”问题仍然突出，由于缺乏有效担保及传统抵押品，只有 27% 的农户从正规渠道获得贷款，40% 以上有金融需求的农户难以获得贷款 。国家陆续出台普惠金融政策，加大涉农信贷投资和政策支持力度，2016 年颁布了农村集体土地所有权、承包权、经营权“三权分置”政策，提供坚实保障。中国银行心系“三农”，紧跟国家政策，加大县域信贷投放力度，创新开发多样化金融产品，“量体裁衣”式定制金融服务，不断提升农村普惠金融服务能力。

一是加强县域信贷投放， 涉农贷款稳定增长。推动贷款资源积极支持县域金融发展，重点支持新型城镇化、农业现代化、扶贫攻坚项目资金需求，持续完善县域经营性融资和消费贷款服务模式，简化审批流程，承诺审批时效，促进信贷及时有效投放。以中银富登村镇银行为例，截至2016年底，其贷款余额中小微和涉农贷款占比超过90%，户均贷款余额24.3万元，三农贷款户均贷款金额10万元，充分体现了服务“三农”的宗旨。

二是攻坚融资难问题，创新融资服务组合拳。首先，在创新融资担保方式方面，根据农村承包土地的经营权和农民住房财产权抵押贷款试点工作进度，2016年创新推出“两权”抵押贷款。截至2017年3月末，“两权”抵押贷款已在江西、安徽、浙江等多家分行落地。其次，在创新涉农产业授信模式方面，将融资服务贯通农产品生产、加工、流通、销售等全流程链条，形成了灵活多样、符合农户特点的涉农产业链融资体系。以中银富登村镇银行为例，开发了10大类涉农贷款产品以及53种相关子产品，覆盖家禽、家畜、水产养殖以及水稻、棚菜种植等涉农行业。再次，在创新推广政府增信类融资服务模式方面，中国银行积极与政府部门、涉农产业龙头企业、农村合作组织开展合作，以财政补贴融资费率等方式降低整体融资费用，形成特色信贷项目，为三农客户群体提供信贷支持。截至2017年3月末，中国银行服务已覆盖湖北、黑龙江等15个省市地区。

三是加强定向供给，提供“惠助农”专属服务。中国银行创新推出“惠助农”服务方案，面向农村客户群体定制发行“福农卡”，推出固话POS助农取款以及手机取款功能，支持利率上浮的定期存款产品，支持涉农补贴发放、小额融资贷款、保险保障和涉农产业联盟等多项特色权益。同时，为畅通农村地区支付结算渠道，扩大金融服务覆盖面，中国银行与邮政储蓄、农信社等机构合作，为客户提供“农民工特色业务渠道”服务，福农卡持卡客户可享有跨行取现手续费优惠和其他增值服务。

执耒深耕，以互联网思维建生态

农村市场已成为未来“新蓝海”，阿里、京东等互联网企业加入角力，打响农村争夺战。跨界融合、创新驱动、开放生态一直是“互联网+”思维的核心要义。中国银行顺应市场发展趋势，脚踏实地，联合中国农业发展银行、供销合作总社等战略合作伙伴下乡，共同构建农村金融服务生态新模式。

一是与农发行联手探索“政策性金融+商业性金融+财政性金融”的农村金融服务生态模式。2014年启动与农发行合作，以福农卡为载体顺利完成了试点农业大省财政涉农资金及农发行支农资金的代理拨付，有效解决了财补资金“最后一公里”脱离监管范围问题，提高了各类支农资金发放效率。2017年双方还将联合加快业务推广，推动服务向移动互联网端迁移，向农户提供适合“三农”需求的保险、理财等商业性金融产品，同时联合互联网电商企业和龙头企业为农户提供农资产品的销售服务，构建“政策性金融+商业性金融+财政性金融”的农村金融服务生态模式。

二是战略携手供销合作社，打造“农村电商国家队”。供销电商将建设“以县域为基础全国互联互通的电商生态”作为业务目标，以“供销e家”为载体面向农村个人客户和涉农企业提供包括农副产品供销、农业生产资料销售、日用品销售、大宗商品交易等服务。2017年4月中国银行与中国供销电子商务有限公司签署战略合作协议，双方将利用互联网和电子商务新技术创新业务模式，重塑业务流程，支持农业发展和产业转型，与“供销e家”合作建设线上专区，完善助农金融平台，提供包含在线支付、收单解决方案等在内的综合金融服务，农民有望用中国银行手机支付购买生产资料，助力供销合作社“电商服务下乡”。

三是完善信用体系，以数据驱动改善农村金融生态。当前制约农村金融发展的重要原因是信用基础设施较为薄弱，央行个人征信系统收录自然人数8.99亿，其中仅4.12亿人有信贷记录，农村人群约6.3亿人，大部分农村人群缺乏有效的个人信用信息，从而制约了金融服务的可获得性。中国银行放眼长远，着手建设农村征信体系，通过集团内部数据挖潜、外部数据引入等加强数据积累，完善信用信息采集与应用机制，结合大数据分析技术，优化客户评级模型、建立涉农个人信贷模式库、建立自动决策引擎、合理确定金融服务利率，通过各种措施降低金融服务成本，形成“信用好、贷款易、利率低”的良性循环，以数据推动农村金融生态完善。

授之以渔，精准扶贫践行社会责任

金融扶贫也是普惠金融不可或缺的一部分。中国银行积极践行“担当社会责任，做最好的银行”发展战略，充分发挥国际化、多元化平台优势，实现精准扶贫。从2002起，在陕西咸阳永寿、长武、旬邑、淳化四个县开展定点扶贫，发挥自身、客户、员工、国际四种力量，落实“十个一批”，聚集各种资源，动员社会力量，努力探索一条有中行特色、可持续、可复制的精准扶贫之路。

一是依托跨境撮合，“融智”扶贫。中国银行已经成为构建“一带一路”金融大动脉的排头兵，利用跨境服务优势，协助贫困地区资源与外部资金技术对接，帮助当地引进先进农业技术，加快产业融合发展，建立“融资+融智+融技+融市”的精准扶贫撮合服务模式。2016年9月中国银行与陕西省共同举办“咸阳北四县精准扶贫跨境撮合洽谈会”，100余家海内外龙头企业与咸阳地区80家企业进行了285场次的现场洽谈，100多对企业现场签约或达成初步合作意向。荷兰哈克公司的苹果育苗培训基地项目、马铃薯加工基地项目已在旬邑县落地。

二是依托村镇银行，造血脱贫。中银富登村镇银行全面贯彻“主动参与、造血扶贫、控制风险、发展业务”要求，积极推广具有自身特色的金融扶贫模式，总结出了包括订单模式、代工模式、代管模式、项目扶贫模式、就业扶贫模式、政府担保扶贫模式等七种造血式金融扶贫业务模式，确保金融扶贫真正落地。

三是依托互联网平台，公益扶贫。中国银行推出了“公益中行”互联网精准扶贫平台，供给侧对接“北四县”近13万贫困人口，需求侧购买端对接全行30万名员工和企业客户。通过建立健全“三个制度一个机制”（脱贫助理人制度、配额制度、集采供应商制度和公益回馈机制），打通贫困户农副产品直销城市的通道，帮助更多的贫困户走上自力更生之路，建设农特产品外销快车道，使贫困户实现脱贫致富。

四是依托内外力量，爱心扶贫。筹建中国银行慈善基金会，2016 年实施安全饮水、道路交通、光伏建设、农业设施等各类扶贫项目 23 个。发挥员工力量，派出两批 10 名挂职干部、驻村第一书记成为扶贫带头人；建立贫困地区干部到中行交流的工作机制、组织职业农民技能培训班等，提升贫困地区自力更生能力。与此同时，引入境内外客户和公益资金，中银香港与黄廷方慈善基金、霍英东基金等香港机构联合，为“北四县”设立助学奖教基金 2000 万港元；2016 年 9 月中行与 NBA 中国向“北四县”各县分别捐赠一块 NBA 标准室外篮球场，让当地青少年有机会体验篮球运动的快乐。

郭为民

（中国银行总行网络金融部总经理）

第二部分

将改革进行到底

中国经济面临的十大尖锐问题

第一个问题：新常态和适应新常态

新常态，用最简单的语言来概括就是按经济规律办事，不做违背经济规律的事情。片面追求经济的高速增长，实际上并不都符合经济规律的，因为实践已经证明，高速增长会带来五个严重的弊端：资源过度消耗，生态破坏，产能过剩，低效率，错过结构调整、转变发展方式、科技创新的大好时机。

2008 年国际上发生了金融危机，在这个过程中，许多发达的西方国家，比如美国、德国、日本都在抓紧技术创新。而我们错过了这个机会，我们这个时候仍然在大力追求 GDP 的增长，这样我们错过了这个结构调整、经济方式与发展方式的转变和技术创新方面的时机。我们再进一步考察，适应新常态要怎么适应呢？首先要适应中高速增长，而不要再像过去那样单纯追求 GDP 的超高速增长。因为“超高速”不符合经济规律，经济越发展基数越大，每增长 1% 所代表的内涵远远超过了过去 GDP 低的时候。我们应该认识到，适应新常态就是要适应结构的不断调整，经济方式的逐步转变，尊重市场规律。

第二个问题：第三产业产值达到 GDP 占比 51% 的意义

2015 年第三季度结束的时候，国家统计局公布了中国的经济现状，第三产业的产值达到了 GDP 的 51%。今天，发达国家第三产业的产值一般要占到 60%—70%，2015 年第三季度，中国的第三产业产值占比到了 51%，这是中国转向后工业化时期的开始。

转向后工业化时期实际上说明，我们更应该注意到经济的变化。第二产业为主的时代，经济增长是可以上去的，不一定上到那么高，但各种情况不一样。到了第三产业占优势的时代，西方发达国家能维持 3%，顶多 4%，它们认为已经是很了不起了。很多国家还停留在 3% 以下，所以中国在这个阶段应该注意到，关键还是结构调整，转变经济发展方式，而不再是追求数量性的扩张，结构调整比总量要重要。1840 年，当时中国的 GDP 是全世界第一，比英国多多了，可是结构不一样。英国 1770 年就已经开始工业化，它的 GDP 首先是靠钢铁、机械制造、蒸汽机、铁路建设，英国棉纺织品是用机器纺织，销售到世界各国。而中国的 GDP 虽然大，但以农业、农产品为主，加上少量的手工艺品，中国的棉布是手工制造的。

中国向英国出口茶叶、丝绸、瓷器、桐油、猪鬃，而英国向外出口的主要对象是西欧大陆，出口的产品是蒸汽机、钢铁。结构比总量更说明问题，因为英国的产品结构重新组合以后，站在了技术进步的前列。另一个大家容易忘记的是人类资本的结构。中国那个时候有 4000 万人，论人力资源的数量中国远远超过英国。英国小学已经普及了，当时还创办了很多中学，也新建了一些大学，每年培养出大量的科学研究人员、工程师、经济管理人员、金融方面的专业人员。而中国在鸦片战争的时候是什么样子？大多数人是文盲，少数读书人读的是四书五经，是为了考科举。中国有几个人懂近代的科学技术，有几个人懂现代的金融？所以结构问题是非常重要的，不调整结构实际上我们是跟不上的。

第三个问题：大力发展第三产业和继续推进工业化并重

这是我们当前最重要的问题。为什么要并重？因为中国并没有完全实现工业化，一个国家完全实现工业化主要看什么？主要是看高端成套设备的制造能力，高端的成套设备生产在经济中应该占据突出地位，中国在这方面还有差距。我们强调继续实现工业化，正是要把中国经济推上新台阶，因为高端成套设备制造在中国的发展水平还不如西方发达国家的发展水平。

在这个过程中，第三产业也要发展，第三产业的发展主要是靠什么呢？主要靠消费者，这其中有两点。第一是消费者有足够的收入，这样才能扩大消费。我们现在人均收入在世界上还属中后，但是要发展第三产业的话，消费能力是最重要的。二是要有消费意愿，要让消费者愿意购买，而且愿意在国内购买，跑到国外买对中国的经济没有太大影响。

在这方面，我们应该做到四点。

第一，让产品更个性化。就是要抓住消费者的习惯、爱好，提供他喜欢买的、愿意买的。

第二，让服务业更加人性化。这是我们创造市场、创造新产品销路的重要方面。

第三，把品牌打到国外。将来的竞争实际上是品牌的竞争，品牌是靠不断的技术创新维持的。

第四，把顾客留在国内。这不仅是企业本身的问题，而且和外国产品进口的关税有关系。

我们要背水一战，把中国的制造业搞上去，这是对的。但是光有决心不行，一定要有行动。该关的关，该停的停，该重组的重组。这里面既包括对国有企业改革的希望，也有对民营企业转型的希望。

第四个问题：国有企业、民营企业都需要改革和转型

国有企业改革和转型分两个层次。第一个层次就是国有资本的管理。国有资本的管理专门成立国有资本、基金公司也好，成立投资公司、运营公司也好，高层只管资本，管资本怎么运行，这样的目的是提高资源配置效率。

国有企业第二个层次的改革是在企业。怎么改？让国有企业独立经营，投资者派董事组成董事会以后，企业服从董事会的决议。中国今天是国家管资本，让资本变活，产生资源配置效率，这是上层的改革。下层的改革是国有企业股份制，根据投资情况组成董事会，因为行业不同，国家控股的大小是不一样的，这是根据情况来定的。独立经营主要依靠健全的法人治理结构，包括股东会要起作用，董事会要起作用，还要有职业经理人。职业经理人在全世界企业发展过程中都是一个必经的阶段。因为原来都是家族企业，家族企业到了第二代，能不能维持？还可以。到了第三代，企业能不能再这样下去？一定要看职业经理人制度是否产生，职业经理人有一个供给方和需求方，双方才能协调，这样的话管理效率就提高了。

现在中国还没有职业经理人市场，职业经理人不可能像一般的工作者拿着自己的简历到处上门求职。所以这需要有职业经理人的组织建设或是猎头公司，人才到他们那里登记，他们帮职业经理人去找、去谈。

今后的民营企业走职业经理人道路是有潜力的，潜力在哪里？国有企业过去是国资委主管企业，国有企业领导者退休、辞职以后，可以加入职业经理人队伍，职业经理人是责任制、任期制。所以说，转型是很重要的。

还有一个问题，民营企业同样需要转型。我在广东调研民营企业时，感到有的企业产权不清晰。比如三个儿子都在父亲经营企业的时候出过力，父亲去世了产权怎么分？分的话，谁出力多少没记录，所以争得不可开交。民营企业的转型必须产权清晰，过去对家族成员是含糊的，所以矛盾就出在家族成员分配产权上，每天处在内乱中，这样的企业还能搞好吗？所以民营企业第一条先得记录家族成员的情况，谁付出多少要清清楚楚。另外，要早日选定接班人。中国无非用两个办法选接班人：一个办法就是从贤，谁最贤谁接班；二是亲，谁最亲选谁。这都是有问题的。

亲中选贤或贤中选亲都不行，维持一段时间还会出问题。最后也应该是职业经理人制度。职业经理人可以经过考察、推荐、试用，最后转化为持股合伙人，企业就延续下去了，这都是国外的一些经验，对我们来说很多地方可以参考。

中国有中国的国情，究竟在什么样的程度上做这件事？先把职业经理人的市场建立起来，这样就能适应第三产业的进一步发展，也适应制造业的进一步发展。

第五个问题：要看到第一、第二、第三产业协调发展的重大意义

中国的经济要想保持中高速增长，第一、第二、第三产业一定要协调发展。第一是农业。中国是农业大国，农业不发展，就没有足够多的粮食供这么多人消耗。

第二是工业。主要是制造业，特别是高端制造业，高端成套设备的制造业应该快速发展，不然我们始终是世界的制造中心，但不是高端的。而且创造还是在西方，制造业要认识到自己的压力：中低端的产品成本不如东南亚，高端的产品技术不如西方发达国家，所以说第二产业也一定要搞好，要协调发展。

第三是第三产业。商业、零售、消费、服务业，都需要进一步发展。

第六个问题：结构调整和科技创新只有进行时，没有终点

我们一定要设法让更多人参加到创业、创新的潮流中来。比如现在一些新的创业者根本就不用上班，也不是企业员工，就在自己家里接订单，按合同完成任务，这是一种新的情况。鼓励一般的农民回乡创业，政府要推行三个清单，简政放权，这个非常重要：第一个清单是负面清单，规定了什么行业不能进去，什么行业限制进入；第二个清单是权利清单，就是法律没有授权给你的不能做，法律授权给你的才能做，不然政府就违法；第三个清单是责任清单，就是政府、政府下属的部门在执法、执政的时候必须按程序办，必须按规定的日期批，这就可以制止乱作为和不作为。

这三个清单对我们下一步创业是重要的，第三产业有大量的个人从事服务工作，有服务性的企业，新企业不断出现，就便于开展结构调整了。

第七个问题：新常态下的宏观调控

经济要走市场化的道路，但是宏观经济调控又是必须存在的，这两个不矛盾，主要是方式要转变。除非在紧急情况下，宏观调控今后应该注重微调、预调、定向调。什么叫作微调？就是做轻度的调整。预调是发现问题即将来临，预先采取一些防止措施。定向调就是结构性调整，不是大水漫灌，而是有的放矢，是什么问题就解决什么问题。

所以在调控的过程中，应该根据具体情况来做，非到紧急状态，一般不要采取过大的措施。今后宏观调控的方式要把政府的作用结合起来，政府的第一个任务是执法，依法授权依法治国。政府的第二个任务是通过宏观调控，保持经济基本稳定。另外政府的宏观调控在某种程度上要起到集中引领、规划的作用，为了使将来怎样走、方向在哪里都定得清楚，我们对宏观调控的学习应该是经常性的。

第八个问题：新人口红利

现在一般都说，中国的人口红利已经用完了，这话不准确。旧的人口红利的确是在消耗的过程中。现在劳动力不好找，甚至有经济学家预言，10年之后找不到保姆了。旧的人口红利的确是在消失，工资的上升是必然的，因为物价在上涨。

新人口红利主要有三个来源。一是看清楚今天大量的创业创新者，将来会成为中国的新人口红利。上千万人在创业创新，其中10%的人多少能成就点事业，1%甚至1‰能成为大的企业家，就能对中国经济产生重大的影响，这就是新人口红利的第一个方面。二是大量职业技术学校毕业的学生。他们找能发挥自己专长的工作，将来也有可能进一步提升为熟练工人。三是农民。现在很多地方的农民开始学家庭农场的思维，农民要学技术，农民要懂得管理，这是西方农业发展的结果，也是将来中国要走的路。这样就可以说，中国不仅将会有新的人口红利，而且中国的人口多，新人口红利数量也是惊人的。

还有一点要注意到，蓝领、白领工人的界限正在逐步消失。《北京青年报》头版登过一篇报道，北京的环卫工人坐在计算机边上操作，这就产生了一个问题，这些技工过去凭体力去扫马路、清垃圾，现在用计算机指挥，使用机械设备在做，危险的工作由机器人去做，所以蓝领和白领的界限将来会逐步消失。

第九个问题：当前农村的两个突出问题

我带调研组到陕西调研，发现汉中市遇到一个新情况：汉中市下了死命令，原有的工厂有污染的全迁走，保证汉江水的清洁。汉江两岸的农田不准打农药、不准施化肥。汉中又很贫困，怎么扶贫？这就要因地制宜了。

我们去汉中市的西乡县调查，西乡县把沿江、沿河两边的山林、丘陵和农田改成种茶树，因为有很好的茶叶，就把茶树作为主要的产品。打工的人回到老家，要么种茶树，要么做茶工，而且茶树是不使用化肥也不打农药的。西乡县就这样因地制宜脱贫。

另外，现在农村送份子钱、送红包的陋习影响越来越大，同村的人婚丧嫁娶都得送，所以很多农民负担不了。有些外出到深圳打工的陕西汉中的民工春节不敢回家，春节过了悄悄回家，就因为怕送红包。

第十个问题：发挥第三种调节的作用

市场调节是第一种调节，政府调节是第二种调节，第三种调节是道德调节。我们可以这么说，有市场、有政府以后，道德力量调节起着重要的作用，我们要清楚地认识这点。道德调节实际上就是一种文化调节，没有文化调节是不行的。道德调节首先是自律，自律是对自己文化、道德的约束，互相帮助也是一种民间的传统，也体现着道德调节的力量。

这里我们可以进一步认识到，我们都在谈效率，效率有两个基础。一个是物质技术基础，要有一定的物质技术，没有物质技术是不可能有效率的。效率的另一个基础，是道德基础。重要的问题在于，有效率的物质技术基础只能产生常规效率，那么超常规效率从哪里来？超常规效率是从道德基础上产生的。

厉以宁

（著名经济学家）

中国经济的唯一出路

中国现在面临的国际形势：外需萎缩，反全球化，以及为什么

首先怎么理解中国经济从之前的高速增长转向6%—7%中高速的增长？要先理解全球的格局。

假定有两个经济体，一个富有，一个贫穷。富国是10万块资本，300个人。穷国是10块钱资本，3000个人。前者类比是欧美和日本，后者是20世纪80年代的中国。这两个经济体中间之前有一道蓝墙隔开，大家各过各的日子，穷国就是没资本，没资本就没有提高生产率的手段，很大程度靠人力、靠自然力，经济进步就很慢。富国资本雄厚，可以转化为生产力，所以贫富差距会拉大。

现在把蓝墙打通，就是改革开放，把这个壁垒打开。打开以后：两个经济体加到一起算，资本总量就变成10万零10块钱，人口总量是3300人。要素的相对比例都发生变化，用我们熟悉的话就是"竞争格局发生了变化"。

第一，富国的资本总量只加了10块钱，但是人口总量加了3000人来抢，原来300人用10万块钱，现在3300人用10万零10块钱，所以资本的稀缺程度提高了。为什么全球化以后，华尔街可以赚到很多钱，道理就在这里。

第二，富国有科技，3300人来抢科技，科技的稀缺性也提高了。但是富国经济的麻烦是，原来只是有300人现在有3300人一起竞争工作机会，劳动

者的竞争加强了，这个过程中，富国的劳动者蓝领、下层白领难受了，因为他要面临 3000 个原来收入只有 1 块钱的力量的冲击，不愿意干拉倒。所以发达国家失业率特别是年轻人的失业率，一直居高不下，道理也在这里。

这样造成的结果就是：二战后发达国家的橄榄型的社会结构被破坏，全球化以后两极分化严重，基尼系数上升。华尔街、硅谷赚到了大钱，但中间有一个很大的人群很失落，制造业工人、中下层，他们在全球化过程中面临的压力要超过他们得到的好处。当然好处也有，就是中国的产品很便宜，美国享受到了稳定的物价，所以，穷人实际的生活水平降低得不会那么严重。但是和华尔街、硅谷一比，相对收入的落差就出来了。

发达国家都是这样，二战后高的基尼系数降下来，然后又回上去，然后就带来了社会矛盾。因为很多美国的大妈大叔，够不到金融、也够不到高科技，人数上又是大头，就会有愤怒感，所以在全球化高涨当中发生了“占领华尔街”。

现在这个全球格局，发达国家如美国的平均水平是在下降的，但是中国在提高。我们的人均 GDP 从 1978 年的 200 美金，升到现在的 8000 美金，深圳是几万美金（25000 美金）。而美国呢，从 1978 年的 13500 美金升到现在也就 5 万美金。

所以，美国现在出现了一个趋势：所有大的变化中，并不是每一个人、每一个集团、每一个板块都同等可以获得收益，有高有低，有得有失，所以社会矛盾就会起来。

这里还要谈到一个术语：比较优势。这是李嘉图的理论，说的其实就是各国扬长避短，拣你生产率高的东西干，这样整个社会的总体产出就会高。但是萨缪尔森后来的研究结论说这不对，因为中国啥都搞，搞完袜子搞汽车，搞完汽车搞飞机，搞的大家优势趋同了，所以发达国家的优势不明显了。萨缪尔森临死前就问了一个问题：原来造自行车的现在开始造飞机，原来造飞机的现在造什么呢？他的结论就是：在共同的比较优势下，一方可能永久损害另一方的利益。

美国比较优势没了，经济以外的规律就要发生作用了，贸易摩擦、制造壁垒甚至国际紧张都来了。金融危机也来了。

从外部看，我们现在的经济下行首先就是全球的外需收缩，如果你是一个主要靠内需发展的国家，全球外需对你影响就小。偏偏我们在高速增长当中，我们是高度依赖外需的，那当然影响更大。

中国现在面临的国内形势：成本优势减弱，体制成本重新上升

从内部看我们现在面临的经济形势是成本在变化，并且核心是体制成本的重新上升。

中国高歌猛进的全球化，就是因为有成本优势。我们不开放真是白穷了多少年，一开放发现穷就是竞争力低下，穷就是工资低，工资低就是成本低。同样一个产品成本低叫价就低，全世界的买家都是一样，物美价廉当然买你的。

但是现在这个成本在变化，劳动力成本、土地、能源，所有的价格都在经济高速增长中变化，最典型的例子是曹德旺在美国设厂。

成本变化最大的是什么呢？是体制成本。

仅仅把中国崛起归因于劳动力便宜，不准确，因为劳动力便宜并不能解释中国的崛起。没改革开放前，劳动力更便宜，那个时候没有中国奇迹，现在看非洲很多国家的劳动力比我们还便宜。不是要素便宜就能够变成竞争力，要素变成竞争力要变成产品，要素变成产品要组织，组织要在一个体系里头运行。这就引申出来了体制的问题。

所以，让中国经济崛起的真正秘密不是原来穷，而是把原来导致穷的封闭变成开放，在开放当中允许组织创新，进行体制改革。比如，如果不包产到户，农民就不可能解放出来，没有生产积极性，依然还会是“十亿人口八亿农民，八亿农民搞饭吃饭还不够吃”。

有了体制改革，才有下面的一环扣一环。劳动力解放出来去哪里就业？这又逼出了民营企业。产能出来了，市场在哪里？所以又逼出了 WTO 谈判，1997 年签约，五年预备期，2002 年中国冲进去，把世界市场打开了，把原来

的障碍打开了。进了 WTO，一开始还是“奖出限进”，后来尝到了甜头，全部杀进去，这才冲到了全球化的前沿。

所以，中国的成本优势不完全是原来的劳动力便宜，主要是第二项优势，通过改革，把原来奇高无比的制度成本大幅降下来了。

就是这套挺土的打法，把我们的体制成本，几位诺贝尔奖得主给出的理论，在中国非常显著地降下来。体制成本下降，加上原来的要素成本低廉，结合到一起再加第三个力量——学习曲线，最终构成了后来的“中国故事”。

但是现在新问题来了。新问题是成本又上来了，原来的成本优势消失了。现在我们一般讲成本优势消失讲的都是劳动力、工资在涨，这个问题当然存在，但是被大家忽略的是：我们的体制成本重新在高速增长当中举头向上。

1995—2012 年是中国最高速成长的一段时间。我们的 GDP 增速是 8.6%，全国工资总额涨了 8.8 倍，税收涨 16.7 倍，政府除税收以外的收入 18.8 倍，法定的社保五险一金增长了 28.7 倍，最关键的是土地，政府独家供地获得的土地出让金，涨了 64 倍！

体制成本上升表现在什么地方？比如，我们到今天也没有达到税收一定要法定，落实税收法定这是十八届三中全会规定的，我们现在很多的税收是行政部门直接定的，抽税的人定抽多少，即政府定了，不经过人大的审核。那这个就很容易一下子收过头。

比如，这届政府说简政放权，但是很多后来增加的文件大部分都不是计划时代而是高增长的时代加进去的，我们在这波下行中就吃了这个亏。这些是体制性的问题。

现在没有什么资本主义的大帽子，但是小绳索挺多的，这个不行，那个不行。这些事情加到一起摩擦系数就大了。高速长的时候加大摩擦没有关系，问题是外需一收缩，这些变量就来了。

还有对待新科技的态度，一波三折。

还有城市化，我们的行政区划是组织化的。城市建设说好是很好，但是浪费现象也需要引起重视，修了多少没人去的设施，耗了多少水泥钢铁，水泥钢铁有多少的排放，然后又回到我们的肺部。你要跟着人口和资源的流动来发展城市化，愿意去的地方好好投，比如中心城市、城市群、城市圈。

2017 年中国经济的突围：体制改革 + 创新

第三个部分是，怎么确保我们的成本优势，两个方法：降低体制成本、创新。

中国现在面临的状态是：两个海平面，形象比喻已经变成了三明治，我们夹在中间，成本已经顶上来了，市场成本也上升了。劳动力大家都贵，土地也在贵，但是我们手里还没有多少独到性的东西。

这个世界上的竞争就两句话，你要么成本比人家厉害，要么手里有独到的东西。比如美国苹果手机卖到全世界，很多人熬通宵排队买。他有你没有。现在我们 30 多年改革开放高速成长伟大成就，以全球格局看来我们被夹在中间了，底下有印度、有越南，他比你还便宜。他招商引资的力度比我们当年还强，都学会了。

在这个情况下，就无可阻挡地发生了整个经济增长模式的变化。现在要继续我们的成本优势，但是成本当中的那块体制成本，这个东西没有改革，光靠民间解决不了。没有党中央、国务院坚强领导，主动地发起一轮一轮的深化改革，这个成本很难降下来。

比如社保基金，我们现在很多的法定保障率交得比美国高。当初交那么多是没办法，当时是国企大面积亏损，所以社保交费率定得比较高。但当时就有一句话，以后要把大型的赚钱的国有企业的资产划到社保去，用那个收益来抵社会保障。但是真要做的时候难度不小，这次十八届三中全会把这条写进去了，就是要划一批国有资产到社保基金，然后把法定保障率降下来。

我们的经验已经证明，体制成本降，经济就会很好地发展，体制成本上升，整个国家民族就会被拖住。所以，2017 年，要继续改革突围。渐进改革的好处就是震荡低，不是一次性解决问题，但是渐进改革的难处是你要“维持渐进”，所以体制改革一定要改到把体制成本再降下来为止。

既然这个成本降不下来，那么能不能延长它的时间，就是把成本曲线往右推，尽可能延长它持续的时间。因为，这条成本曲线一定会上去的，人均 200 美元到 8000 美元再到变成深圳的好几万美元，这个成本肯定会上去，但我们可以把整个成本曲线往右移，延长成本优势持续的时间。比如说工人成本很贵，我生产附加值高的东西，如果还生产袜子，如果还是这套工艺，这套生产率他就是很贵的。你改变一点。所以真正对付成本压力就是不断地右移我们的成本曲线，形成一条长期来看持续有竞争力的成本变动，这是商业世界里头的不二法门，也是整个经济体系和经济体系竞争当中的不二法门。

降低成本的第一个突围方向，是刚才说的体制改革。而第二个突围方向是创新，通过创新来突破全球形成新的僵局。引进新的产品，改变现有的品质，引进新的生产方法，开辟新的市场，夺取原料和半成品新的来源，创立新的经济组织，创新才能带来持续的经济增长。

创新很重要、很伟大，但是创新不是一定会发生的。成本曲线也不一定会右移，否则哪来这么多的过剩产能、僵尸企业、鸡肋的企业，还有病危停滞的企业？创新是有条件的。

举例说，以色列 800 万人有 3500 家初创公司，并且特拉维夫主导了美国硅谷的高精尖研发，美国没有一家大公司不在特拉维夫设创他们的研发中心，特拉维夫靠的是人、想法、发明创造，靠的是对教育的重视。

总之，中国不创新、不改革，不会走出现在的困境。

周其仁

（北京大学国家发展研究院教授）

市场出清与供给侧结构性改革

改革开放 30 多年来，中国市场经济体制逐步建立，政府直接参与经济活动的范围和程度逐渐缩小，资源配置基本由市场决定，宏观调控框架也能够保证宏观经济基本稳定。2008 年全球金融危机后“4 万亿”投资刺激计划虽有利于短期经济稳定，但随着政府在经济活动中的作用转趋扩张，多年来政府与市场关系此消彼长的发展趋势在很大程度上被逆转。在危机后一个时期，凯恩斯主义危机应对政策的常态化倾向，演变为系统性偏松偏软的宏观政策：实体经济调控中强调总需求管理的刺激政策，金融市场管理中刚性兑付和市场救助倒逼货币发行，结构性矛盾日趋严重，结构性改革一再拖延。

到中央做出经济发展进入新常态的判断时，传统经济增长方式已难以为继，杠杆率已在短期内迅速抬升，宏观经济效率也已大幅下降。从经济学史看，经济运行效率下降、结构因素凸显，以及宏观经济政策在促增长和防风险（控杠杆）中松紧两难，实际上是危机应对式凯恩斯主义刺激政策长期实施所带来的后果。而走出当前困境的唯一出路，就是彻底反思凯恩斯主义刺激政策所带来的结构性矛盾恶果，在管住货币总量的同时，坚定持续推进供给侧结构性改革，真正让市场在资源配置上发挥决定性作用，通过市场出清，实现结构调整。

市场出清和需求管理：宏观经济学的恒久争论

市场能否自主出清以及政府应在其间发挥何种作用，是几个世纪以来贯穿整个经济思想史的核心论题。

自亚当·斯密《国富论》以来，基于对市场自发力量的不同信仰和对相关制度的不同假设，不同的经济学流派给出不同的答案，不同时代背景下出现过计划与市场之争、凯恩斯（Keynes）与哈耶克（Hayek）之争等。现代经济学中“市场能否自主出清”常常成为经济理论模型和经济政策讨论的关键假设。从分析技术看，“市场出清”主要是指价格能否灵活地调整以使供给和需求自动平衡。从深层次机制看，“市场出清”实际上是指相关生产力（厂商生产活动包括技术设备等）、消费行为甚至相关制度能否比较灵活地进行调整；从体制改革看，政府能在多大程度上推进改革以创造必要的制度条件从而保证市场机制的有效运行，是“市场出清”的制度条件和改革含义。

按照是否相信市场能够依赖自发力量充分调整最终实现市场出清，不同时期的经济学说史大致包含三类不同的经济学理论流派：一是基于自由主义和市场信仰的古典和新古典不干预主张；二是基于动物精神和需求管理的凯恩斯主义政府干预主张；三是专注结构改革的西方供给学派和中国供给侧结构性改革政策主张。

反思凯恩斯主义：中国当前情况并不“特殊”

近几年来，随着中国经济发展面临的产能过剩、杠杆率高企等结构性矛盾日益显现，中国经济发展进入新常态。这些现象并非中国经济发展特有，实际上是凯恩斯主义经济政策长期实施的一般后果，源于对凯恩斯主义的过度迷信：寄希望于通过积极的宏观调控刺激增长，通过增量扩张来消化存量矛盾。

2008 年全球金融危机后，中国出台了“4 万亿”投资刺激计划，在全球范围内率先复苏。刺激政策的反复使用、非常规政策常规化虽有利于短期经济稳定，但不仅不能解决反而可能恶化固有的经济结构矛盾。长期过度依赖总需求管理维护宏观稳定，不仅破坏了市场机制在传递信息、形成激励、资源配置、收入分配等领域的基础性功能，也导致在弥补市场失灵、提高市场配置资源效率等需要更好发挥政府作用的方面，体制机制建设进展缓慢，结构性矛盾积小成大，直至逼近“增量改革”逻辑成立的极限，才被迫正视拖延已久的结构性改革的重要性和紧迫性。

首先，杠杆率高企是过度刺激激化结构矛盾的综合反映。一是整体杠杆率不高，但上升速度较快，而实际上杠杆率水平跟危机关系并不大，杠杆率上升速度与危机紧密关联；二是非金融企业部门杠杆率突出，风险集中；三是金融业的杠杆率攀升，存在风险隐患。

从货币政策看，由于中国以银行信贷间接融资为主，货币扩张首先以债务扩张的形式表现于实体经济部门的资产负债表，因此宽松货币政策刺激增长必然以杠杆率攀升为代价。从财政政策看，以投资为主的政府支出扩张直接表现为公共部门高储蓄，并通过债务为主的融资体系形成对其他部门债务，推升杠杆率（徐忠等，2010），因此财政刺激也必然存在杠杆率上升的副作用。

其次，“僵尸企业”是监管宽松和宏观调控软弱的必然结果。“僵尸企业”一词源于对日本经济增长长期停滞的研究。近年来，这一概念被引入对我国产能过剩行业的研究分析。僵尸企业僵而不死、退而不出是产能持续过剩、市场难以出清的直接原因。2016 年中央经济工作会议就此指出，去产能“要抓住处置僵尸企业这个牛鼻子”。

宽松的货币政策是“僵尸企业”形成并维持生存的重要条件。在低利率的条件下，银行能够提供更多的利率优惠条件，使得高负债企业能够较轻松地支付利息。银行掩盖坏账损失的不良动机是僵尸企业存在的直接原因。金融监管宽松纵容银行从事“僵尸借贷”是“僵尸企业”大量存在的政策推手。由此可见，“僵尸企业”大量存在的背后不仅是产品市场没有出清，金融市场也没有出清。在“僵尸企业”僵而不死、退而不出的条件下，货币宽松实际上首先为“僵尸企业”输血，对正常企业投资生产形成挤出，无法推动新旧增长动能转换。

再者，过度刺激政策在固化结构矛盾的同时，也带来了效率下降和贫富差距扩大的问题。我们一系列“稳增长”政策调动的主要是国有投资，民间投资占比则不断下降，但投资回报率则恰好相反。2016 年，国有及国有控股、私营企业固定资产投资完成额分别为 21.3 万亿元和 18.8 万亿元，前者多于后者；而同期规模以上工业企业国有及国有控股、私营企业的利润总额则分别为 1.2 万亿元和 2.4 万亿元，前者仅为后者的一半。在投资回报率和投资增速明显错配的格局下，必然是越刺激投资增长越快，效率下降越快。

过度刺激政策的另一后果是资产价格的上涨，从而进一步扩大贫富差距，这与全面实现小康的目标相违背。根据北京大学中国社会科学调查中心发布的《中国民生发展报告 2014》报告，中国的财产不平等程度在迅速升高，2012 年中国家庭净财产的基尼系数达到 0.73，顶端 1% 的家庭占有全国三分之一以上的财产，底端 25% 的家庭拥有的财产总量仅在 1% 左右。

供给侧结构性改革：充分发挥市场的“决定性”作用

面对中国经济运行中存在的突出矛盾，党的十八届三中全会明确指出，进一步厘清政府与市场边界，要“使市场在资源配置中起决定性作用和更好发挥政府作用”，坚定持续地推进供给侧结构性改革，更加充分发挥市场的决定性作用，改革完善市场导向的宏观调控体系，在管住货币总量的同时，通过市场出清实现结构调整。

中央提出的“三去一降一补”供给侧结构性改革，在破解结构性难题方面已经取得显著进展，中国经济结构调整向好迹象明显，让市场在资源配置中更好地发挥决定性作用已经具有较好基础。2016 年，最终消费支出对经济增长的贡献率为 64.6%，比上年提高 4.7 个百分点。服务业增加值增长速度继续快于工业，2016 年第三产业增加值占 GDP 比重为 51.6%，连续两年超过

50%。2016 年一般贸易出口占比为 53.8%，贸易方式结构有所优化。同时，创新对经济发展的作用增强，中国专利申请量在全球的占比上升很快。节能降耗成效较突出，2016 年单位国内生产总值能耗比上年下降 5.0%，水电、风电、核电、天然气等清洁能源消费比重比上年提高 1.6 个百分点。此外，新成立企业数量再创历史新高，就业总量也不存在问题。

第一，下一步推进供给侧结构性改革要保持战略定力，不能因改革阵痛而浅尝辄止，更不能改弦更张。

去产能方面，要从处置“僵尸企业”入手，坚定地淘汰落后产能。去库存方面，关键是建立促进房地产市场健康发展的长效机制，因城因地施策，重点解决三四线城市房地产库存过多的问题。去杠杆方面，要在控制总杠杆的前提下，把降低企业杠杆率作为重中之重，当务之急就是要加快推进国有企业改革、中央地方财税体制改革、理顺价格机制等来有力改变激励机制。降成本方面，要加大简政放权力度，降低各类交易成本，特别是将营改增的减税效应落到实处。补短板方面，既要补发展短板，更要补制度短板。统筹推进“三去一降一补”的同时，不能让机械的 GDP 增长目标束缚政策手脚，经济增速在一定目标之上不是最重要的，关键是社会就业状况；汇率水平本身不那么重要，关键是汇率波动要有弹性。如果不实事求是、因势利导，而是机械地、固执地坚持教条，只会强化扭曲，这些扭曲最终要么反映在房地产业、过剩产能和金融市场的问题上，要么反映在汇率波动和资本流动上。在维护金融稳定和防金融风险的态度上，也应有所转变。“防金融风险”主要是防范系统性风险，如果过度追求短期和局部稳定，必然会让货币政策过度宽松，反而会导致小风险不处理最终酿成大危机。

第二，改革完善宏观调控体系，管住货币政策总闸门，实施中性稳健的货币政策，保持流动性总量基本稳定，这是推动供给侧结构性改革和防范系统性金融风险的最重要的先决条件。

在中国经济转型期企业和金融机构预算软约束问题普遍存在、宏观调控框架体系计划经济色彩依然明显背景下，偏松偏软的宏观调控政策往往导致结构问题进一步扭曲，这是转型国家长期执行凯恩斯主义带来结构矛盾后果的独特现象。推进供给侧结构性改革，让市场在资源配置中发挥决定性作用，要求我们从宏观调控框架和具体政策实施两个层面硬化约束。一是改革完善宏观调控框架，构建以间接调控为主，与市场在资源配置中发挥决定性作用相适应的宏观调控框架。现行宏观调控体系具有鲜明的计划经济或转型经济特征，发改委居于“三驾马车”宏观调控框架主导地位，通过国民经济发展规划、产业政策、投资政策、消费政策、价格政策以及微观干预政策来实施宏观调控，往往是投资计划在先——财政投资随后——金融部门配合，这样的调控框架有利于凯恩斯主义刺激政策大规模实施，但与市场配置资源要求和市场经济改革方向背道而驰。宏观调控框架改革的方向，就是要真正将十八届五中全会和“十三五”规划精神落到实处，“完善以财政政策、货币政策为主，产业政策、区域政策、投资政策、消费政策、价格政策协调配合的政策体系，增强财政货币政策协调性”。二是实施稳健中性货币政策，管住货币总闸门，为供给侧结构性改革创造适宜的货币环境。

多年以来，在凯恩斯主义刺激理念和零风险绝对稳定理念下，受经济下行压力较大、金融市场出现较大波动等多种原因影响，中国货币政策在实施上稳健略偏宽松。从经济结构和宏观效率看，一味地宽松货币政策无异于饮鸩止渴，不仅不能从根本上解决结构性矛盾，而且可能进一步扭曲和固化结构性问题；从防范系统性金融风险和金融危机角度看，零风险目标下通过货币发行救助金融产品、稳定金融市场，最终往往导致系统性金融风险，是金融危机的致乱之源。诸多金融危机案例表明，系统性风险形成大都有极其相似的线路图：持续宽松的货币政策伴随信贷的易获性，导致信贷过度扩张和资产价格上扬相互刺激，进而引发资产泡沫和金融危机。

第三，推进公共财政改革，硬化地方政府约束。

我国财政政策建设投资色彩明显，包括地方政府融资平台和国有企业在内的广义政府性经济活动近年来不断扩张，过去 10 年的经验表明，政府经济活动持续越位和扩大，虽有利于宏观经济短期稳定，但其严重的结构后果和效率下降问题已十分严重。为了深入推进供给侧结构性改革，让市场在资源配置中发挥决定性作用，就要按社会主义市场经济的逻辑转变政府职能。一是推进更加彻底的公共财政改革，推动建设财政向公共财政转型。公共财政的核心是财政尽量不直接参与经济建设和市场活动，主要为维护市场提供必要的公共物品和公共服务。要主动限制财政及其他广义政府经济活动，为市场的培养和发展拓展空间，使社会融资更多地流向企业和个人，把投资机会和风险让渡给市场，使市场参与主体在分散决策、试错与创新中发现新的经济增长点。二是硬化地方政府预算软约束。改变地方政府财政竞争和GDP考核竞争机制，革除土地财政依赖症，从根源上消除地方政府投融资和盈利冲动。培育地方主体税种，深入研究财产税的实施路径，全面改革资源税，加快推进消费税改革，加强地方政府公共服务能力建设，使地方政府具备与其职责相匹配的财权与财力，摆脱对土地财政的依赖。通过地方政府债务证券化以及加强监督，促进地方政府财政透明度建设。地方政府负债限额和预算细则除需本级人大通过，还应由上一级政府监督审核。

第四，大幅放宽民间资本进入垄断行业。

放宽民间资本准入，不仅有利于传统行业去产能，发展新经济，也有利于遏制民间资本国内投资减少，境外投资大幅增加的趋势。尽管中央出台了一系列文件，但一些垄断行业的市场准入关卡仍然难以逾越。一些基础设施领域的民间投资占比，低的不到5%，高的也就30%。部分领域即使开了一道口子，但背后还有一道道的“玻璃门”“弹簧门”“旋转门”。应该抓紧制定出台大幅放宽电力、电信、交通、石油、天然气、市政公用等领域市场准入的方案和政策措施，制定出台支持民间资本发展养老、健康、家政、培训、文化教育等服务的具体办法。同时，实施更具包容性的财税政策、产业政策，营造公平竞争环境，创新垄断行业与民间资本合作机制，避免“只让出钱、不让发言”的不平等合作方式，努力做到同股同权。

徐忠
（中国人民银行研究局局长）

“文火慢炖”的金融去杠杆

在讲金融去杠杆之前，先给大家讲三个画面，从三个侧面看一下传统经济目前的状态。

第一，2017年5月底的时候我去东部某大省看了一下，某城东部建了一个新区，黄河边上下两个县都连成片，我估量了一下，不砸5000—6000个亿进去恐怕都不能出雏形。去年当地政府投了500多个亿，做了一个样板区，不到新区面积的十分之一，量级非常大。

第二，前几天我看《参考消息》，说昆明的地铁四号线和五号线今年同时开建，建设期至2019年，建设规模投资400亿，这个规模的项目如果放在上海没有问题，放在北京也没有问题，但是昆明一年的财政岁入才150个亿，支撑400亿的摊子，这就是中国的老问题。

第三，其实一句青山绿水，大家一年时间整出来一万多个特色小镇。我想这就是传统经济的剪影。

你把中国的地图打开，会发现地图上大大小小的都是各级政府画圈。国民经济四个部门中，政府加杠杆的动力是最强的，就说西方过去500年的资本主义史，有铸币税的政府举债什么时候还过钱？

2014—2016年我们扔了80万亿的银行总负债进去，M2以外还有一部超级马力的货币创造的机器。摊子已经铺开了，到处需要钱。大家可以去了解一下，地方政府怎么加杠杆，你给他500个亿，他不会老老实实地做完一个再做下一个。他一定是把500个亿分成10个项目，全铺开，每个项目50个亿，然后10倍杠杆，给你铺开个5000亿的摊子。现在郭树清主席要揭这个盖子，里面有多少的嵌套、表外、表表外、委外、资金池以及灰色的抽屉协议，谁说得清。这些已经铺开的摊子，全是钓鱼工程，全是刚性的信用需求。所有人都看着，现在就是一个局，所有人都在和中国人民银行对赌。

因此，在全球放眼来看中美两个超级大国对峙的状况是历史的定格，但是中国经济始终没有解决一个核心的问题，黄仁宇先生在《万历十五年》中讲到的，我们始终没有建立起现代国家的硬约束的国家会计制度。今天的金融去杠杆，看上去似乎风险都集中在金融领域，但实际上背后的根源都是财政。我们讲伤于财政，毁于金融，地方政府没有约束地债务扩张，软约束的财政最后压力都以金融风险的方式呈现出来，这就是中国今天的传统经济。

幻灭的新周期和易上难下的利率

其实从宏观上讲，我个人认为现在非常确定两个基本的方向。第一个是新周期的幻灭。年初的时候，研究界和业界对经济的判断存在非常大的分歧。在我看来中国就是一个高度信贷依赖型的经济体，如果把它看作一个机器的话，这个机器的标号和技术参数短期之内是改变不了的，经济增长、货币量和杠杆率，这三个东西是绑在一起的，必须投放6个单位的货币信用才能够产生1个单位GDP的增长。现在信用要收缩，6个单位达不到，当然，也就不会有1个单位GDP的产出了。信用一收缩，由货币带来的涨价因素就消失，周期的股票怎么涨上去呢？2017年2月16日我们竖起唱空周期的大旗，尽管一季度的情况很好，但是周期股票已经开始涨不动，因为市场的分歧在交锋。当4月份边际走弱的数据再出来的时候，所谓的周期抱团就作鸟兽散了。

第二是易上难下的利率，反映的是经济系统中间庞氏压力系统性的释放，一个没有代谢功能的经济体，长期憋着，没有排毒，到最后都是没有流动性的资产周期率衰竭的资产端。银行体系很明显就是短缺负债。直观上，银行资产增速还有13%，而M2的增速只有9.6%，这是一个硬缺口，就靠同业和金融创新补，这是更加依赖同业的结构。

现在超级行也缺负债，以前报协议存款，一不报价格二不报规模，因为爱存不存，但是现在不一样了，今年不仅报一个很大的规模，而且报了一个很高的价格，比半年前提了 60 个 BP，这是一种系统性的压力。压力的背后是整个系统的资产周转率在快速地下降，大量的货币打下去最后变成两个东西，要么钢筋水泥固化下来，要么就是奶油蛋糕，就是各种交易性的资产。与生产性的资产隔得越来越远，所以整个资产创造现金流的能力在加速衰减。缺钱了，转不动了，必然反映在负债成本的上升，这是一个庞氏系统压力释放的结果。

因此，当下短缺负债的金融条件改变，只有以下三种场景发生才有可能，大家可以做一个研判。第一个是央行降甘霖，释放长期低成本资金；第二个是舞曲再度响起（同业 + 表外），金融加杠杆；第三个是外汇占款意外显著上升。诸位可研判这三种场景下半年发生概率的大小。资产端一直是明确的，长久期，且资产流周转率衰竭。

第二个是舞曲再度响起，金融小伙伴们重新舞动起来，再干同业 + 表外，把 M2 之外的货币创造机器重新启动起来，长期来看，这是一个饮鸩解渴的过程，但短期来看金融加杠杆可以缓解整个商业短缺负债的状况。

第三个是外汇占款意外显著上升。中国的外汇占款重新恢复到一个比较景气的状态，从根本上改变商业银行负债端的结构，就是我们重新回到了 2014 年之前的金融条件，不完全依赖央行放水，给市场供给基础货币了，基础货币又重新回到外汇占款供给的时代。诸位可研判一下以上这三种场景发生概率的大小。

当然我个人觉得第一个条件是决定性的，就是央行的行动，我们看到 MLF 每个月的到期量都非常平均，如果央行这个月对冲完了额外再释放几百个亿，大家可以 happy 几天，前几天就是这种情况。如果央行公事公办，大家就得受着点利率上顶的压力。

习近平总书记在 2016 年 12 月中央经济工作会议的讲话中也透露了，我们要下决心清除一批存在重要金融风险的风险点。领导人刚刚做了最后的政治背书，怎么可能不到半年时间又翻转了？第二个条件根本别想，钱怎么回来？福耀玻璃的老总曹德旺讲到美国现在相当于中国20世纪90年代到2007年那段招商引资的时代，除去人力成本，美国的地租、要素成本都极其便宜，土地基本不要钱，他办个厂买的厂房花了1500万美金，政府给补贴1600万美金，相当于没有花钱。中国现在是什么样的地租，美国的电力、能源的价格是中国的1/3，融资成本是中国的1/3，物流成本是中国的一半，你怎么跟他竞争？特朗普现在提出减税，企业35%的边际税降到15%，剩下比中国贵的就是人工，随着互联网科技发展，未来一个趋势是什么？AI将会替代成功，有一个夸张的说法凡是未来涉及技术的工作，很多工程师都要失业，被AI代替，AI和其他东西叠加上去以后，可以自我学习，还不受情绪波动的影响。这意味着未来所有的产品中，人工所占的比重会越来越小，这是一个长期的趋势。美国供给的产品和竞争力会形成对原来依靠低成本要素的经济体的竞争优势，特朗普的政策核心是制造业回归，这个钱怎么可能回来呢？

美国金融市场定价错误孕育高波动?

这轮信用的收缩，应该是当下交易者关心的头等重要的问题，这轮信用周期有别于过去20年、30年的历次信用周期，它背后的确定性和持续性非同一般。可以从三方面看到这轮信用收缩的确定性和持续性的方向：

第一是新老划断式的金融监管，看上去是温柔一刀，恰恰将产生更加绵长、更可持续的信用收缩的效果。过去几年为什么我们要做那么多金融创新，做那么多金融交易结构，把金融内部的表做得那么大，其实根本的原因就是我前面已经讲过的传统经济，底层资产越来越差。七个瓶子五个盖，有两个瓶子没盖的话，面临的就是要暴露最近四五年的金融自由化的繁荣，简单来讲，就是因为盖不住，庞氏的链条要断，所以我们要用金融手段造两个金融虚拟的盖，让它不要“水落石出”。今天要搞新老划断，以往的东西既往不咎，让你自然到期，好像压力不大，但实则不然，因为你的新产品、新业务、新机构都不让你弄了，而你那些承接底层资产的交易结构，随着时间推移，每时每刻都面临着到期，到期以后你肯定要面临两个选择：第一个选择就是水落石出，让它进入一个资产重组、债务清算的过程。第二个选择，如果决策者没有准备好，不能让这些东西短期内集中地暴露出来，你还得想办法用信用方式把这些东西重新接回来，能够想得出来的信用方式就是表内信贷了，所以为了保证金融做减法，中央银行在信贷额度上面也会表现出适当的弹性，这几个月你看到信贷的放量，这是努力的结果，即便这样，你也挡不住一个信用收缩的效果，你想一想，表内信用的这块规模中要切出相当大的比例去承接原来银行的影子或者影子银行做的那些工作，剩下的比例输入到真实经济中，对真实经济的金融支持一定是持续、长期的一个收缩过程，简单来讲中国面临的就是一个收表的过程（商业银行），未来中国商业金融系统的扩张过程可能已经结束，它的比例可能会往下走。

大家看到 M2 跌到 9.6%，它应该迟早要跌到 GDP 的名义增长率之下，这必然是个趋势，为了平顺这个趋势，假设资产价格进入了一个确定向下的通道，我觉得中央银行面临着一个扩表的过程，因为中央银行在 2010 年以后一直在缩表，这就是金融去杠杆，和美国刚好相反。美国未来是进入一个联储的表在收缩的阶段，但是商业金融系统的表面临着一个提速的过程，这是特朗普的经济核心，是他希望看到的效果，中美走在两个不同的金融周期当中，刚好错位半个身子。

第二个方向的信用收缩是资产的“冰冻”，这个我们没有人经历过，过去 18 年，中国的房子只涨不跌，所以没有人翻越过拐点，这轮资产“冰冻”的影响会怎么样，从目前来看，初现端倪，远还未到纵深。我们往楼市里面“钉钉子”，每一颗钉子砸下去，钉住的是资产背后的流动性，钉死的是资产未来创造货币信用的能力，这个是关键。过去 40 年全球宏观经济最大的一个变化就是金融，金融从一个外生变量变成一个内生变量，这是金融高度内生化的过程，金融高度内生化的过程表现形式是我们整个商业金融体系为真实经济提供信用的方式在这40年中间发生了翻天覆地的变化。20世纪70年代之前，金融对真实经济做服务，依托的是真实经济所产生的收入流。但是一旦进入到一个金融内生化的进程当中，这套规律发生根本改变，信用提供的依据不再是真实经济产生的收入流，而是来自于资产抵押品的价格。大量的信用创造并不直接对应于最终经济的商业资本的形成或者商业资本的开支，对应的是各种资产的交易结构和金融的交易性资产。

因此，我们看到这样一个40年的过程，三者合流，信用周期、资产价格周期或者房地产周期，三个东西讲的是同一回事。同时意味着资产价值的收缩，对应的就是信用的收缩，这两个是相互证明、相互强化、自我实现的过程。短期内你看到可能用各种刚性的手法，迅速地冰封房地产市场，使房价不涨不跌，但这是一个很幼稚的想法，看上去资产价值不涨不跌，但金融信用环节对于资产流动性耗散的重估回避不了，因为房子是金融信用投放最重要的抵押品，我们实际上每天都会面临资产流动性耗散的评估，比方说去年这房子抵押七折贷款给出去，今年流动性耗散状态我就会考虑进去，抵押可能只能放五折的贷款，甚至我都不接受它作为合格的信用抵押品（比方说商住房），这就是金融信用的收缩。金融信用的收缩传递过去就是融资成本和利率中枢的上移，再进一步传递就是资产的评估，只是过程迂回了一点而已。

三是美国货币政策正常化的牵引，这是个很现实的问题。今天美联储与市场预期发生了巨大分裂，这是孕育未来高波动所在。一局得州扑克，市场你跟不跟，不跟，好，我美联储raise赌注，分裂的乖离率张大总有个收敛点吧，是美联储不断加大赌注，直至市场预期的心理防线最后撑不住而回复，还是美联储认输，友谊的小船说翻就翻，低波动到高波动？市场预期这东西说不好。现在市场预期与美联储的分裂源于何处，源于对特朗普经济政策篮子有效性的判断。这个判断可能是根本的分歧。金融市场对特朗普的定价是，他是一个深陷政治陷阱的总统，他的剩余3.5年的任期某种程度上被判了“死刑”。这个正确吗？但专业金融团队的预期不一样，他们的判断是特朗普是半个世纪以来最深知美国资本主义精要的总统。他们认为他的那些东西能够落地，他要为这些东西一旦落地以后所产生的宏观经济效果进行前瞻性的指引或者前瞻性的操作，保证美国宏观经济运行的稳定性。

我个人认为今天美国经济运行就是贴着潜在增长水平滑行的状态，由于互联网和信息革命，深刻地改变了美国经济的供给侧，现在互联网经济的时代，你要用传统经济的判断标准去衡量美国经济的运行，它的增长率一定是不强的，名义增长率就是 4.5% 到 5% 之间，实际增长率 2% 出头一点，回头看它的 PCE，看它的就业，恰恰这个状态就是当下美国的供给端所决定的美国经济的最优运行状态，实现了充分就业，它可能就实现了均衡，贴着潜在增长水平在运行。

这个运行状态下的经济，一旦下半年特朗普他的政策篮子里面一项一项逐一落地，所带来的总需求扩张将带来一个后果是 PCE 的中枢将会往上走，这就是贴着潜在增长水平运行的经济体的边际特征，往上走，作为宏观金融政策的掌门人现在唯一的任务就是要避免美国 PCE 未来的快速上涨、预备足够的政策空间，它要对冲，所以为什么讲美国的货币政策正常化，是前所未有的确定，无论是缩表还是加息。其实市场心里也明白，只不过交易抢时间，人心在博弈。

赌局的过程本身就是一个非线性的过程，所以我个人认为在下半年可能出现的最大的进入一个高波动的隐忧就有可能来自于市场和美联储、央行之间博弈的时候，市场最后的防线的崩溃，崩溃以后集中要释放，对于美国来讲，两个东西在高波动时期一定会受到冲击。第一是美国的中长期债券，2.2 以下的国债＋，我个人认为是存在泡沫的。金融市场的信息反应模式故步自封，没有跟上整个社会信息结构，由于互联网革命所带来的天翻地覆的变化，它在不断试错。去年 10—11 月选总统时，互联网和信息革命已经深刻改变了社会信息的组成结构，传统纸媒所释放的信息是特朗普要输，但互联网为代表的新型传播方式，比如 Facebook、推特预测的民调都是特朗普要赢，最后的结果谁赢，大家看得很清楚。它实际上反映的是由于信息革命使得人类社会意见的代表性的结构发生了天翻地覆的变化，所谓建制派的精英所主导的意见在今天的社会受到严峻的挑战，金融市场的反应模式还处在一个转轨当中，没有很快地适应这样变化，我觉得慢慢地就会适应，一个新的信息反应模式就会出来。所以美国下半年有两个东西受到挑战，一是中长期债券，第二是受益于低利率、低波动的科技股。这两个东西一旦信息反应模式出现变化，将直接冲击这两个品种，美国的利率中枢有可能从现在 2.2 的水平修复，重新回到反应美元信用收缩的 2.5%—3% 的轨道上。如果 2018 年再上升，这个通道向上延展不得到 3%—3.5% 这个区间？然后对应对中国利率的牵引，中国的国债＋要对应到一个什么样的水平？反正我们看到的一个明确的结果就是中国 6.8、6.9 的名义汇率大概率是不会有太大弹性，背后是不是两个超级大国的利益博弈的结果？不知道，反正从我个人的专业判断来看，中国的名义汇率不太可能大动，简单讲中国是做出了汇率弹性的牺牲的。那就回到了宏观的“不可能三角”，汇率丧失弹性的话，就意味着你货币政策的独立性要做出某种程度的牺牲。具体来讲美国货币政策正常化将会对中国国内的金融调节形成更大的牵引，这是我们必须面对的一个事实，在我看来它不是一个黑天鹅事件，至少是一头灰犀牛，就是 30%—40% 以上概率的事件，如果它定位 3%—3.5%，回头来看我们的定位在哪？所以我一直讲明年你可能会见到 4% 左右的国债＋收益率，可能并不是虚幻的，当然从当下来讲市场没办法接受这个事实，其实大家是可以麻木的，虽然嘴上喊着痛苦。你想一想我们在大半年前整个市场的心理定位，国债＋的利率水平只有 2.7%，现在到了 3.6%、3.7%，虽然市场的人都在喊痛苦，但不也接受了吗？

交易其实做的是人性。从人性的角度来讲，时间是最好的一味药。人都是这样想，如果旁边有同伴的陪伴，他的痛苦是要减少很多的，如果有心灵鸡汤或者麻药，他可以接受文火慢炖、温水煮青蛙这种死法，从人性的角度是可以接受的，把时间拉长，或者看到旁边有很多朋友跟我一样，我们都在受罪，这就可以接受，但是只有你一个人受罪，这就不能接受，这就是人性的规律。所以我觉得它不是一个事件，其实是一个非常真实的灰犀牛，你看它的体格笨重，反应迟钝，好像它只会在远处笨笨地吃草，对你没有什么威胁，一旦它朝你走过来的时候，你对它束手无策。所以在金融投资中，最大的风险不是那些突如其来的黑天鹅小概率事件，恰恰你对灰犀牛般的风险采取视而不见的态度，真正的风险来自于人性本身。

没设底线，但有原则："文火慢炖"

做投资的关键是要认知确定性，这一轮跟以前不一样。很多人问我这一轮金融做减法的底线在哪个地方，这是一个很难回答的问题，就我个人的认知，这轮金融做减法恐怕没有设底线。因为无论是决策者还是市场的交易者都是第一次面对一个有真正意义的金融做减法的过程，没有人经历过，量化风险很困难。就房地产而言，过去 18 年只涨不跌，从来没有经历过从左侧翻越的过程。但作为决策者来讲，没有底线但一定是有原则的，原则就是文火慢炖、温水煮青蛙，或者慢刀子割肉，通俗来讲就是一个都不能跑，紧握着你的手共患难、共担风险。政策最理想的状态是什么？它想的是将风险能掰成一块一块的，精准地塞入每个市场交易者的预期收益中。每个交易者都在帮政府分担部分的风险，政府承担的就少了，也就守住了系统性风险的底线。如果所有的风险都倒在一个人身上，最后政府不仅要出来救机构，还要救流动性，那么这轮金融做减法的政策就彻底失败了。

这个过程要讲起来很容易，是一个很优雅的词——文火慢炖，但是实际上操作起来比美国式的一次性出清难上百倍、千倍，难就难在对人性的把控。毛主席讲过，最好的政治就是把自己的人搞得多多的，把敌人的人搞得少少的，金融做减法何尝不是如此？我旁边有很多做各种资产交易的朋友，大家聚在一起回头看过去一年有同样的感慨，发现自己已经是围城中间的人，无论你做哪种交易。比如说做信用债的，去年 10 月 24 号信用债开始下跌，从价格上来讲，六个交易周的时间把过去两年半的债券牛市的升幅全部跌掉。我觉得这个价格上的变动还不是最主要的，关键是信用的市场一夜之间找不到交易对手了，流动性从高频到低频。同样的状况也发生在资本市场业务的这批朋友，比如过去一两级市场联动非常繁荣的模式，背后对接的很多各种配资、交易结构、金融结构，这批人我觉得现在心理压力是最大的，我看到某个产品，按照去年同期市价估算的净值是 1.9，这个产品存续期还没结束，现在这个产品估算出的净值只有 1.1。再看看 PE、VC、新三板，包括往里面钉钉子的楼市的未来，所以股票市场的交易某种程度上讲其实是很幸福的，因为它有流动性，这个地方有韭菜，还可以交易，虽然它的交易模式已经感觉到了天空越来越低，但里面至少可以交易，中国一天还有 3000 亿、4000 亿的成交量，当然跟两年前的 2 万亿没办法比。它可以交易，但很明显，现在大家把很多怒火和矛头都集中在股票的二级市场。

每个市场参与者都应该能理解，今天信用债的发行利率达到 9.3%，股票市场哪有不跌的，为什么大家要把所有的不满和压力释放到资本市场的身上，这肯定是工作的艺术上出了一点问题。当这个市场已经是围城心态的时候，城里的人都想冲出城围，要想方设法把城里的人心和灵魂留住，同时把城外的人搞得心痒痒的，要保留住农村人对城市美好生活的憧憬和向往。这样才能够实现慢刀子割肉，慢慢地分散风险，是一个很难的过程。

如果政府能实现一个 AI 版的“文火慢炖”，那将意味着市场的交易者没有任何机会，政府会把风险敲成一块一块的，精准地塞入每个参与者的预期收益中。但我认为未来更可能是一个人脑版的“文火慢炖”，但凡人性就会有弱点，则可以憧憬着机会丛丛，政策的不和谐或是常态，因为私心杂念、矛盾和纠葛会混杂其中，演变为间歇式的脱轨和对市场创伤，就意味着超额收益的机会。没有创伤，就没有交易，或者讲机会都是跌出来的。所以在这个过程中耐得住平淡无奇的寂寞依然是最优良的投资品质，静下心来才能真正感应痛苦，不是想当然，觉得这个市场已经很痛苦了。实际上简单来讲，这个市场本身可能也就是个哼哼唧唧的痛苦阶段，还没有到哭爹喊娘的时候。正如曾国藩讲的“结硬寨，打呆战”，熟透了的果子自己会掉下来，我们或已经进入了这么一个时间窗口。

我们要结束利率上行的压力，就是放水把它压回去，2013 年 6 月份发生“钱荒”，2014 年 1 月我们启动了差不多两年半时间的超级货币宽松周期，就是 2014 年到 2016 年所谓金融“洪荒之力”的运动，强行推动了中国利率下行。今天还能不能做同样的事情？那就要看约束条件，其实我前面已经讲到了，这个约束条件就是人民币汇率，人民币汇率的背后实际上是国内的地租和要素的定价。今天国内的地租和要素这么贵的情况下还敢启动 2014—2016 年的放水冲沙的宽松货币政策的周期吗？我认为不太可能，2013 年、2014 年之所以选择放水，是因为人民币的地基比较牢固，中国的地租和要素价格那时候还不太贵，美国还是奥巴马那种比较温和的建制派。但今天这些条件都没有了，2013 年 1—5 月份的时候，新增外汇占款高达 1.8 万亿美元，接下来几个月中国的官方外汇存底一度突破了 4 万亿美元。今天资本项的状态，跨境资本流动的状态，现在如果找一个政策对应，就像明朝中后期的海禁（片帆不得入海），比如说，今天你还在海外消费一笔超过 1000 块钱人民币的消费，那边银行就会打一个电话到你的手机上，确认后才可以成交。想想几年前某富豪在海外刷一鸡缸杯都没人管，这就是差别。我们现在只有把门关上才能维护你这么贵的地租和要素价格，不至于很快地倾陷下去，这就是差别。

什么成就了 3000-50？

所以我说从 2017 年来讲宏观其实非常确定，方向上就是两个明确的方向，一个是传统经济的新周期，大家的幻想破灭；第二是易上难下的利率，这来自于经济中系统性庞氏压力的释放。从政策来讲也是非常明确的，我们要翻越金融周期的拐点，发现这个拐点取决于我们选择的方法，从政府心理来讲最希望看到的方式就是文火慢炖。

从交易的角度来讲大家最关心的一个问题，美国把低波动的状态导入高波动的状态，对国内来讲交易品种范围非常狭小，政府把门关上，不让钱出去，剥夺你全球资产配置的权利，所以对国内来讲，狭义的理解，大家看到简单来讲的交易主要就是股票，现在大家说股票就两类，一类是“要命 3000”，一类是“漂亮 50”，交易者最关心的方向可能是过去一年时间形成的 3000-50 的结构会不会有变化，有没有可能造成变化的转机。我们最近也在思索股价的估值和企业盈利之间的关系。2014 年股价和盈利没有关系，2015 年中国的 A 股的股价和盈利是负相关。2016 年“熔断”之后，到今天，盈利和估值正相关，这个状态持续多长时间？我个人认为肯定也是动态转换的，所以大家才会想 3000-50 这个结构什么时候会解体。

首先我们要认知一下 3000-50 这个状态是怎么形成的。我们放眼全球（特别是中美两个互联网经济超级大国），在过去 1—2 年间互联网经济确实正在发生供给侧革命，我认为这次的行业整合出现的“强者恒强、赢家通吃”，力度和规模远超我们过去对传统经济的经验。

在美国非常明显，五大科技巨头加上中国的阿里的市值增长率明显高于罗素 2000 的增长，罗素 2000 的成分股是每个垂直领域独角兽以外的中小市值公司，在垂直领域没有主导性、定价权与绝对竞争力的公司，也可以说独角兽的收益率明显高于垂直领域的其他非统治力的公司。

再看 S&P500，它上涨的驱动主要靠五大科技巨头的市值增加，特别是最近的 4 个月五大科技巨头市值增加了 2600 亿美元，而其他 495 家 S&P 成分股市值却缩水了 2600 亿美元。

再看中国互联网领域的独角兽（阿里、腾讯、微博、京东、陌陌、网易、携程），他们的市值在过去一年增长了 70%，与之对应的在国内上市的在各个垂直行业（特别是科创领域）不那么具有领先性的这一批中小市值公司在过去一年内下跌近 30%，这两者出现了明显的分化。

很遗憾，中国的独角兽公司没有在中国的 A 股市场，都孤悬于海外或者没有上市（比如华为），可以看到中美两个互联网的超级经济体，互联网经济远超出我们对传统经济的认知。相较于蒸汽和电力而言，互联网无疑更具革命性基因。因为互联网，人类经济活动最根本问题“信息不对称”出现了边际的突破，交易成本呈非线性下降，传统的行业和企业的边界变得模糊，资源要素可以跨界流动，使得资本的使用效率非线性地上升。在信息经济中，硬体有所谓的"摩尔效应"；同时软体的单位美元投资往往有"事半功倍"的效果，极小的投资带来极大的财富。比如 Facebook，它在 pre-IPO 之前估值就达到了 1500 亿美元，但是读它的财报会发现硬资产很小。最近一两年，在互联网经济中，供给侧的革命形成资源和要素非常迅速地向顶级的公司聚合和集中，"马太效应"非常强。

我们在最近一两年中看到四个明显形成"马太效应"方向的力量，其一就是数据的垄断，我们讲数字，为什么现在所有的巨头都在讲未来是一个数据为王的时代，AI 是一个技术，很多人把 AI 理解成背后的算法的高深，其实不然，真正掌握 AI 未来命运取决于这些科技巨头是否掌握了核心数据，如果没有数据源，AI 就是没有燃料的车，跑不起来。谁掌握了更多的用户的数据，就意味着谁掌握了未来时代的命脉。从腾讯、阿里，到 Facebook 和谷歌等，不断在向新的模式转型，不断迭代新的业务，一切都源于他们强大的数据源。资源要素和信用在未来都会跟着数据流动，之所以出现"马太效应"，正是因为大量有价值的数据向互联网巨头集中。

第二个方向是流量分割的结束。对于新进入者来说，要重新获得流量的成本极大。用户的习惯越来越稳定，每一个应用可能都对应垂直领域的巨头。现在讲一讲几个分支领域，社交，在中国你想到的就是微信；对外公开发布信息的平台，你想到的就是微博；电商，你想到的无非就是淘宝、天猫和京东；游戏，前几年的时候大面积的手游，但这些公司最后都风吹雨打，剩下的就是腾讯和网易，用户的习惯越来越稳定，越来越集中，互联网经济中有一个很明显区别于传统经济的行为模式的变化，就是叫随大流，它的羊群效应更强，只要一批人往那个方向走去，后面跟进的人就相信前面这批人的选择代表了方向的判断，于是紧随其后，所以用户的习惯越来越稳定。你看看手机上的 APP，可能前几年能下七八十个，而现在主要用熟悉的只有二三十个，意味着巨头会拥有越来越相对稳定和便宜的用户数量。

这就产生了第三个方向——规模报酬递增，我们在学校里学经济学教科书的时候看到的概念，传统经济中都是规模报酬递减，但是在互联网经济中看到的是规模报酬递增，这是一个常态。

第四个是创新，由于本身具有大量用户数据，又有不错的现金流，反而鼓励了这些大互联网公司去做创新。而小公司根本承受不起创新失败的成本，在 All in 失败后也只能接受落寞退场的命运。只有大公司能扛过去，因此优势都在向大公司集中。

现在国外很多人将科技巨头的现金流形容为“贝加尔湖效应”。贝加尔湖的湖面比北美五大湖小得多，但是蓄水量却比五大湖大得多，正是因为其深度，亚欧板块内部碰撞所形成的裂谷以每年 2—3cm 的速度向下延伸，已经持续了 1000 万年，蓄水量仍在不断增加。苹果的现金储备，打破了我们常规的想象，去年底已经高达2500亿美元。根据传统经济的经验，大公司通常是“大笨象”。然而今天我们看到，腾讯（市值约 3400 亿美元）、阿里（市值 3500 亿美元），苹果（市值 7600 亿美元），虽然已是一个巨人，依然生机勃勃，每年 40%—50% 的年复合增长率，你根本看不到天花板，它们更像一个灵活、高速成长的“大型灵长类动物”。

然而把代表中国传统经济主体的上证 50（金融权重占 76%）与创业板指数放在一起，也出现这样的分化，这只能从交易行为上才能理解了，因为中国互联网供给侧革命的公司都不在 A 股，而我认为上证 50 多少有那么点儿“扮虎食猪”（广东话），特别是在一个金融信用收缩周期中，代表传统经济主体出现了一个背离向上的走势。

我个人认为三个方向造就了今天这么一个状态。

第一个是孤悬海外的中国新经济。中国经济最有活力、景气迸发的部分（新动能）几乎都不在 A 股，我们做个假设，中国新经济，包括未上市的这块，在中国的 A 股市场，“漂亮 50”应该是他们，阿里、腾讯（共计约 5 万亿元人民币的市值），加上一批中概股以及未上市的华为，就是十几万亿元人民币的资产，占中国资本市场 A 股所有的估值（40 几万亿元）的 20%，美国五大上市公司在美国所有股票市值的 10% 以上，占纳指成分股的 30%，其实中国也一样，朝气蓬勃的好东西，不受信用周期冲击的好东西都在国外。所以这是一个方向。

第二是资本管制下的事实性“金融压抑”。资本项目管制（片帆不得下海），最有价值的资产被市场分割排除在外，被甩在国内资本市场的是：深陷金融债务周期的传统经济，以及被互联网经济“马太效应”所挤出的中小市值科技公司，这是我们不愿意接受的无奈现实，实际上也是一种金融压抑。港股通某种程度成了制度压抑下的受益者（被当作是人民币内生贬值压力的一种对冲）；A股交易的被动抱团取暖，漂亮50、上证50也许会演绎另外一种泡沫，在一个明确的金融信用收缩周期中，与寄居于海外的那部分中国新经济资产相比，无论是前景还是盈利，都会晦暗很多。当然我们依然非常尊敬中国制造业的脊梁，格力、美的、海康，等等。

第三是“灵魂出窍”的资本市场。金融整肃、强化监管，主流是非常好的，但有那么一些不太灵活、缺乏弹性、刚性的反市场操作，过犹不及和矫枉过正皆有，导致某些目标有点功利化，比方说在损害赔偿和集体诉讼制度缺失的条件下，以IPO为导向的准注册制，偏离了资本市场的基本功能（资源整合、并购重组、优化配置），灵魂出窍，形成次生伤害（雪上加霜的效果），等于挤压着3000向50移动。

资本市场的灵魂：整合、并购重组

强监管，让过去在灰色通道中运行的东西见阳光，打击内幕交易，穿透，这都是对的。不能把资本市场魂搞丢了，搞丢就麻烦了，孤魂野鬼四处飘荡就会乱投胎，最后抱团取暖投出了个“漂亮50”，把传统经济的估值都打起来融资，多半是条死胡同。

不要刻舟求剑地映射20世纪70年代美国的“漂亮50”，没有意义（只是为了证明当下存在的合理性）。现在是什么时代？今天的“漂亮50”是互联网经济、数字经济、智能制造。如果孤悬海外的中国的新经济在国内资本市场，漂亮50将是他们。

资本市场的魂就是整合、并购和重组，中国经济结构转型重构，对资本市场而言，映射的就是产业整合并购和重组，把资本市场储蓄动员的能力从已经步入暮年的产业和企业中让渡出来，要么行业集中度提高焕发青春，要么转移给消费升级和新兴产业，要么把孤悬海外的独角兽们引回国内，让优良的基因回来，让大家有一个全球性资产能够去投，这部分的体量占 A 股市值的 20%，让大家有一个选择的机会。

一个优秀的卖方一定要站在趋势的前端，做一个价值的引领者和发现者，有责任去纠正一些资本市场存在的既有偏差。所以我们也尝试去瓦解 3000-50，当然这个工作不是一蹴而就，但是确实这方面的努力，也看到了一些效果。

大家可以看到，最近风格变化的、从善如流的政策条件可能悄然在启动，魂魄在归来。并购、重组、再融资在松动，这是我们看到的第一个方向。剩下的事我们做什么？就是坐等金融条件恶化到位，这是当下抱团取暖的 50 最柔软的部分，刀子总是从最柔软的部分下手。在一个明确的且持续的金融信用翻越拐点的利率上升通道中，当下的抱团将会面对越来越上升的解体压力。即时间价值将会成为价值股解体的一把最好的钝刀。给个画面感，比方讲中国的国债十收益率达到 4% 的话，可能满世界都是有保障的、确定金融收益在 7%—8% 的产品，你可以到处选，这对于 50 而言是其外在的最大机会成本。

最后讲一句大实话。我们这些人，你要能把某个东西说得能涨上去，或者说得能跌下来，说实在话，还没有这么大能耐，趋势本身也不是由你决定的。但你要把某个东西弄得不涨，涨不动，我个人觉得还是不难的。无非就是把不同的意见输入进去，引起分歧。分歧出来后，一致性预期的单边市况就可能被破坏，交易会逐渐变得艰涩，价差越来越小。

2 月 16 号我们开始唱空周期后，接下来一直到一季度的数据都很好，但是周期股票已经开始涨不动，因为市场的分歧在交锋。当 4 月份边际走弱的数据再出来的时候，所谓的抱团就作鸟兽散了。今天我们面对的是同一个过程，从分歧到交易的艰涩，一段时间交易不出价差，就会变得情意阑珊，时间长了也就散了，人性的弱点大多如此。

刘煜辉

（中国社会科学院经济学教授、博士生导师）

第三部分

保障和改善民生没有终点

“租售并举”决定房地产业兴衰

《关于加快培育和发展住房租赁市场的若干意见》发布后，北京、上海等特大城市在土地供应上为租赁市场留出大口子，被看作动真格之举。

不过，此番政策调整能否有效平抑市场高房价，促进住房回归本位，市场还抱观望态度。人们还记得，国务院曾于2007年出台《关于解决城市低收入家庭住房困难的若干意见》，进一步建立健全城市廉租住房制度，“应保尽保”的提法令人颇为振奋。但是，由于土地财政积重难返，强有力的统筹举措迟迟未见出台，相关土地供给不足，房价迎来一轮又一轮的暴涨。“租售并举”是否会重蹈覆辙，正是公众忧虑所在。也有人积攒资金随时准备伺机入场大炒。此番房地产大方向的调整，能否缓解住房市场压力，实现“居有其屋、住有其所”，并坚守调控政策底线，构筑长效调控机制，将考验政府的诚意和决心。气可鼓，不可泄。

走“租售并举”之路，必须培育多元化的市场主体。在我国保障性租赁住房建设中，政府投资约占八成。欲实现“租售并举”，政府财力难免捉襟见肘。应当拓宽社会资本的参与渠道，大力发展住房租赁企业，这不仅能填补资金缺口，还能丰富和完善住房市场结构。此外，政府还应保证所需用地，以增加住房租赁市场的供给。对从事房屋出租的企业和个人，政府应给予更大的税收优惠。在需求端，可通过多种金融手段，帮助满足条件的家庭或个人实现住房梦，还可提供合理水平的补贴。这些政策举措，多为发达国家长期探索出的宝贵经验，值得认真借鉴。

中国租赁市场发展不规范，承租人权益保障力度薄弱，也是必须解决的问题。这涉及常见的业主随意中止合同、单方面提高租金等行为。日前，住建部发布《住房租赁和销售管理条例（征求意见稿）》，力图保障承租人权益，条文相当详备。公众期待条例经过完善后尽快施行。关键是实效。

在中国，保障承租人权益有着更重大的内涵，这就是他们能享受什么样的公共服务。住建部人士表示，将通过立法，逐步使租房居民在基本公共服务方面与买房居民享有同等待遇。这是继广州为推动住房租赁市场提出教育上“租购同权”后，主管部门的一次明确表态。这一方向值得肯定。然而，基本公共服务均等化远非一纸文件就能办到。如果租赁市场改革不能够倒逼户籍、社保等更深层次的改革大步推进，承租人可以享有的公共服务就可能沦为“画饼”。

打破发展租赁市场所面临的桎梏，其实正对应着建立房地产调控长效机制，涉及金融、土地、财税、投资等多方面的联动，需要立法保障和政策扶持。每一步都需要毅然打破利益藩篱。

中国经济长期过度倚重房地产。它是固定资产投资三大组成部分之一，并对钢铁、建材、机械、家电等众多行业具有显著的带动效应。任何时候，这一重要产业都值得高度重视，但是，过度依靠房地产的经济增长不可持续，且存在巨大金融和社会风险。目前正是改革难得的窗口期。一方面，深化房地产市场改革是社会共同的期待，有广泛的民意基础；另一方面，2017 年上半年经济增长平稳，可以减缓房地产改革带来的经济阵痛。

房地产市场化改革已近 20 年，成就巨大，缺陷明显。如今需要细加总结，转舵扬帆，调整航向，探寻真正的“符合国情、适应市场规律的基础性制度和长效机制”。中国经济欲摆脱靠盖房子稳增长的老路，就必须发掘新的发展动能。“租售并举”将决定房地产业的兴衰，也关乎中国经济的未来。

胡舒立

（财新传媒总编辑）

把脉住房公积金制度

住房公积金是中国城镇住房市场化进程中的重要保障制度。自 20 世纪 90 年代制度建立以来，覆盖范围不断扩大、管理运行逐步规范，对支持城镇住房建设和促进住房消费起到了重要作用。但随着中国经济社会发展，城镇住房市场和金融市场发生了巨大变化，住房公积金制度高成本、低效率、强制性储蓄、逆向收入调节等问题受到社会普遍关注。

课题组分别使用了住建部公开数据、中国家庭收入调查（CHIP）数据、企业调查数据和 UHS 数据，从宏观运行、居民收入、企业负担和国民经济等四个维度，对公积金的覆盖情况、基金收支、公积金缴存和提取情况等进行了研究，并侧重研究了公积金对收入分配和企业负担的影响问题（由于数据来源不同，覆盖率等情况的计算结果也略有差异）。

住房公积金制度总体运行情况

（一）制度覆盖面。按照《住房公积金条例》规定，这一制度的覆盖范围包括国家机关、国有企业、城镇集体企业、外商投资企业、城镇私营企业及其他城镇企业、事业单位，与统计口径中的“城镇（非私营）单位”加“城镇私营企业”基本一致。2004 年至 2015 年，中国住房公积金制度覆盖率基本稳定，总体保持在 40% 至 45% 之间。

据《中国劳动统计年鉴（2015）》《中国人力资源和社会保障年鉴（工作卷）》

数据，住房公积金制度各类行业覆盖率存在显著差别。机关事业单位参保覆盖率在 90% 左右；国有控股企业、城镇集体企业覆盖率 70% 左右；外资企业覆盖率接近 50%；私营及其他城镇企业覆盖率不足 10%。

从省份覆盖情况看，据《全国住房公积金年度报告汇编 2014》《中国人力资源和社会保障年鉴（工作卷）（2015）》数据，2014 年，各省城镇单位参加公积金制度比例 7% 至 48.4% 不等；参保人员覆盖比例 26.2% 至 67.9% 不等；参加住房公积金人员占职工养老保险人员比例从 30.9% 至 81.2% 不等。

（二）公积金收支。据住房和城乡建设部统计口径，公积金收支可分为两方面：一是本金。收入主要包括个人公积金缴存、回收个人住房贷款、收回保障房贷款本金和收回历史遗留资金；支出主要包括个人公积金提取、发放个人贷款、发放保障房贷款和上缴廉租房资金。二是增值收益。收入包括委托存款利息收入、委托贷款利息收入、国债利息收入和其他收入；支出包括支付缴存职工利息、归集手续费、委托贷款手续费和其他支出。这一层面的收支差额为增值收益，主要用于提取住房贷款准备金、提取管理费用、提取公（廉）租房资金等。

2005 年至 2015 年，全国住房公积金缴存额持续增加（2012 年以来增速趋缓）；公积金提取额和个人住房贷款发放额，受房地产市场状况影响，不同年度存在显著差别。据《全国住房公积金年度报告汇编 2014》以及历年《中国房地产金融报告》，2015 年公积金缴存额增速 12.3%，而提取额和贷款发放额增速则分别高达 44.6%、68.1%。

从住房公积金增值收益情况看，2014 年、2015 年收入基本持平，支出和增值收益出现较大变化。尤其是，委托银行贷款手续费高达 51 亿元，少数存放公积金的金融机构是切实的既得利益者，在获得稳定而巨量的公积金资金后，只需付出很低的存款成本，同时还向公积金管理机构收取高额的管理费用。

（三）缴费水平。《住房公积金管理条例》规定职工和单位实行等比例缴费，双方住房公积金月缴存比例都不得低于职工上一年度月平均工资的 5%，最高不得超过 12%。但在实际运行上，缴费水平与制度规定却存在一定差别。

据《全国住房公积金2014年年度报告》数据，在公积金缴存人员中，大多按照5%至12%的规定费率缴费，其中6%至10%费率人员占比29%，11%至12%费率人员占比50%，费率5%及以下和13%及以上人员占比分别为12%、9%。同时，据相关数据测算，5%及以下缴费率人员平均费率1.13%，13%及以上人员平均费率15.75%。不同地区住房公积金费率的制度规定和执行力度存在差别，相应的缴费费率也存在显著差异。2014年，人均缴存额最高的五省份为：北京（19957.1元）、西藏（19890.5元）、青海（16753.0元）、浙江（15645.2元）、天津（15201.8元）；人均缴费额最低的五省份为：河北（7962.3元）、湖南（7725.2元）、陕西（7533.0元）、河南（6692.9元）、山西（6591.4元），全国人均缴费10908.9元。

从各地实际情况看，多数地区住房公积金制度缴费水平和覆盖率存在一定的关联关系，缴费率高则覆盖率相对较低，缴费率低的地区则覆盖率相对较高。

2005年以来，住房公积金贷款余额占个人商业住房贷款余额比例呈持续上升趋势，从2005年占比15.4%上升至2015年25.1%。年度住房公积金贷款增加额，与个人商业住房贷款增加，虽都与房地产市场景气程度密切相关，但住房公积金贷款波动更小。

（四）突出问题。近年来，随着房地产价格的急剧攀升和商业住房贷款的蓬勃发展，住房公积金制度在外部环境和自身制度设计的共同作用下，出现了一些显著问题。

1. 运营成本畸高，损害参保职工权益。目前住房公积金制度运行成本主要有几个方面：一是向经办银行支付的归集和委托贷款手续费；二是管理机构经费；三是大量基金结余以普通活期或定期储蓄存放银行的利率损失。2015年，公积金归集手续费21.24亿元，委托贷款手续费50.64亿元，管理费实际支出80.09亿元，合计151.97亿元，占当前发放贷款额的1.37%。同时，全国约7500亿元的公积金专户存款资金，以活期储蓄和3个月至5年期不等的普通定期储蓄方式存放在经办银行中，整体利率约为2%，若以5%的投资收益率测算，全年损失约为22.5亿元。其中，特别是经办银行，一方面低息使用大量的公积金沉淀资金，另一方面收取较高的归集和委托贷款费用，损害了公积金制度参加者的权益。

2. 贷款发放周期长，提取使用非常困难。目前多数地区住房公积金贷款发放周期为4至6个月，比商业贷款长两三个月以上。有较大比例的住房公积金缴存人员，由于住房公积金贷款周期过长，不得不放弃使用住房公积金贷款，造成个人的福利损失，也对制度公信力和健康运行产生影响。

3. 大量闲置资金，影响了制度效用发挥。由于住房公积金制度缴存和使用人员大多收入水平较高，工作单位稳定，贷款逾期率极低，多年保持在0.01%至0.02%左右，但却提出了大量的个人贷款风险准备金。2014年、2015年，全国住房公积金逾期总额为3.2亿元、4.0亿元，而同期风险准备金金额为895.1亿元、1240.1亿元。近年来，住房公积金专户存款余额保持在1万亿元左右，大量的闲置资金，对制度效率的发挥产生了严重阻碍。

当前住房公积金制度出现的运行成本高、提取使用难和大量资金闲置等问题，表面上看是制度管理不合理、不规范造成的，根本原因在于制度自身定位不清，现行制度设计赋予住房公积金过多的职能定位，相互之间又存在一定矛盾冲突，从而使得制度运行的基本机理不清，进而产生种种问题。

当前住房公积金制度大抵有三个基本的制度属性：一是个人账户性质，单位和个人缴费全部计入个人名下；二是互济性，通过“低存低贷”方式在参保人员之间互济；三是承担一定住房保障功能，主要通过公租房资金和保障房建设贷款等方式。三者各有不同的制度设计和运行机制。作为个人账户制度，需要明确权利义务责任，以追求个人权益最大化为目标；作为互济制度，需要良好的政策设计，尽最大可能实现参保人员内部效益最大化，并适当向低收入人群倾斜；作为住房保障制度，则要求为全社会的住房保障需求提供比较有力度的支持。三种迥异的属性使得制度运行矛盾重重，既没有维护好个人账户权益，损害参保者利益的问题长期未能解决；又没有在制度内部实现良性互济，一定程度上出现了低收入人员逆向补贴高收入人员；同时，也难以成为推动住房保障发展的根本性制度支撑。

所以，推进制度改革的方向必须从制度属性这个根本问题着手，探讨在现有宏观经济、住房市场和住房公积金制度现状等共同约束下，赋予其合理的政策目标和发展方向的可能性。

住房公积金缴纳和使用中的差异

当前，住房公积金制度争论中的一个核心问题是，这一制度究竟改善还是恶化了收入分配状况。

这里主要使用中国家庭收入调查（CHIP）数据考察住房公积金制度对城镇居民收入分配的影响。CHIP 数据提供了城镇居民是否缴存住房公积金、缴存金额、是否提取公积金以及提取金额等信息，因此可以用来分析住房公积金制度在不同人群、地区、行业的情况。出于时效性考虑，这里主要使用 2013 年数据，在考察住房公积金的变化趋势时，也使用 1995 年、2002 年和 2007 年数据，研究对象为就业且年龄在 16 岁至 65 岁之间的城镇居民以及自我雇佣者。

一、覆盖率稳定提高但有差异。1994 年，国务院开始全面推广住房公积金制度，从 1995 年至 2013 年期间住房公积金覆盖率的变化情况看，制度覆盖率在 1995 年就达到 35.3%，之后年年攀升，2007 年到达高峰 46.3%。此后覆盖率明显下滑，2013 年降至 38.9%。

不同群体、不同地区人员的公积金覆盖率有差异。男性职工的制度覆盖率明显高于女性；受教育程度越高的就业人员，公积金覆盖率也就越高，大专及以上学历职工的覆盖率为 65.1%，初中及以下学历群体则只有 12.9%；从城乡户籍来看，非农业户口群体比农业户口群体的覆盖率要高出 28.5 个百分点。

对于不同的企业所有制类型，公有企业（包括党政机关、事业单位、国有控股、集体企业）职工的公积金覆盖率高达 70.1%，私营企业的覆盖率仅为 11.8%；垄断行业的制度覆盖率为 49.4%，远高于竞争行业的 37.8%；在同一个企业，不同的职位等级也存在很大的制度覆盖差距，如专业技术人员的覆盖率为 66.9%，体力劳动者的覆盖率仅有 30.4%，两者相差 36.5 个百分点。

再进一步对就业群体的工资水平进行排序分组，并计算高 / 低工资水平群体的覆盖率情况。可以发现，工资水平越高的群体，其公积金覆盖率就越高：如最低 20% 工资水平人员的覆盖率仅为 13.1%，最高 20% 工资分组的比率则高达 62.9%。东部地区的缴存率显著高于中西部，根据分析结果，东部地区就业人员缴存公积金的概率高出 8% 左右（平均边际效应，下同），中部地区也比西部地区高出约 4%。

综合考虑受教育年限、城乡户籍、地区分布等因素，在东部、受过良好教育且在公有单位就业的城镇户籍专业技术人员，具有显著更高的住房公积金覆盖率。

二、住房公积金缴存比例差异。根据住房公积金的缴存规定，个体缴存的公积金数额应与其工资性收入直接挂钩，构成比例不应超过 12%。但是，实际执行中仍然存在公积金缴存额超过规定比例的现象，而且越是效益好的企业、福利好的单位、级别高的雇员，越倾向于缴存更高比例。

对于 1998 年之前参加工作的群体，缴存公积金占工资的比例为 6.5%，后来由于公积金政策规定的原因，缴存比例不断下降，到 2009 年，参加工作群体的缴存比例为 4.8% 左右。

即使在相同时期，不同所有制单位的缴存比例仍然存在很大差距。公有制单位职工的缴存比例平均为 6.4%，远高于外资企业的 5.2%，显著高于私营企业的 4.8%。垄断行业的平均缴存比例为 6.3%，高于竞争行业的 6.1%。甚至在同一个企业内部，不同职工的缴存比例也有很大差距，如企业单位高级管理人员的缴存最高，达到 7.7%，其次为企业专业技术人员的 6.7%，然后是办公室文员的 5.9%，缴存比例最低的是体力劳动者，只有 5.0%。

三、住房公积金使用比例差异。在 CHIP 数据中，如果以当年提取和缴存公积金的人数之比作为公积金使用比例的定义，2013 年住房公积金的使用率仅为3%左右。即使考虑住房公积金制度实施以来历年总的情况，公积金贷款的使用比例也仅为30%左右。

而且，公积金的使用情况在不同人群中存在较大差异。大专及以上学历的城镇居民的公积金使用率，高于高中、初中及以下学历的城镇居民；拥有非农户口居民的公积金使用率高于农业户口的城镇居民。在公有经济（包含机关、事业单位、国有和集体企业）以及外资企业就业的城镇居民，公积金使用比率明显高于私营部门（包含私营和个体所有制企业）。管理人员的公积金使用比例最高，专业技术人员次之，办公室文员再次，体力劳动者的使用比例最低。

城镇居民的公积金使用情况还与工资收入相关。总体而言，公积金的使用比例随着工资水平的上升而上升：处于工资收入分布底端20%城镇居民的公积金使用比例仅为0.9%；处于工资收入分布顶端20%的城镇居民的公积金使用比例为较高的4.7%。

工资收入对城镇居民提取公积金的可能性有显著的正向影响。即工资水平越高，则公积金被提取使用的概率就越高；反之，工资水平越低，则越难去提取已经缴存的住房公积金。直观上，在工资收入低于约2.2万元/年的区域，绝大部分的提取额都为零；在年工资水平高于约3.6万元之后，上升速度加快。

四、住房公积金提取金额差异。按照公积金提取数额排序并进行五等分组，并计算每组的平均提取额及其在总提取额中的份额。结果发现，每一组提取额之间有非常大的差异，如最低20%组的平均提取额仅为350元，而最高20%的提取额平均为32056元，两者相差91.6倍；同样地，最高分位与较高分位提取额也相差2.1倍以上。另外，从各组的份额来看，最低20%组提取的公积金，在所有居民总提取额中的份额仅为0.6%，而最高20%组的份额则高达56.6%，超出较高20%组的份额约29.1个百分点。分析结果显示，相比在公有经济中就业的城镇居民，在其他所有制单位中就业的居民，其提取的公积金均显著少于前者。

五、住房公积金的企业差异。课题组选用了之前对全国236个城市的

2889家企业进行调查的数据。样本企业中，小型企业占约71%。在注册类型方面，以民营企业为主的内资企业占到66%，国有企业约占10%。样本企业分布在九大行业中，其中制造业所占比重最大，超过50%，再次是IT业，约占22%。

2889家样本企业中，只有45%的企业，即1297家缴存了住房公积金，还有55%的企业未缴存。企业规模越大，缴存公积金的可能性越高，约76%的大型企业缴存了公积金，只有36%的小型企业缴存了公积金。国有企业和外商投资企业缴存公积金的比例比较高，均超过了60%，以民营企业为主的其他内资企业缴存比例最低，仅有37%。公积金缴存企业的行业差距也很明显，金融业以81.82%的比例高居首位，其次是盈利能力较高的房地产业，以及国有企业为主的热力、交通等垄断行业。信息传输和软件行业可能因为企业构成中以数量繁多的中小企业为主，导致公积金缴存比例最低，仅有34%；此外，批发零售、制造业等利润率较低的行业，缴存公积金的企业也相对较少。

未缴存公积金的企业在人均利润、人均销售额、人均增加值、人均工资总额等方面均低于缴存企业。

在不同所有制方面，国有企业、外商投资企业和集体企业的人均公积金水平较高，尤其是国有企业，人均公积金达到约4349元/年；外商投资企业也不低，约有3921元；港澳台和其他内资企业的人均公积金水平相对较低，分别只有2347元和2671元。

人均公积金在不同行业企业中存在显著差异。金融业收入最高，人均公积金也最高，约9134元/年；其次是租赁和商务服务业，约为6228元；制造业和批发零售业的最低，人均只有2000多元。

规模越小的企业公积金缴费率越高。从之前分析可见，小企业公积金的覆盖率较低。已缴纳的小企业，公积金相对劳动报酬的缴存比反而较高。从企业规模上来看，公积金的缴费率和覆盖率成反比。

不同所有制企业的公积金缴费率也存在明显差异。集体企业最高，达到13.85%，超出了制度规定的12%；国有企业也较高，为10.59%。民营企业和港澳台资企业缴费率比较低，分别为 7.7% 和 6.78%。

行业公积金缴费率也体现了收入越高，公积金缴费率越高的特点。金融业作为收入最高的行业，公积金的缴费率也是最高的，达到 12.74%；电力、热力等国有垄断企业占比高的行业，公积金缴费比例也比较高，约为 11.53%；而劳动报酬相对较低的制造业、批发零售业的公积金缴费率比较低，仅为 7.07% 和 6.68%。

六、住房公积金的逆向分配效应。估算公积金政策前后的工资收入不平等系数，在不包含公积金的情况下，工资性收入差距的基尼系数为 0.309，但在包含公积金后，工资收入差距的基尼系数上升为 0.319。同样地，在包含公积金后，衡量工资差距的泰尔系数也上升了 0.01 左右。

进一步对整体收入差距的构成来源进行分解，即计算提取公积金的居民和不提取公积金的居民的组内和组间收入差距，并计算它们的各自占比，我们发现组内不平等的泰尔系数为 0.151，而总体不平等的泰尔系数为 0.156，这说明组内不平等解释了不平等份额的 97.17%；同样，是否提取公积金的组间差距的泰尔系数为 0.004，占总体不平等的份额为 2.83%。根据收入差距分解的经验，教育、性别等因素也就能解释不平等水平的 5% 至 10% 左右，从这个角度来看，组内差距是公积金不平等的主要构成，但公积金的组间差距也不容忽视。

住房公积金的企业负担问题

一、住房公积金对企业成本的影响。研究发现，规模越小的企业，其公积金在企业人工成本中所占比重越大，人工成本在企业总成本所占比重也越大。小型企业的人工成本在总成本所占比重达到 25.75%，而人工成本中 5.21% 是公积金（这里只是企业缴存的公积金部分，而不包括职工个人缴存的部分）。大型企业的人工成本只占到总成本的 14.51%，公积金占人工成本的 4.44%。

不同所有制类型的企业存在同样的现状，总成本中人工成本比重高的企业，公积金在人工成本中的比重也比较高，公积金会通过提升人工成本来提高企业总成本。国有企业和集体企业的公积金在人工成本中所占比重较高，分别为 6.5% 和 6.83%，其他内资企业和港澳台商投资企业的人工成本中，公积金所占比例较小。国有企业的人工成本占总成本的比重非常高，达到了 28.47%。

在不同行业中，金融业、电力、热力和燃气业、租赁和商务服务业的人工成本中，公积金所占比例最高。已缴存公积金的企业中，制造业和批发零售业的公积金对人工成本的影响较小，只分别占到 4.35% 和 4.5%。不同行业人工成本在总成本所占比重的分布情况，和公积金在人工成本中所占比重的分布差异类似。

二、住房公积金在总成本中占比差异的比较。住房公积金给小企业带来的成本压力更大。住房公积金在小企业的总成本中占到 1.5%，相当于中大型企业的两倍。

前文分析发现，国有企业和集体企业住房公积金的缴费率相对比较高，公积金在企业总成本所占比例较高。民营企业公积金的缴费率比较低，在总成本中所占比重也不高。外商投资企业的成本占比并不是很高，只有 0.9%。

垄断行业的公积金缴费占比最高。在以国有垄断企业为主导的电力、热力和燃气行业，公积金在总成本中的占比达到 2.13%，居各行业之首，说明垄断行业在公积金等人工成本上的支出比较多。除了垄断性行业外，受公积金缴费比例的影响，金融业、租赁和商务服务业等行业的公积金成本占比也比较高。制造业的公积金成本占比是最低的，这与制造业公积金缴费率低也有关系。

从企业规模角度来看，小型企业的成本受公积金的影响比较大，调整公积金的缴费比例和缴费基数，可以减轻小企业负担。

三、住房公积金对企业利润的影响。

1. 企业规模越小，公积金的缴存对企业利润的影响越大。中小型企业缴存的公积金数额与利润相比，占比超过 60%，小型企业缴存的公积金甚至接近企业利润，相当于企业利润的92.67%。大型企业缴存的公积金数额和公积金缴费率虽然低，但对企业的利润影响反而最小，只占企业利润的15.81%。

2. 企业利润会影响不同所有制企业的公积金覆盖率和缴费率。公积金缴存水平较高的集体企业的公积金是利润的2.26倍，国有企业也占到68.55%；以民营企业为主的其他内资企业缴存的公积金接近企业利润，约为93.15%，民营企业的利润与其他所有制企业相比，并不算高，可见公积金对盈利能力稍差的民营企业和集体企业的利润影响非常大。虽然国有企业缴存公积金比例更高，但是国企拥有垄断利润，盈利能力比较强，公积金在利润中所占比重反而比民营企业要低，也就是说公积金对于民营企业和集体企业的负担相对更高。对于盈利能力比较强、利润比较高的国有企业和港澳台及外资企业，公积金在利润中所占比例并不是很高。由此可见，盈利能力越强的企业，公积金对他们利润的影响越小。

3. 住房公积金对盈利能力强的企业利润影响不大。金融业的公积金缴费率达到12.74%，但是对于人均利润过千万的金融业来说，公积金对其利润的影响不大，因此，这也是金融业公积金缴费率如此之高的原因。此外，一些国有垄断企业为主的行业，如电力、热力和燃气业，公积金缴存额是企业利润的数倍，如果调整公积金，可能会对他们的利润率提升有比较大的影响。

四、公积金对企业人工成本和利润的影响。在不考虑税收变化的情况下，我们测算了降低公积金的缴费率，不同规模、行业和所有制企业的人工成本和利润率的变化。发现公积金缴费率降低1%，可以帮助企业降低人工成本约0.6%。

降低公积金，对一些企业的利润的影响非常显著，能提升9.28%的企业利润。尤其是对于小企业来说，公积金缴费率降低1%，可以帮助小型企业提升10.44%的利润。在中国当前面临经济下行压力的情况下，企业负担相对较重，利润空间相对较小，降低企业的公积金缴费率，可以有效提升一些企业的利润。

公积金缴费率的降低，给不同所有制类型的企业人工成本和利润也带来很大影响。缴费率降低 1%，能帮助集体企业提升 16.36% 的利润率，降低 0.89% 的人工成本；而民营企业的利润可以上涨 12.1%；国有企业利润也能增加 6.48%。降低公积金能有效提升不同所有制企业的利润，尤其是对于利润率相对较低的民营企业和集体所有制企业来说，可以较大地降低他们的人工成本负担。

公积金缴费率的降低，对人工成本占比较高的企业影响较大，能分别降低金融业、信息业、租赁和商务服务业的人工成本约 1.1%、0.84% 和 0.68%。对不同行业的利润的提升也非常明显，如电力、热力、燃气业的利润能提升约 70%。

几个主要改革方案对比

当前，关于如何推进公积金制度改革的主张有很多，这里梳理几个主流的观点，推进公积金制度改革的政策方案主要有四个，即与企业（职业）年金整合方案、转化为住房储蓄银行方案、现行制度简单改良方案和合并公积金制度方案。

总的来看，这四个方案各有其出发点和政策效果，相应的也各自存在一些问题。

一、住房公积金制度与企业（职业）年金制度整合方案。此方案提出，在维持现行住房公积金制度不变的前提下，将住房公积金与职业年金和企业年金整合为“城镇职工公积金”，下设两个子账户，分别为住房子账户和企业年金（职业年金）子账户，各自维持现有管理体制不变。缴存职工在购买首套住房时，可以提取两个子账户内的资金，其中住房子账户暂时保留住房公积金的贷款功能。在职工履行完其住房公积金的资金互助义务（即按时足额缴存一定年限的住房公积金）后，可以在自愿的前提下，将住房子账户内剩余的部分资金并入企业年金（职业年金）子账户，进行封闭管理，待职工退休后提取。

我们认为，这一改革方案打通了住房与养老之间的制度通道，也不失为一种可能的制度选择。照此改革后，与国际上成功的公积金制度国家新加坡，在制度模式上也有了更多的相似之处，同时，对积累型养老金制度的发展也将产生巨大的推动作用。但也必须看到，中国住房公积金作为单独的制度已经运行 20 多年，其参保人群、保障模式和运行机制等与企业（职业）年金等养老金制度是完全隔离的。相应地，推进这一改革的难度非常巨大、成本高昂，也可能面临较大的争论和质疑。

二、住房公积金制度转化为住房储蓄银行方案。此方案提出，将住房公积金制度调整为政策性住房储蓄银行。其可能的实施路径是，将单位和职工缴存的住房公积金都变成职工的股份，每一个缴存住房公积金的职工都是住房银行股东。政府通过财政注资成为住房储蓄银行的大股东，并将《住房公积金条例》修改为住房银行条例。在政府出资并控制的情况下，利用住房银行贷款修建社会保障性住房，以解决社会保障性住房资金短缺问题。对于将住房公积金制度转化为住房储蓄银行方案，我们主要存在以下几点考虑：

其一，采用政策性住房金融机构方式实施住房保障，从国际上看鲜有成功案例。根据世界银行报告，国有政策性住房金融机构的整体表现令人失望。从这些机构的经济效益来看，由于缺乏合理的公司治理结构、缺乏对住房贷款的有效风险控制，以及管理中普遍存在的寻租行为，政策性住房金融机构的效益往往较差，并且对经济风险的抵御能力明显低于其他金融机构。据不完全统计，20 世纪中期以来，先后共有 13 个国家实施了典型的住房储蓄银行制度，但是到最后都严重依靠政府救援才勉强维持运营，给国家财政造成了沉重负担。以巴西政府 2001 年对其国有住房银行 Caixa Economica Federal 的救助为例，救助金额为 80 亿美元，相当于巴西联邦政府 25 年来主要住房补贴项目资金投入的总和。从这些机构的社会效益来看，尽管它们在住房市场初期起到了一定作用，然而随着其他金融机构的发展，国有住房金融机构的作用显著下降，而它们的负面影响则逐步显现出来，如扭曲市场价格等。在部分国家，国有住房金融机构还利用其特殊地位阻碍了其他金融机构在一些细分市场中提供住房金融服务。

此外，与许多国家政策性住房金融机构设立的初衷相违背，对于低收入、非正式就业的人群，政策性金融机构同样难以覆盖。即使是一些相对成功的国有政策性住房金融机构，例如智利的 Banco Estado，它也仅为收入超过一定门槛的人群提供住房金融服务。上述国际经验提醒我们，住房储蓄银行方案的实施依赖于科学的制度设计，又需要良好的制度运行环境，否则将弊病丛生。在中国当前经济社会发展水平不高和住房市场尚不够完善的背景下，把公积金转化为住房储蓄银行仍存在诸多问题。

其二，政策性住房金融机构的良性运行对从业人员的知识技能结构提出了全新要求。作为住房金融机构的工作人员，他们需要在熟悉政策法规之外，对金融市场和房地产市场的运作有深入了解，对于金融机构运作管理有着足够认识，这些一般难以为普通事业单位工作人员具备。因此，将公积金制度转化为住房储蓄银行方案，意味着将现有各级住房公积金机构直接转变为金融机构。但是，当前公积金业务工作人员未必能很好地适应新任务的要求，其既定的职业素质不一定能够按照现代金融机构的要求顺畅运行。

其三，假如该方案得以实施，缴存公积金的单位和职工也将同国家一道成为该政策性住房金融机构的股东。作为股东，缴纳公积金的单位和职工将要求该机构在更大程度上按照市场原则行事，要求投资保值增值，否则将有可能选择退出。这样一来，资金的使用成本、进而发放的住房贷款利率就可能进一步提高，贷款者将不得不承担更高的贷款利率；同时，政策性住房金融机构与其他商业性金融机构的贷款利率的差距将缩小，竞争优势将明显减弱，前者执行的功能则更容易为后者所替代。

综合国际经验与经济学常识共同相关研究来看，实施住房公积金制度转化为住房储蓄银行方案难以有效达到相应政策预期目标，还可能存在多方面的运行风险。不同于现有封闭运行的公积金制度，政策性金融机构是金融体系的一部分，数以万亿计的金融资产，其资金的保值增值、安全运营等存在着巨大的责任和风险，相应的制度决策必须慎之又慎。

三、对现行住房公积金制度简单改良方案。该方案认为，对住房公积金制度进行大的调整，在当前条件下并不可行，存在较大的政策风险。当前推进住房公积金制度改革的重点应放在优化制度自身运行机制上，如降低运行成本，简化使用手续，提高运行效率等，以实现住房公积金制度在现有基础上的良好运行。

我们认为，现行公积金制度表面存在的使用不便和运行成本高等问题，实际都是制度自身定位问题的直接体现。如住房公积金制度得以运行的根本出发点就是“低存低贷、封闭运行”。在上游，职工缴存的住房公积金变相成为强制储蓄，公积金制度通过人为办法来压低职工缴存资金的回报率。为保证公积金基金的平稳运行，最根本的一个前提就是要控制公积金的使用率，限制到极少数人使用公积金来进行贷款，否则基金就很容易入不敷出，导致基金陷入崩溃。因此，在不改变制度定位前提下的小修小补，不可能从根本上解决公积金面临的问题。

四、合并住房公积金并转成工资方案。这一方案认为，既然住房公积金存在根本性的制度难题，难以解决“低存低贷、封闭运行”的难题，也不可能对制度设计上存在的“劫贫济富”和“交叉补贴”进行改善，就应该考虑逐步弱化住房公积金功能，并渐进式合并住房公积金制度。

李实 万海远 杨玉梅 卢云鹤 詹鹏

（中国收入分配研究院课题组）

新常态下人力资本需求与教育改革

随着中国经济发展进入新常态，在增长速度减慢的同时，产业结构调整和升级的步伐将加快。这就是说，经济活动越来越依靠劳动者的创意推动，而日益普及或深化的教育，则是现代社会创意产生的必要前提、创新的源泉和生产率的保障。不仅如此，教育还具有增强社会流动性、防止收入差距扩大和贫困代际传递的作用。因此，发展教育不仅是保持经济增长可持续性的嚆矢，还是增进经济发展分享性的关键。

人力资本积累既依靠个人、家庭、社会和政府的投入，也需要来自市场激励人力资本投资的正确信号。在中国目前所处的发展阶段，新成长劳动力增速下降导致存量人力资本改善速度放慢，同时存在着抑制教育需求和供给的诸种体制机制障碍。这些短板，需要通过深化相关领域的改革特别是教育体制的改革，解放人力资本积累的生产力，以保障中国避免中等收入陷阱。

作为新增长源泉的人力资本

近来，中国经济在改革开放时期所充分享受的人口红利逐渐消失，不但从劳动力供给制约的意义上影响到增长速度，还表现为劳动力素质（人力资本）的改善速度减慢、资本回报率下降、全要素生产率增长减速等降低了潜在增长率。实际上，工资水平的提高并不必然意味着比较优势减弱从而竞争力在降低，真正影响到的是单位劳动成本，即工资与劳动生产率的比率是不是在降低。GDP 增长在多大程度上受劳动力数量增长的制约，取决于劳动生产率的增长速度。换句话说，即使劳动力数量不再增长，如果劳动生产率提高的速度能够抵消劳动力短缺从而成本提高的效果，比较优势尚可保持，经济增长仍然能够维持期望的速度。

劳动生产率的提高有三个主要来源。第一，资本劳动比的提高。随着劳动力成本的提高，资本替代劳动或机器换人必然发生。不过，这种替代因受到资本报酬递减规律的制约，不可能一蹴而就。第二，人力资本的改善。操作工人素质的提升以及工程师的增加，是较少数量的劳动者操作更多机器设备的必要条件，如果劳动者素质不能适应操控机器的要求，资本替代劳动则过犹不及。第三，全要素生产率的提高。通过应用新技术、推动创新和改善资源配置，获得全要素生产率的提高。这是劳动生产率最根本、可持续的源泉，涉及创造竞争环境等体制改革。

我们在分解 1978 年—2010 年中国 GDP 增长因素时发现，物质资本积累的贡献是 73.7%，劳动力数量为 7.1%，工人的受教育水平（人力资本）为 4.2%，人口抚养比为 6.7%，全要素生产率为 15%。从这个结果看，人力资本贡献似乎并不像想象得那么大。对此有两点需要特别说明。其一，这个估算没有把教育质量考虑在内，低估了教育对增长的贡献率。经济学家马纽利等人的最新研究表明，一旦把教育的质量考虑在内，人力资本便可以成为一个更加完整且充分的解释变量，其促进经济增长的作用，从统计上看则大幅度提高，甚至比生产率提高的贡献还大。其二，人力资本对增长的贡献将越来越重要。随着人口老龄化导致的储蓄率下降以及资本边际报酬率下降，物质资本积累贡献将式微，人口转变趋势也使劳动力数量和人口抚养比的贡献成为负数，唯一可持续、必须仰仗的增长源泉，就是人力资本积累和全要素生产率的提高。

约翰·沃利等人估计的人力资本贡献率就要高得多。他们采用新古典式的增长账户方法估计，在 1978 年—2008 年期间，在资本存量、劳动力、以受教育年限衡量的人力资本存量和全要素生产率诸因素中，人力资本贡献率为 11.7%；考虑到不同教育水平具有不同的生产率，他们估计的人力资本贡献率进一步提高到38%。他们的研究还指出，人力资本积累不仅对中国经济增长发挥了重要作用，而且对全要素生产率的不良表现具有抵消效果。

人口红利消失的一个被忽略的表现，是人力资本改善的速度明显减慢。中国作为一个人口转变和经济社会发展都超常规跨越的国家，人力资本存量的改善主要依靠新成长劳动力的不断增长。在分别经历了九年制义务教育普及和高校扩招这样的超常规教育发展情况下，新成长劳动力以其更高的受教育年限显著地改善了劳动力整体的人力资本。然而，随着新成长劳动力增长减速，人力资本改善速度也必然放慢。所谓的新成长劳动力，就是各级各类教育阶段的辍学和毕业未升学人数的总和。据预测，这个人群从2015年开始负增长，如果教育没有大的跨越，新成长劳动力的平均受教育年限增速将陷入徘徊，甚至在2019年之后进入负增长。相应地，每年新增人力资本总量（新成长劳动力数量乘以这个群体的平均受教育年限）将迅速缩小。

中国经济并没有由于在2004年遭遇劳动力短缺（即到达其刘易斯转折点）之际立即减速，主要有两个原因。首先，在劳动力短缺出现特别是2010年之后，15岁—59岁劳动年龄人口虽然负增长，但由于劳动参与率略有提高，经济活动人口仍然保持一定的增长。人口预测表明，直到2017年，经济活动人口才达到峰值，此后进入负增长。其次，在一段时期内，劳动生产率提高速度仍然快于工资上涨速度，单位劳动成本没有明显提高。

在劳动力短缺从而工资成本高企降低了制造业比较优势从而国际竞争力下降的情况下，如果保持人力资本优势，潜在的竞争者（如具有人口年龄结构优势的发展中国家）短期内难以在劳动者素质上与中国工人相匹敌，从而劳动生产率处于劣势，无法形成足够的供给规模替代“中国制造”。然而，根据世界大型企业联合会数据，中国劳动生产率提高的速度，从2007年—2012年的年平均9.5%，下降到2012年和2013年的7.3%及2014年的7%。劳动生产率提高滞后于工资上涨的新趋势，导致单位劳动成本上升。估算表明，由于工资上涨快于劳动生产率提高，中国制造业的单位劳动成本自2004年开始即呈攀升趋势，到2013年提高了59.7%。

我们需要怎样的人力资本?

新技术与新的就业形态的结合，本质上并不必然使劳动者群体无一例外地成为受损者。互联网特别是移动互联网的发展所具有的零边际成本性质，理论上可以使千千万万劳动者得以实现按需就业，成为新技术革命的分享者，经济形态相应地具有了分享的特征，从而带来降低收入不平等的一缕曙光。更准确地说，技术变迁能否有利于经济发展成果的分享，归根结底取决于劳动力市场如何做出反应，以及政府政策如何予以应对。与教育、培训和在干中学相联系的人力资本积累，是做出正确应对的关键领域。

顺应新技术及其创造的新经济模式，中国政府倡导实施“大众创业、万众创新”战略，既为全体人民分享新技术革命成果搭建舞台，也对参与者的人力资本提出更高要求。下面，我们从人力资本理论和实践出发，根据新技术、新业态以及新型就业形态的特点，阐述拥抱这一战略所需要的人力资本特点，及其对教育发展的启示。

教育的目标之一无疑是培养劳动者技能，既通过基础教育和高等教育，也通过职业教育和培训来进行，所以，在一定程度上，受教育年限也可以作为技能的代理指标。随着产业结构升级提出对劳动者技能的新需求，要求劳动年龄人口的受教育年限加快提高。目前，劳动力市场上对非熟练劳动者的需求比较强劲，形成不鼓励家庭和个人对教育进行投资的信号，成为人力资本积累的负激励。这一情形不仅制约当前的技能发展，也突显出未来的潜在人力资本危机。

目前农民工的平均受教育年限是 9.6 年，使他们分别适宜于在第二产业劳动密集型岗位（要求劳动者有 9.1 年的受教育年限），以及第三产业劳动密集型岗位（要求 9.6 年的受教育年限）就业。但是，未来中国经济的变化趋势是产业结构更加资本密集和技术密集。按照目前岗位对人力资本的要求，第二产业资本密集型岗位要求职工具有 10.4 年平均教育水平，第三产业技术密集型岗位则要求 13.3 年，这意味着农民工的受教育程度不足以支撑他们转向这些新岗位。

大学毕业生因其就业领域十分狭窄，在中国诸多行业还处于价值链低端的情况下，面临着人力资本供需不匹配。比较中国和美国的情况，中国具有大专以上学历者过度集中在金融、信息、教育卫生和公共管理等行业，其中的大学毕业生比重甚至高于美国。而那些直接生产性行业中的大学毕业生比重，中国比美国要低很多。例如胡瑞文等指出，中美就业人员中大学毕业生比重，农业中分别是 0.6% 和 24.6%，制造业中分别为 10.3% 和 30.0%，交通业中分别为 10.8% 和 27.1%，商业、贸易、餐饮和旅游业中分别为 11% 和 28.6%。

作为创造性劳动者，人们需要具备认知能力，能够对信息进行加工、储存和提取，从而掌握事物构成、性能和相互关系以及各种相关规律。因此，教育不仅灌输知识，还要培养受教育者的观察力、记忆力、想象力和注意力，使他们能够乐于和善于掌握新知识，并将其转化为创意和技能。很显然，仅限于知识积累和技能培养，并以应试为目的的教育模式，在培养认知能力方面往往捉襟见肘。因此，职业教育固然要发展，但不能以其取代通识教育。在产业结构迅速变化的知识经济时代，特定的专用技能会迅速失效。具备认知能力的劳动者由于更加善于掌握新的技能，在劳动力市场上可立于不败之地。

儿童早期发展阶段教育，要培养包括情感健康、社会适应性和人际沟通能力等在内的非认知能力的功能。詹姆斯·海克曼教授长期关注儿童早期教育，就是着眼于诸如精神是否健康，有没有毅力，能否集中注意力，是不是自信等，日后这些能力可以成为重要的“软技能”，帮助孩子在学校取得更好的成绩，帮助成年人在社会上取得成功。更重要的是，新一代机器人已经不仅能够替代技能，而且能够替代认知能力，而至少从目前来看，非认知能力是人类特有的优势之一，机器人在一定时间里望尘莫及。

通过教育发展从上述三个方面全面培养人力资本，需要了解各自的教育规律和经济学含义。其中，职业教育和职业培训提供的技能培养，具有私人回报率最高、社会回报率相对低，以及市场外部性相对小的特点；与之相比，普通学校教育培养的认知能力，社会回报率提高，外部性增大，私人回报率相对降低；而主要靠儿童早期发展和学前教育培养的非认知能力，则具有最高的社会回报率，最显著的外部性，相对小的私人回报率。因此，经济学家按照社会回报率排列，得出“学前教育——义务教育——高等教育——职业培训”这样的顺序。毋庸置疑，政府投入的优先序也应据此排列。

长期以来，存在着一个关于人力资本的认识误区，就是把教育的私人回报率当作投入的收益指标，并把教育激励机制建立在其基础之上。其实，教育的社会回报率是更根本、更具分享性的回报。由于教育的外部性特点，劳动力市场信号倾向于忽略甚至掩盖这一性质，常常不能把社会回报率信号转化为教育激励。最新的研究已经证明上述认识的误导性。早在 20 世纪 90 年代初，后来的诺贝尔经济学奖获得者詹姆斯·海克曼，就曾向时任美国助理财长的劳伦斯·萨默斯呼吁政府应保证贫困家庭 3 岁—4 岁儿童的教育机会，指出该建议并非仅仅出自善良愿望，而是一项讲求实际的公共投资，能够以减少社会福利支出、降低犯罪率以及增加税收的形式带来实实在在的回报。

教育发展可持续性与改革方向

我们估算，通过教育和培训的可行发展，从而实现人力资本水平的整体提高，可以在未来为中国额外贡献大约 0.1 个百分点的潜在增长率。这个贡献幅度对于一个两位数的经济增长来说，似乎微不足道，但是对于旨在努力维持一个中高速增长，避免过早陷入中速甚至中低速增长的中国经济发展新常态，却不是一个可以忽略的数字。而且，这里所说的还仅仅是人力资本的数量。加入教育质量以及对生产率的促进因素后，人力资本对未来经济增长的作用会显著提高。

强化人力资本的关键是提高教育数量和教育质量，需要实现教育的超前发展。提高学前、高中和高等教育的普及程度，面临的一个障碍是，义务教育阶段后家庭负担的直接教育支出绝对水平和比重仍然比较高，低收入家庭承受力不足。

而且，工资上涨造成接受教育的机会成本攀升，家庭缺乏教育支出激励。当出现劳动力市场失灵或者教育回报率悖论时，增加义务教育年限，如把9年义务教育分别向前（学前教育）、向后（高中）延伸3年，从而扩大政府埋单的范围；与此同时，按照工学结合、校企合作、企业新型学徒制的思路构造现代职业教育和培训体系，无疑是解决人力资本积累面临问题的有效办法。

许多发达国家尚未把义务教育扩大到这个程度，中国是否到了把学前教育和高中纳入免费义务教育的阶段？首先，不同于大多数发达国家，中国经济发展是在二元经济条件下实现的赶超，既能以快于前者的速度增长，也会在尚处于中等偏上收入的阶段上，以明显的幅度减速。为了防止经济增长失速，及至陷入中等收入陷阱，教育必须保持尽可能快的发展。其次，中国未富先老的特殊国情反映在劳动力市场上，表现为明显的教育负激励，要打破这种市场失灵，唯一的出路是政府的介入，加大公共投入规模和比重，实现教育超前发展。

2012年以来，中国政府对教育的公共投入已经超过GDP的4%。不仅随着人均收入水平的提高，公共教育投入规模将继续得到提高，进一步提高该比重也是需要的。与此同时，更为合理的途径和更加紧迫的议事日程，则是改革教育的投入机制，调整配置结构，提高投入产出效益。目前，在城乡之间、地区之间和各级各类教育之间，政府教育投入的分布存在着不均等的现象，这意味着资源配置是缺乏效率的。因此，一方面把公共教育资源优先用于农村、贫困地区和贫困家庭，另一方面按照社会回报率的顺序确定政策优先序，既可以缩小教育差距，防止贫困代际传递，也可以显著提高资源效率，解决投入不足的问题。

如果把教育看作一个培养人力资本的生产过程，根据不同阶段和不同类别的外部性特点，教育质量的提高也有不尽相同的途径。对于义务教育阶段来说，可以通过消除资源不足环节的瓶颈约束，通过资源重新配置改善整体教育效率。义务教育阶段是为终身学习打好基础的关键，政府应该切实降低该阶段家庭支出比例，巩固和提高义务教育完成率。通过把学前教育纳入义务教育，让农村和贫困儿童不致输在起跑线上，也大大有助于提高他们在小学和初中阶段的完成率，并为他们创造继续上学乃至就业的平等机会。

大幅度提高高中入学水平，推进高等教育普及率是提高劳动年龄人口受教育年限的有效途径。高中与大学的入学率互相促进、互为因果。高中普及率高，有愿望上大学的人群规模就大；升入大学的机会多，也对上高中构成较大的激励。目前政府预算内经费的支出比重，在高中阶段较低，对于农村特别是贫困农村地区来说，家庭在高中阶段的支出负担过重，加上机会成本大和考大学成功率低的因素，使得这个教育阶段成为未来教育发展的瓶颈。因此，从继续快速推进高等教育普及化着眼，政府应该尽快推动高中阶段免费教育（即使不是义务教育的话）。相对而言，高等教育应该进一步发挥社会办学和家庭投入的积极性。

正如具有完善市场的产品，其质量的保证终究要靠竞争一样，高等教育质量的提高也要靠竞争获得。这要求推进一系列教育体制的改革，以创造充分而公平的竞争环境。中国的教育体制改革，既有与其他国家相似的问题，也有特殊国情下形成的特殊性问题，把共性与特性合并起来分析，才能得出具有针对性的政策建议。关于提高教育质量的任何良好愿望和完美设计，终究需要与激励机制相容，需要靠竞争产生的倒逼压力，才能变成实际表现。

总之，教育数量扩大和质量提高，应该按照不同阶段和不同类别的特点，特别是其社会回报率和私人回报率的相对重要性，分别施策进行教育体制改革。对于那些社会回报率相对高的教育领域，公共资源配置的公平性恰恰可以保证资源使用的效率，有助于人力资本数量的扩大和质量的提高，可以按照公共品生产领域原则进行管理。而对于私人回报率相对高的教育领域，则应该通过改革矫正市场信号，搞对激励机制，加大市场筹资比重，完善竞争机制，促进教育数量和质量的双双提高。

蔡昉
（中国社会科学院副院长）
2016 年 7 月

流动儿童教育关乎城市未来

随着中国劳动力从农村到城市的大量转移，跟随父母流动至城镇的流动儿童和无法跟随父母外出的留守儿童数量都与日俱增。根据2016年《中国流动儿童发展报告》显示，中国有超过3500万的流动儿童和6100万的留守儿童，这近一亿儿童的教育，是目前中国教育公平中最大的一个问题，也是在“六一”这个特殊的节日，我们需要正视和呼吁的问题。

首先，需要肯定的是，国家这些年在解决流动儿童教育方面采取了很多积极的措施，并且从不同层面上推动了流动儿童教育问题的有效解决。总体来看，现在有接近80%的流动儿童是在城市中的公办学校就读的。每个城市在实际落实政策上有很大的差异，以几个特大城市为例，2012年，在小学阶段，北京有74.7%的流动儿童进入公办学校就读，上海有超过70%，广州和深圳仅有41%和46%。当然，我们不能仅仅只看这几个数据来简单地评判不同城市政策上的优劣。以北京为例，不能进入公办学校的流动儿童，只能选择在民办打工子弟学校就读，截至2014年底，北京仍有127所打工子弟学校，其中62所是未审批的打工子弟学校。在这些学校就读，全部需要由家长来支付学费，仅有部分学校能够获得少量的政府补贴，此外这些学校受政策环境和拆迁等因素的影响，随时都有被关闭的可能。在广州和深圳，流动儿童所就读的民办学校则全部获得了政府的审批，学校环境也比较稳定，每学年学费水平一般在5000元到1万元之间，对于符合要求的学生，广州政府会提供

1500元/年的学位补贴，深圳政府会提供最多不超过5000元/年的学位补贴。

上海在这方面应该说是做得最好的，2008年以后，流动儿童进入公办学校和民办农民工子弟学校就读都可以享受免费的义务教育。特别是在2008年到2013年期间，进入这些学校的门槛也不算高。《城市的未来——流动儿童教育的上海模式》这本书中总结了冯帅章老师和笔者从2008年开始在上海进行流动儿童调研的研究成果。基于我们在上海5个区、共20所小学、近3000名学生的跟踪调研，本书从学生、家长、教师、学校以及政府制度等各个层面分别对流动儿童与本地儿童，以及公办学校和民办农民工子弟学校之间的差异进行深入的对比研究与分析。

这里，我想通过我们的研究结论来澄清一下人们对于流动儿童在城市受教育问题的一些误解。第一，很多人认为流动儿童因为家庭背景比较差，父母工作太忙，即使放在公办学校就读也不能改变他们的状态。我们的分析发现，将流动儿童纳入公办学校就读，可以显著地提高他们的学习成绩，并且对于家庭背景越差的孩子，学校的正面影响越大。在公办学校内部，流动儿童与本地儿童的表现并没有显著的差异。也就是说，如果我们给他们提供一个较好的教育环境，这些孩子完全可以跟城市的孩子一样优秀。

第二，很多人认为流动儿童抢了本地儿童的教育资源。实际上，2008年上海之所以有条件让市中心城区的所有流动儿童进入公办学校就读，主要是因为当时上海户籍的学生正是低生育率的一代，很多公办学校面临生源不足、可能被关闭的风险，因此接纳流动儿童入学在很大程度上解决了公办学校的生存问题。在上海，学生入学是有优先顺序的，首先需要满足户籍学生的入学需求，然后才能满足非户籍学生的需求。因此，大量接纳流动儿童的公办学校很多是公办学校中质量中下的学校。

第三，很多父母担心让流动儿童进入公办学校就读，会不会对本地儿童有负面的影响？在我们的调研中，确实有1/3的本地家长认为公办学校接受流动儿童入学会降低学校的质量。当问他们要不要一起编班的时候，有1/3的本地家长认为流动儿童和本地儿童应该单独编班。从表面上看起来，确实是流动儿童比例越高的学校，学生的平均成绩越低。但是进入不同类型的学校，跟孩子的家庭背景和学校的质量都有关系，当我们考虑到这些因素以后，我们发现在公办学校里，把流动儿童和本地儿童放在一个班级，对本地儿童没有负面影响，并不是流动儿童比例越高的学校，学生的成绩越差。这个研究的结果，跟很多外国的研究结果很相近，他们也没有发现弱势群体的学生对优势学生有负面影响。

总体来看，上海在 2008 年到 2013 年期间流动儿童的教育问题确实得到了卓有成效的解决。但是，从 2014 年开始，在大城市人口控制的背景下，流动儿童的入学门槛提高了。从原有的“临时居住证”提高到父母一方需要有“居住证”或者需要有连续两年的“灵活就业证”。从 2016 年开始，要求连续三年的“灵活就业证”，而且居住证的办理条件从原来缴纳半年社保，增加了合法居住的要求，也就是外来人口租赁的房子必须有房产证才能办理居住证。这些门槛的设定，意味着父母在小型企业工作，自己做小生意，或者租赁在农民宅基地房屋中的学生都不能在上海入学。上海大学社会学院在上海郊区幼儿园做的一个调查发现，有一半以上的幼儿园大班学生是不符合这个入学条件的。在北京，入学门槛在 2014 年以后也有了相应的提高，从原来的“五证齐全”，到后来有些区需要二十多证齐全。从小学招生数量上看，2014 年北京和上海的小学一年级流动儿童招生数量均下降了 2 万多名，而同期广州和深圳的一年级流动儿童的招生数量分别上升了 5000 和 1 万名。

这些入学门槛的提高是否真的可以“帮助”城市控制人口呢？根据上海金融与法律研究院聂日明老师利用各城市入学数量的数据估算，从 2013 年到 2014 年，上海和北京每 1 万常住人口中，小学入学招生人数减少了七八个，而同期广州和深圳的这个比例都在上升。也就是说，入学门槛的提高只是减少了流动儿童在校学生的数量，而他们的父母很多仍然留在城市工作。

那么，不能入学的孩子去哪里了？第一种情况，是回老家成为留守儿童。根据我们对上海流动儿童的跟踪数据，在上海读小学的流动儿童，到了初二阶段，已经有一半的孩子回老家读书。在回去的孩子中，有 80% 是自己回去的，跟父母一方一起回去的仅占 10%。对于流动儿童的家长来说，特别是低技能劳动力的家长，来上海工作挣钱是他们到城市最主要的原因，也是他们抚养子女的经济保障，他们不会因为子女的入学问题放弃这里的工作机会。

第二种情况，很多孩子到上海或北京周边的地方上学，他们要么上寄宿学校，要么每天长途跋涉去上学。

第三种情况，很多家长不愿意孩子回家做留守儿童，他们只好让孩子继续上幼儿园。现在幼儿园有很多 8—9 岁的孩子，而上海规定超过入学年龄的孩子是不能再报名上小学的。

第四种情况，有一些孩子上私人开的补习班或者地下学校。这部分孩子未来要在上海进入正规的学校是个很棘手的问题，有一些可能长期潜伏在城市却不能接受正规的教育。

入学门槛的提高带来的另一个后果是上海 100 多所民办农民工子弟学校的生存问题。由于上海民办农民工子弟学校的经费全部来源于政府给的生均经费，入学门槛的提高使得民办农民工子弟学校的生源数量急剧下降，这些学校不得不减班裁员，老师工作的积极性受到严重打击。很多学校因为生源不足不得不关闭，从 2014 年以来上海一共关闭了 20 多所民办农民工子弟学校，今年会有更多的学校要关闭。实际上，能够生存到今天的上海农民工子弟学校都是农民工子弟学校中质量较好的学校。从 2008 年上海市开始把他们纳入民办教育以后，上海市给予的生均经费从 2008 年的每个学生每学年 2000 元提高到 2014 年的 5000 元。我们的研究发现，民办农民工子弟学校在这期间的质量有了非常显著的提高。到了 2014 年，在民办农民工子弟学校与公办学校之间，学生的数学成绩已经没有差异了。与公办学校 2014 年生均经费 1.7 万元的成本相比，民办农民工子弟学校以更低的成本解决了流动儿童的教育公平问题。随着二胎政策的放开，未来几年上海学生入学的需求将会提高，这些学校可以作为我们教育资源的重要补充。而今天这部分学校的关闭，将使得未来流动儿童在城市的入学问题面临更大的困难。

大城市入学门槛提高的最根本原因是大城市的人口规模控制和倾向于接

纳高技能人才的城市人口政策。然而，根据上海交通大学陆铭教授的研究发现，上海和北京实际上还没有达到最优的人口规模，目前的很多“城市病”主要是因为城市的公共服务供给不足引起的。城市的人口规模有它发展的市场规律，城市的最优人口结构也是由市场决定的。在国际上，较大的城市中高技能与低技能的人口一般达到1∶1的比例。如果我们用行政手段控制低技能的劳动力进入城市，那么无疑将提高城市中各服务行业的价格，最终将阻碍城市的发展潜力，损害在城市中所有人的利益。

从长远来看，流动儿童最终都将成为城市的劳动力。我们跟踪的第一批流动儿童，目前已经上高一了。从我们的数据来看，读高中的孩子大部分都回去了，但是读职业中学、工作或者失业的，大部分还是回到上海来的。北京大学宋映泉教授在北京做的跟踪调研也发现，流动儿童大部分还是回到北京工作或者读大学的。他们为什么回到城市工作？这是因为我们城市的劳动力是稀缺的，城市中有很多的工作机会。从上海现在的人口结构来看，14岁以下的上海户籍儿童的比例，相对于其他年龄段要少很多，也就是说未来上海的老龄化会很严重，如果不让非户籍人口来到城市工作，那么城市将面临劳动力严重短缺的问题。

因此，在短期内，今天城市的发展建设需要流动儿童的父母来完成；从长期来看，未来城市的发展需要今天的流动儿童去助力。正如雨果所说的“多建一所学校，少建一所监狱”，城市的规划不应该以一批儿童的教育为代价。只有今天的城市做到“有教无类”，才能换来未来城市的健康发展。

陈媛媛

（上海财经大学经济学院副教授）

“十三五”规划下的养老服务市场机会

国务院印发《“十三五”国家老龄事业发展和养老体系建设规划》，其中包括多项对养老产业将产生重大影响的核心点，对于养老机构、居家和社区服务以及其他相关的养老产业来说，未来可以抓住老龄化进程中的需求与现有产业所无法提供的服务缺口，发展一系列与养老相关的商业模式。规划文件明确了养老的载体是“居家为基础、社区为依托、机构为补充、医养相结合的养老服务”。从这三个层级来看都会产生一定的商业机会。

居　家

居家服务符合老年人对家庭的亲近需求感，同时这类服务的费用也明显低于机构养老服务。根据国外的经验，如美国，机构服务主要为术后、高风险疾病患者的老年人提供专业护理和术后康复服务，服务主体是专业护理机构，主要的付费方是联邦保险计划 Medicaid 和 Medicare。但由于专业护理机构服务价格昂贵，通常是入家服务每日费用的 2 到 3 倍（按每周 40 小时入家服务比较），因此支付方在评估病人需求和风险程度的前提下，通常会鼓励使用更有助于成本控制的居家服务。

由于中国老年人从心理上更倾向于家庭归属感，再加上成本的考虑，从长远的养老和护理发展需求来看，居家服务将成为中国养老服务的重要载体。

随着长期护理险在各地展开试点，居家服务的支付方也有望落实。

目前居家护理服务的市场非常不成熟，未来依托长期护理险的进场，有望催生一批提供居家护理服务的公司。不过，从各国的居家护理发展经验来看，这一市场参与者将面临几个难点。首先，长期护理险带有一定的公益性质，尤其在中国市场过去缺失相应保障的大环境下，倾向于有高护理需求的人群如半失能、失能老人是必然的趋势，也是市场最急迫的需求。从其他国家如美国的发展来看，政府支付方会在居家护理上设定一个价格，并批准一批政府认可的服务方，按照定价和服务规则进行操作。这一市场不会给居家护理公司过大的利润空间，美国的居家护理公司的净利率一般在3%到4%之间，依赖强有力的成本控制手段和服务效率来保持其利润。

第二，居家护理将是一个非常分散的地区性市场。由于服务需要上门提供，也就限定了服务的辐射半径，同时入家服务人员每人服务的用户数量也有天花板，因此这一市场将由多个地方性小公司组成。美国的居家护理行业也没有一家公司的市场份额超过6%，即使是上市的巨型居家护理公司也是由多地小公司不断合并整合而组成，服务具有典型的地方性特征。这意味着要快速地毯式扩张将具有很大难度，植根某一区域会是比较务实的做法，同时由于多地情况和资源不同，将出现多个地方性的公司。

社　区

社区将成为养老的另一个重要载体，未来社区将成为一个重要的养老服务渠道。规划文件中指出，要“加强社区养老服务设施与社区综合服务设施的整合利用。支持在社区养老服务设施配备康复护理设施设备和器材”。无论对于居家服务还是老年人医疗服务来说，社区都占据了获取客户的最佳渠道位置。规划文件中也提到“鼓励有条件的地方通过委托管理等方式，将社区养老服务设施无偿或低偿交由专业化的居家社区养老服务项目团队运营”。

社区未来的意义主要是作为用户聚集点的渠道作用，可以依托社区作为渠道而推进的养老服务非常多，主要是病前病后两个环节，前者主要是依托社区进行健康教育、疾病预防等宣传教育工作；后者则包括非常多的环节。对于病后失去部分独立生活能力的老年人，需要轻技术要求的辅助生活服务，可能包括膳食、清洁、简单的日常活动照顾；针对老年人住家环境的改造服务，如增加医疗紧急求助设施，由社区为服务点提供相应的交通、危重情况转诊衔接服务等；还包括为重护理需求的老年人提供专业居家护理服务衔接和相关的心理安抚等工作。

社区并不能自己提供这些相应服务，未来更有可能的形式是由社区采购这些服务，而社区本身可以作为这些服务的渠道。此外，医疗服务机构也可以将社区作为一个重要渠道，在社区建立医疗服务点如日常门诊、康复诊所，结合社区内的零售药房或社区卫生中心提供社区老年人的相关服务，将有助于从地方来打开市场。

除此之外，针对健康或有一部分疾病风险的老年人的日间服务中心也很适合依托社区去发展。针对健康人群的日间服务中心有助于老年人的社交和学习，增进社区交流。而针对一定疾病风险但风险不高的老年人的日间服务中心则可以作为衔接居家和社区服务的桥梁，比如对于身体功能相对正常的老年痴呆症患者，如果风险性不高的话，可以依托社区提供相应的日间记忆管理和康复训练服务。在美国有多个州针对老年痴呆症患者的服务提供补贴，依托当地社区来进行服务，提供包括生活辅助、记忆训练等方式，防止老年人独自在家或外出造成的风险。

社区的另一项机会是设施改造。规划文件指出要“加强居住区公共设施无障碍改造，重点对坡道、楼梯、电梯、扶手等公共建筑节点进行改造。探索鼓励市场主体参与无障碍设施建设和改造的政策措施”。目前有相当数量的地产开发商将养老作为一个服务概念推出，一些已有社区随着居民老龄化发展也有养老设施改造的需求，而对于公共场合的老年设施改造更是有较大空间，提供相应服务的公司未来将有机会。

机　构

规划文件中明确提到，“十三五”的目标包括政府运营的养老床位数占当地养老床位总数的比例不超过 50%，护理型床位占当地养老床位总数的比例不低于 30%。并对民间资本和社会力量申请兴办养老机构进一步放宽准入条件，落实好对民办养老机构的投融资、税费、土地、人才等扶持政策，以及支持养老机构按规定开办康复医院、护理院、临终关怀机构和医务室、护理站等。对养老机构设置的医疗机构，符合条件的按规定纳入基本医疗保险定点范围。

2011 年，中国有超过 4 万家养老机构，总床位数达到 353 万张，每千位老人有 19 张床位。平均每个机构的床位数是 86 张。到 2015 年，养老机构的数量缩减到 2.8 万家，共有 673 万张床位，每千位老人有 30 张床位，未来的目标则是增加到 40 到 50 张。同时，养老机构的单店规模持续变大，平均每个机构的床位数达到了 240 张。

目前市场上的养老机构大部分没有成熟的医疗服务能力，主要针对相对健康、不需要复杂护理的老年人，养老机构的功能主要是住房、膳食和基本的社群活动，具备医疗服务能力的养老机构还非常少。

大部分养老机构的定位仍然是住房功能性的，真正提供良好服务的非常少。很多机构不但没有专业的服务能力，有一部分连标准服务的配备都有问题，如对老年人房屋的设施改善，针对自理能力不同的老人的分类以及相关设施配备等。很多机构经营不善，常年亏损，正是因为缺乏好的服务模式。

未来养老机构提供医疗服务和护理床位是服务改进的一个趋势。这些服务也有望接入医保或长期护理险来支付一部分费用。然而，具备从住房功能型向医疗服务型转变基础的机构并不多，需要服务和管理体系的建立，更适合大资本来操作。现有机构局限于房屋设施、管理团队背景以及本身的资金实力，能够转型的不会太多，因此未来在偏重医疗服务的养老机构上，新建有很大的潜力。

小　结

从居家、社区、机构三个环节上来看，养老产业的机会都非常大。不过，无论是哪种形式的养老服务，未来的发展将包含两个特征：一个是地方性特征明显，另一个是利润相对较薄。养老植根本地和社区，无论是居家、社区还是机构服务，辐射的半径都有一定的地理位置限制和服务人数天花板，因此未来市场会非常分散，各家公司依托自己的服务实力和资源发展，将出现多个地方性服务提供方，很难快速扩张。

同时，由于养老服务具有一定的公益性，未来随着支付方长期护理险的进场，政府在定价和服务方审核上会有一定的规则，因此养老服务机构如果要在拥有支付方的情况下做大量，就必须进行极好的成本控制，从一个区域开始发展会是比较务实的做法。

赵衡
（医疗战略咨询公司 Latitude Health 创始人）
孙雯艺
（财新网特约作者）

第四部分

法治中国新时代

司法改革还需大步向前

司法改革渐次铺开，举措越来越具体，改革中的阻碍因素也日益显现，症结渐次明朗，甚至有些还是瓶颈性难题。这是改革不得不面对的阵痛，以改革的方式顶过去，改革才可能更上一层楼。回避或退缩，只能是事倍功半。

司法改革尤其需要直面各方的质疑，无论是来自外部，还是司法机关内部。只有行动和改革成效能够真正化解质疑，别无他途。但是，改革如何向前推进，有赖于更具现实针对性的规划，激发改革内生动力。就此，财新记者专访了清华大学法学院教授张建伟。

如何认知司法改革中出现的质疑

财新记者：*起初各界对司法改革的热情都很高涨，随着改革推进，似乎也在慢慢降温。你如何评价当前进行中的司法改革？*

张建伟：司法改革是全面深化改革的重要组成部分，司法改革关涉改革大局。整体而言，我更倾向将当前中国定位于法治初创社会，或者法治转型社会。这里的法治是指现代法治，与中国传统法制相对。中国传统的秦代法制，也称申（不害）韩（非）法制，讲求“刻薄寡恩”，可以使国家富强，但不足以长治久安。所以，秦兴于法制，亦亡于法制。后来，传统法律用儒家思想加以包装，外儒内法，表面是儒家仁义，骨子其实还是法家。

现在是法治转型期，法治要成立，司法必须跟进，必须要有很高的公信力。

司法的最终目标是服务于司法公正，只有公正才能奠定公信力，司法改革服务的正是这一大局。信赖司法，信赖法治，才可初步奠定全面深化改革的基础，因此，司法改革对于法治现代化、政治现代化，均十分重要。

同时，全面深化改革也为中国司法改革提供契机。纵观近年来的司法改革，总体看当前基础是最好的。20 世纪 90 年代掀起的司法改革，部分边远地区司法机关甚至无法开工资。当前，中央层面有意大力推进司法改革。经过多年积累，也培养出一大批法律人才。

从近期推开的一系列改革设计看，有些符合改革方向，也是长期以来学界和实务界一直呼吁和期待的。比如，如何优化诉讼制度，使其更有效率，更具公正性。再比如，如何优化司法体制，使高度臃肿的行政化的司法体制能够突显司法特性，试点省级以下法院检察院人财物统管，以及员额制等。有些制度设计朝着司法公正前行，比如，提出以审判为中心的诉讼制度改革这样一揽子的口号。司法改革推进至今，取得了一些成效。

财新记者：当前司法改革的主要侧重点是什么？推进的情况如何？

张建伟：司法改革意在打破长期以来一直存在的机制弊端。第一，司法要去行政化。当前，无论司法机关还是司法人员，司法属性均不突出，实质还是被纳入到行政官僚管理体系之中，对此，司法机关内部也是反映强烈，希望通过制度改革去行政化。当前改革做出一些探索，希望淡化高度行政化的司法体制，但是，路还很长。

第二，司法要去地方化。司法机关受制于地方政府包括人事、财权等，为了自身利益，司法权很容易"听命"于地方政府。目前，这方面改革还没有到位，省级以下人财物统管的发展进度并不理想。

第三，改革要解决司法人员的非专业化问题。之前，不少法官、检察官甚至没有法律知识背景，2002 年全国统一司法考试实施，本身就代表司法精英化的展开，后来继续强调司法专业化、职业化。另外一个重要方面是怎么处理党政与司法的关系，比如，严禁领导干部干预司法活动、插手具体案件处理，并出台了记录、通报和责任追究的规定。目前司法改革的主要内容还是集中在前三个方面，是行进中的改革，不太可能一步到位。

有些司法改革事项推进的还算顺利，有些改革也初步实现预定目标，但是，有些则确实在推进之中暴露出问题，比如员额制。改革之初就担心，官本位思维主导下，占据员额的会是司法机关中有一定职务者，而这些人恰恰不办案，很容易造成办案人没能进员额，而进入员额的又不具体办案。随着改革逐步推开，实践中确实逐渐显露出这方面的问题，实际是走向员额制预期的反面。

财新记者：改革行进至此，如何看待当前对司法改革的一些质疑，包括司法体制内部的一些不同声音？

张建伟：任何改革都是利益格局的重新调整。地方司法机关往往更希望改革能维护现有利益格局，不要动我的奶酪，一旦打破既有格局，虽然不敢积极表达对司法改革的不满，但是可以消极抵抗，犹如把自己定位为棋子，不会多走一步，更不会主动走。最终导致有些改革方案虽然提出，但不能得到很好落实，甚至有些本该大热的举措却成为冷调话题，比如，省级以下人财物统管。

省级以下人财物统管本身就带有一定的过渡性，并不能彻底摆脱地方对司法的控制，理想的改革应该是中央统管，现在是分阶段推进。该项改革之所以“遇冷”，就是触动了地方法院、检察院的利益，尤其是一些经济发达地区的司法机关，他们往往不愿意与地方脱离，当地经济条件好，财力充足，可以提供必要的利益输送，无论待遇、办公条件，还是福利等，都由地方保障，一旦切断与地方联系的脐带，很容易受到地方法院、检察院抵触。

经济欠发达地区的司法机关，则更愿意接受省级统管，因为他们不会失去什么。另外，顶层设计方面目前也没有看到特别具体的方案，可能认为兹事体大，不宜贸然出台，地方再有抵触，变成冷调话题似乎也就很正常了。

自上而下改革的优点是在高度集中的体制下，本身就含有上命下从的关系，效率往往比较高。现在司法改革基本是在此模式下推行。但是，也有缺点，地方可能会习惯于仰着脖子等待发号施令，缺乏主动改革精神，更不会有什么超前的行动或提前布局，因为很担心被认为是“抢跑”。

还是以员额制为例，这是中国司法体制改革中非常重要的制度。过去司法资格过于泛化，甚至法院、检察院医务室也有处级或副处级法官、检察官，其实他们并不办案。法官、检察官成了工作人员待遇的一种称谓。真正把法官、检察官职称适用于具体承担司法职务的人，显然很重要。

据不完全统计，全国共有 30 多万法院工作人员，在一线拿着法槌司法的不到三分之一，三分之二以上不在一线办案。可是，授予的法官职称却很多，最终造成的结果是一线办案力量不足，但是内部结构庞杂，机构臃肿。怎样优中选优，实现精英司法，就成为司法改革的重要命题。

员额制与前些年的司法人员分类制度改革紧密相关，有其延续性，当时没有推开，因为主导改革的是法院检察院政工部门，一旦改革施行，他们往往不能成为法官和检察官，自然很难在内部激起改革积极性，法院内部首先产生阻力。目前的司法人员分类管理改革，采取自上而下的强力推行，法院、检察院具有一定被动性，顶层设计完成，要求地方法院必须改革，不得不改。改革当然也吸收了法检机关意见。

任何一项具体改革措施均需配套举措跟进，并有一系列科学的体系架构作为支撑，如果措施得当，也可以减少改革阻力，否则，良好的改革初衷则可能遇到更大障碍。

财新记者：员额制改革是不是也由于配套举措的问题影响了其改革效果？

张建伟：部分举措还需要进一步细化和加深反思。比如待遇，法官、检察官能否实行高薪制，其实是员额制的内在要求，但是，多年来一直存在争议。我赞成法官、检察官高薪，这是由其在法治社会中的地位、功能等决定的。不过，也会经常遇到公众提起的质疑，现阶段司法仍存在诸多不完备之处，到底中国法官、检察官是不是真的可以“值”那么多钱？包括职位门槛、标准等，中国的法官、检察官能与法治发达国家的司法人员等量齐观吗？

这就涉及法官、检察官的遴选。员额制考试是否可以真正选拔有能力者，是由司法机关组织遴选考试，还是交给第三方？遴选采取什么方式？我认为最好的办法是交给第三方，由司法行政机关组织遴选最合适。同时，要改革现有的司法官考试制度，除了司法资格考试，有必要增加司法官考试，而第二步考试应该非常严格，重点考察法律分析能力。目前，遴选方面的设计并没有通盘关联考虑，讨论也不够充分。

司法改革尤其应该注意司法机关内部的利益调整，尤其要有明晰的规则，保证改革最大限度的透明和公正。比如到底如何选拔司法员额，基本是两种方式的结合，一是考试，一是审核。各地所占权重不一，有的地方考试占30%，考核占70%，有的地方则颠倒过来，考试内容也不同，五花八门。进入员额的，无论待遇还是声望，都可能获得更多机会，一旦不能进入员额，尤其是一些青年司法人员，很可能觉得看不到希望。当员额被资深司法人员或有一定领导职务的人占据后，年轻司法人员难免会有诸多顾虑，甚至出现大量人员流失现象。

这些问题在员额制改革中都出现了，有关部门也注意到，并采取一些补救措施。但是，基本规则首先要公正透明，进入员额的所谓“领导”也不能把自己当老板，把法官助理当马仔。

如何看待平反冤案的问题?

财新记者：近年来司法领域另一件备受关注的事项是冤假错案平反，包括呼格吉勒图案、聂树斌案等。冤假错案平反对司法改革会有怎样的影响？

张建伟：司法改革大体可分为两大板块，一是司法体制改革，包括上述提到的省统管、员额制等，冤案平反主要涉及司法程序改革，也就是第二板块。一些有影响力的冤假错案进入公众视野，特别是对案件发生的政法部门，会产生极大的心灵震撼效果，一旦发生冤假错案，很可能影响司法机关及领导部门主要负责人的政绩和形象。

当前出现的冤假错案往往具有自我复制特性，总结冤假错案类型，会发现原因相差无几，只不过是不同影响因素的不同排列组合。其中，冤假错案的基本因素之一，就是司法人权保障不足，存在大量刑讯逼供、非法取证等。找到源头，才可能采取相应办法解决，修补制度的篱笆。近些年来有两个举措比较重要，其中之一是完善证据制度，另一个是十八届四中全会提出的推进以审判为中心的诉讼制度改革，切实发挥庭审作用。

关于“以审判为中心”的提法在此之前也不是没有争论，有的学者就提出，《宪法》135 条规定：“人民法院、人民检察院和公安机关办理刑事案件，应当分工负责，互相配合，互相制约，以保证准确有效地执行法律”，即通常概述的诉讼阶段论，现在又以审判为中心，是不是涉嫌违宪。十八届四中全会一锤定音，以审判为中心的诉讼制度改革就此成为所有政法机关都应该努力实现的目标。

所谓“以审判为中心”可以有两种理解：一是以庭审为中心，在坚持诉讼阶段论的前提下，注重庭审的作用，弱化庭审之外因素的影响；一是放置于整个诉讼流程，发挥审判程序对于审前程序的限制作用，也就是重构整个司法流程，包括与公安机关和检察机关的关系，做到审判中心主义。根据十八届四中全会的表述和最高法院的阐述，以审判为中心主要还是被界定为庭审实质化，防止庭审流于形式化，解决庭审的空洞化问题。

财新记者：你认为“以审判为中心”的落实对解决冤假错案能发挥怎样的作用？

张建伟：审判中心论也好，诉讼阶段论也好，减少冤假错案，根本上是要依据基本的司法正义标准建构刑事诉讼程序和规则体系，并且充分体现人权保障精神，缺乏这些现代司法上的硬通货，再怎样强调以审判为中心也无助于防止冤错案件的发生。

以审判为中心的司法改革虽然出台了一些措施，但感觉意犹未尽，或者说隔靴搔痒。从具体文件内容看，除了一两条略有新意，却又语焉不详，其他大多数内容是把刑事诉讼法中重要条文单独拎出，稍加阐述。到底何为以审判为中心，怎么真正使审判成为中心，探讨并不充分，仍很模糊。提出的改革措施因此也很难具有直接针对性，难以做到对症下药。另外，以审判为中心虽然可以唤醒法官对庭审的重视，但是，如果相关配套举措没有跟进，法官不愿意在庭审中加大投入，根本无法约束法官。据了解，法官、检察官并不想把时间和精力放在庭审，没有具体制度约束，庭审流于形式恐怕还会蔓延。

我还有一个担心，近年来逐渐推开的认罪认罚从宽制度、速裁制度、简易程序扩大适用等强化口供的改革措施，扎扎实实生根，而强化庭审的改革措施可能最终只是虚晃一枪。一旦强化庭审的内容只停留于口号层面，而弱化庭审的改革却在疾驰。这就犹如在火车站，看到另外一列火车呼啸而过，天真地以为是自己的车在动一样。我们应该继续追问的是，到底以审判为中心的改革这列车开动了没有。

财新记者：速裁、简易程序扩大化等，是不是部分原因也在应对案多人少局面？

张建伟：案多人少是司法机关比较喜欢强调的一个理由，但是，不同级别的司法机关，情况很不一样。简单说，基层法院案件相对更多，负荷大，其他级别的司法机关则远没那么多案件，甚至在北京的一些法院，还出现案少人多。从全国范围看，也不均衡，经济活跃的地区，可能会案多人少，也有不少法院、检察院，并没那么多案件。案多人少到底是真命题还是假命题，其实很多地区是不一样的。

另外，司法效率也是值得认真思考的问题。目前，法院内部的司法环节过于烦琐，效率太低，如果都由司法领导把关，汇报本身就容易形成效率瓶颈。甚至有些法官、检察官为了让领导看明白，还会单独制作 PPT，这些都会无谓增加工作量。

再比如，法院、检察院有大量时间，甚至一半时间是在开会。法官、检察官就应该专注于案件，将大部分时间用于办案。中办、国办2016年发布的《保护司法人员依法履行法定职责规定》以及最近最高法院出台的相关实施办法，均明确“任何单位或者个人不得要求法官、检察官从事超出法定职责范围的事务”，比如之前经常介入的招商引资、治安维护、配合拆迁等。突显司法机关和司法官的司法属性，就要把一些额外的任务清除掉。外部层面和内部层面一样，充斥着太多烦琐环节，虽然可能与司法有关，但都是不必要的工作。

财新记者：你认为平反冤假错案机制还需要怎么进一步完善，空间在哪里？

张建伟：当前，司法机关确实在冤假错案方面提高了警觉度，很担心办案中出现问题，甚至产生另外一些效果。比如，有些案件轻易不敢裁定，形成一种与过去司法截然不同的状态，过去是模棱两可的大胆定，现在是可以定的也不敢随便定。在很多国家可以判定的案件，在中国就不敢裁决，这实际上是一种机械司法。因此，有必要通过完善机制消除司法人员的顾虑。比如，追究司法人员的错案责任，只有通过惩戒委员会等机制，法院才能根据相关意见追责，要给司法人员的独立判断提供制度保障。现在确实出现办案积极性不高的现象，既然案件有疑虑，既然办案责任是终身制，很多司法人员干脆就不下裁断，或者是寻找其他可能免责的途径。因此，责任制要科学合理设计，不宜泛化。

另外，刑事司法的人权保护程度要提高，现在的改革侧重点还是提高司法效率。当前，刑讯逼供取得的证据，以及冻、饿、晒、烤、疲劳审问等获得的证据都要排除。但是，只是做到这些远远不够。司法人质现象值得警惕，假如审讯对象不配合，就可能以家人涉案相威胁，甚至根据审讯对象的配合程度对其家人采取不同措施，即使其家人并未涉案，也可能被当作威胁的条件。这种方式在取证方面很有效，但这是威胁取证的典型表现。

改善司法的人权保障牵涉到不少机关的部门利益，他们可能认为约束条件过多，最终会影响案件办理。所以，改善司法人权的同时，还应该注意提升办案能力，这样才能使司法人权保护真正撑得住。

目前冤假错案平反中探索出的一些制度可以进一步跟进，比如谁来负责对可能错案的复查，我认为交给第三方比较好。聂树斌案最后就是山东高院复查。异地复查模式可以固定下来并加以推广，遇到类似案件，可以尽快启动异地复查。

还应注意舆论环境。目前的一个突出特点，由于司法公信力没有建立起来，司法机关出具的认定意见，社会总有疑虑。甚至，一些案件一经发生，公众就会质疑是不是司法不公造成。

司法机关面对舆论最合理的态度是实事求是，有什么问题，直面什么问题，不要遮遮掩掩，遮掩反而会放大社会怀疑。比如，有些热点案件，应该把调查信息等直接公开，且越及时越好，可以采取听证等形式，向社会充分披露案件信息。有些舆论反弹其实是把自身臆想当成真实情况讨论，之所以如此，根源还是有关部门并没有完整披露信息。虽然某些案件可以借助遮掩等方式暂时得以平息，但是，一旦再遇到类似案件，过往种下的怀疑会再度膨胀、发芽。

司法公信力是通过一个一个案件建立起来的，对待公众舆论，要更聪明一点，而不是沿袭过去行政官僚化的反应。

司法改革也要充分解放思想

财新记者：法院依法独立行使审判权，是此轮司法改革的一项重要内容，很受关注，进展如何？进一步改进的方向是什么？

张建伟：中办、国办发布的《保护司法人员依法履行法定职责规定》以及最近最高法院出台的相关实施办法，其中都有强化依法独立行使审判权的内容。我还注意到，最高法院的实施办法，特别提到“法官依法履行法定职责受法律保护，有权就参与审理案件的证据采信、事实认定、法律适用、裁判结果、诉讼程序等问题独立发表意见”。

当然，制度设计本身在法官独立发表意见方面着墨不多，并没有向此倾斜。

另外，法官法等也规定了对法官的职务保障。过去，还是更强调法院是行使审判权的主体，近年来开始注意到法官也是主体，并给予更多关注，这都是一些新的变化。

中国司法机关是高度行政化的，虽然《宪法》规定法院上下级之间是监督而非领导关系，其实，中国的法院早就运作成具有上下层级的领导关系，现在提去行政化，但去行政化很难，甚至行政化本身也只是表象。比如，有的中级人民法院将案件指定管辖，案件裁判宣告之前，甚至要求下级法院要向中级人民法院汇报，上下级之间很难存在依法独立行使审判权，而且，当事人的上诉还有什么意义呢？虽然改革开始关注法官独立判案的职务保障，但还是不可避免要受制于高度行政化的司法体制。比如，向院长庭长汇报的情况在一些法院逐渐减少，但要真正做到“让审理者裁判、由裁判者负责”，从目前的制度设计和运作情况看，还处于起步阶段，还有很多的路要走。

法院依法独立行使审判权受制于诸多因素，也确实考验着司法机关的智慧和勇气，与法院自身的努力争取密不可分，不能总等天上掉馅饼。能否依法独立行使审判权，关乎现代法治能否达成，关乎对人权保障的水平，这其实都是很明确的逻辑关系。而且，法治程度越来越高，也必然会对此要求越来越强烈。

财新记者：所以，司法改革本身也不应该只是司法机关内部的事？

张建伟：现在有一个现象特别值得注意，司法改革似乎变成司法一家的事，其他部门并没有多少参与感。其实，司法改革应该是国家的事业，因为司法改革不是为司法机关改革，而是为国家改革，所以，应该是多部门共同参与。现在改革基本是由中央政法委提出，地方司法机关落实。司法改革的落实，需要多机关多部门配合，如果其他部门置身于司法改革之外，司法改革的某些举措很容易受阻，改革愿望难以实现。

财新记者：除了自上而下的强力推行，司法改革还能从哪些地方寻求动力？

张建伟：除了自上而下的推动，还应该注重自下而上的改革动力，尤其是激发司法人员的改革主动性，汇聚力量推动改革。

另外，司法外围，民众对司法不满或期待，也是一种力量，只不过现在还没有形成较为完整且强有力的民间推动力量。在司法比较健全的社会，学者和律师往往可以扮演重要的角色。在中国当下，学者的推动力并不强，虽然学者参与了不少改革事项，但总体上，学者还没有太大的影响力，学术权威不足。律师群体本来也是来自民间的力量，而且是法律共同体的重要组成部分，改革的动力比较强，希望改革能优化司法环境，优化律师执业环境。但是，中国的律师总体还是一盘散沙，虽然一些律师表现出推动改革的自觉性，不过大多数还只是谋生存，暂时没能构成很强的改革推动力量。律师有商人的一面，也有法律人的一面，后者推动改革的动力会更大，如果偏重前者，谋利一面会更多。普通公众由于很难形成具体法律方案，关注热度往往随着焦点的转移而消失。整体而言，司法改革的推动力量是不足的。

财新记者：你对当前司法改革有怎样的期许？

张建伟：我对当前中国正在推进的司法改革还是比较乐观，改总比不改好。中国司法存在一些沉疴，都需要司法改革加以解决。司法改革应该作为各界广泛参与的改革，包括学界发挥学术智慧，使社会推动力量得以释放，形成合力，提升改革的内在动力。现在改革暴露出一些问题，导致认识不一，甚至出现一些悲观认识，最终还是要通过深化改革来化解。改革方向只要是对的，就应该想办法坚持，而且，应该让改革中的问题充分暴露，而不是对一些问题捂着盖着。

改革应该少一些政绩思考，多从国家整体利益和民族大义出发，打破部门利益格局，使改革真正向中国长远整体利益方面有所推进。现在有些改革阻力来自部门利益，这是目光短浅。

中国司法改革已经起步，有些问题也相继展现出来，对此应该以积极态度回应，不能遇到问题，就像含羞草一样又缩回去，不能因为一时受挫就退回到老路。改革要让民众看到成效，切实使司法改革走上良性路径，因为改革的最终目标是司法公正，不能让公众失去对司法的信心，失去对改革的兴趣。司法改革要尊重司法规律，同时，应该剪掉司法改革的“辫子”，充分解放思想，放开司法改革的“小脚”，大踏步前进。

张建伟
（清华大学法学院教授）

法治是国家治理现代化的关键环节

现在，全国上下都在学习贯彻党的十八届四中全会精神。《中共中央关于全面推进依法治国若干重大问题的决定》提出了“建设中国特色社会主义法治体系，建设社会主义法治国家”的总目标。这个总目标的确立，一方面明确了全面推进依法治国的根本方向，使各项工作有了总的抓手，另一方面又与十八届三中全会确立的全面深化改革的总目标相衔接，从而朝着十八届三中全会确立的“完善和发展中国特色社会主义制度，推进国家治理体系和治理能力现代化”总目标迈出了关键性的一步。

在我看来，要真正领会十八届四中全会精神，不能就依法治国谈依法治国，而应把依法治国放到整个中国特色社会主义现代化事业的总体布局当中，尤其是与十八届三中全会全面深化改革的部署结合起来。这两次全会之间有着内在的联系，三中全会确立了全面深化改革总目标，四中全会提出了全面推进依法治国，后者实际上是实现国家治理现代化的一个关键环节，是最重要的一步。

十八届三中全会提出“推进国家治理体系和治理能力现代化”，简单地说就是国家治理现代化。国家治理现代化是个总命题，国家治理体系和治理能力体现了制度建构的两个核心内容，即制度设计和制度执行。在此之前，我们很多领导干部很少关注治理现代化概念，其实在政治学界国家治理现代化一直是这些年的热门话题。我们现在遇到的很多问题，大都跟国家治理现代化相关，比如说现在老百姓最头疼的是环境污染，首先是空气(雾霾)、水污染、土壤污染，还有教育、医疗、治安，等等。这些问题就是治理的问题。如果把所有的治理问题上升为体制的问题，就会给我们自己造成很大的被动。治理，更多的是工具理性，不是价值理性；用传统的术语来讲，是“用”而不是“体”。

国家治理现代化必然要求“法治”。法治既是民主政治不可或缺的要素，也是国家治理现代化不可或缺的要素。没有现代的法治体系，就没有现代的国家治理体系；没有法治，就没有国家治理的现代化。公共权力如果不遵守既定的法律规范，公民权利与公共权力之间如果没有明确的法律界线，就不可能建立现代的国家治理体系。在国家治理中，树立宪法和法律的至上权威，这是法治最根本的含义。因此，可以说，国家治理体系和治理能力法治化是国家治理现代化的根本途径和基本保障。

把握国家治理现代化的内涵和意义

“治理”原来是一个社会学的术语，自从党的十八届三中全会将“推进国家治理体系和治理能力现代化”作为全面深化改革的总目标后，它便成为中国政治的热门话语。对其含义的种种不同解读，甚至各种争议也随之产生。有人认为它是西方的政治概念，有人则认为它在我国古代就早已有之。其实，治理就其字面意义而言，就是“治国理政”，作为人类的一种基本政治活动，它存在于古今中外的每一个国家和每一种文明之中。

然而，作为政治学的一个重要新概念，它则是当代的产物。治理不同于统治，它指的是政府组织和民间组织在一个既定范围内运用公共权威管理社会政治事务，维护社会公共秩序，满足公众需要。治理的理想目标是善治，即公共利益最大化的管理活动和管理过程。善治意味着官民对社会事务的合作共治，是国家与社会关系的最佳状态。

党的十八届三中全会，把“完善和发展中国特色社会主义制度，推进国家治理体系和治理能力现代化”作为全面深化改革的总目标，是重大的理念创新。“国家治理体系和治理能力现代化”，或者简称为“国家治理现代化”，这一新的概念是中国共产党的创造，绝不是对西方治理理论的照抄照搬。实际上，在英文文献中至今还没有与“国家治理现代化”相对应的概念。国家治理现代化这一全面深化改革的总目标，不仅立足于中国特色社会主义的现实，也完全符合人类政治发展的普遍趋势。

简而言之，现代国家治理体系就是规范社会权力运行和维护公共秩序的一系列制度和程序，包括规范行政行为、市场行为和社会行为的一系列制度和程序。国家治理体系是一个制度体系，包括国家的行政体系、经济体系和社会体系。国家治理涉及三个基本问题：由谁治理、如何治理、治理得怎样。相应地，国家治理包括三大要素：治理主体、治理机制和治理技术。

这三个要素，无论哪一个都会直接影响国家治理的质量。因此，要实现国家治理现代化，提高国家治理水平，改善国家治理质量，既要提高治理主体的素质，也要健全国家治理的制度机制，还要优化国家治理的技术和工具。

国家治理现代化有五个主要标准：一是制度化，即公共权力运行的制度化和规范化；二是民主化，即公共治理和制度安排都必须保障主权在民和人民当家作主；三是法治，即宪法和法律成为公共治理的最高权威；四是效率，即国家治理体系应当有效维护社会稳定和社会秩序；五是协调，现代国家治理体系是一个有机的制度系统。

关于国家治理体系和治理能力的关系，简单地说，国家治理体系和能力是一个有机的整体，前者是国家的制度体系，后者是制度的执行能力。有了良好的国家治理体系，才能够提高国家的治理能力。反之，只有提高国家治理能力，才能发挥国家治理体系的作用。

推进国家治理现代化，一是中国特色社会主义现代化建设和政治发展的必然要求。经过 35 年改革开放，我国的现代化建设到了一个新的发展阶段，我们面临的任务和改革的重点都已经发生了重大变化。社会经济的现代化日益催逼国家治理的现代化。例如，公平正义是社会主义的首要价值，没有公平正义社会主义就无从谈起。而在公平正义方面，我们面临的挑战非常之大。

实现社会的公平正义，光靠发展经济是远远不够的，重要的是制度设计和制度保障。二是对改革开放 35 年来我国现代化建设成功经验的总结。改革开放的过程，是我国经济、政治和社会全面进步的过程。我们不仅取得了举世瞩目的经济成就，也取得了无可否认的社会政治进步。在政治进步方面，我们的成就集中体现在国家治理方面。三是对我们在现代化进程新的发展阶段所面临的各种严峻挑战的主动回应，也是全面深化改革的必然要求。

国家治理现代化是我国第五个现代化

国家治理体系的现代化也是政治现代化的重要内容。党的十八届三中全会提出国家治理现代化就是把政治现代化提上了议事日程。为什么这么说？因为按照中央的权威解释，所谓的国家治理体系就是国家制度体系。按照马克思主义经典作家的基本观点，国家制度属于政治上层建筑。由此不难理解，国家治理体系的现代化就是政治现代化。

进一步说，国家治理现代化，是对马克思主义国家理论的重要创新，表明了我们党执政理念的与时俱进。国家治理现代化，也体现了党执政方式的重大变化，坚持民主执政、依法执政、科学执政，不仅是我们党治国理政的基本方略，也是推进国家治理现代化的基本方略。国家治理的现代化，首先是制度的现代化，这就要求我们全面推进社会政治体制改革，建立和完善民主的、科学的现代化国家治理体系。

国家治理现代化，其实就是继工业、农业、科技和国防“四个现代化”之后的第五个现代化。当然，这个现代化的难度更大，因为政治事关重大利益的权威性分配，政治改革涉及社会利益格局的调整。另一方面，政治的进步和现代化，也是最深刻的社会进步。因为它以制度的形式，将人类文明的成果加以固定下来。政治现代化既是经济现代化的必然结果，也是社会政治进步的必然要求。从世界现代化的历史经验来看，不断地从以“官员的权力本位”为表征的传统政治，走向以“公民的权利本位”为表征的现代政治，是社会现代化不可或缺的重要内容。

从统治走向治理，是人类政治发展的普遍趋势。“多一些治理，少一些统治”，这个口号最先确实是从西方国家提出来的。但是不能因此把它简单说成西方的东西，现代国家治理中有很多东西是人类文明的共同成果。我们不能因为发达国家率先进行了“少一些统治，多一些治理”的政治变革，并且对治理问题率先进行了研究，发展起了各种治理学说，就认定这只是西方的理论或实践。一种理论或实践，只要反映了人类社会的共同规律，无论最初在哪个国家或哪个地区出现，它们都最终会在其他国家和地区发生作用。今天我们已经须臾不可离开的民主、自由、人权、法治、现代化、工业化、全球化等，莫不如此。

随着人类政治的进步,必然是统治的成分越来越少,治理的成分越来越多。其实列宁就说过，一个国家的管理有两种方式，一种叫同意的方式，一种是暴力的方式。社会越进步，政治中同意的成分便越来越多，暴力的成分则越来越少。

统治和治理有实质性的区别。统治是一个价值性的概念，主要维护阶级的利益；治理则是一个工具性的概念，主要维护社会的公共利益。两者主要有五个方面的区别：一是权威主体不同，统治的主体是单一的，即国家公共权力机关，治理的主体是多元的；二是权威的性质不同，统治是强制性的，治理则是以同意和自愿为主的；三是权威来源不同，统治的权威源于国家的法律，治理除了国家法律以外大量的是来自于社会的各种契约，如社会组织的自治章程、村规民约等；四是权力运行向度不同，统治的权威是自上而下的、命令型的，治理除了自上而下的以外更多的是横向的，大家相互协商；五是作用范围不同，治理的范围大于统治的范围。

切实推进国家治理现代化

从大的方面说，主要应做到以下六点：第一，必须进一步解放思想，努力冲破不合时宜的旧观念的束缚。推进国家治理现代化，必须有利于两个“百年目标”的实现，有利于中华民族的伟大复兴，有利于党的领导、人民当家作主和依法治国三者的有机统一。第二，既要继承发扬我国传统治国理政的历史经验，也要学习借鉴国外政府治理和社会治理的有益经验。第三，加强顶层设计，从战略上谋划国家治理体系的现代化。第四，总结地方治理改革创新经验，及时将地方治理创新的好做法、好经验上升为国家制度。浙江有很多很好的改革创新经验，应当及时总结推广。第五，坚决破除阻碍社会进步的体制机制，建立和完善与中国特色社会主义现代化要求相适应的现代国家治理体制。第六，破除官本位观念，消除官本主义流毒。“法律是治国之重器，良法是善治之前提”，十八届四中全会《决定》的这一论断，切中了国家治理的要害。国家治理现代化的基本依托，就是现代的国家法治体系。与国家治理现代化的要求相适应，现代的国家法治体系必须具备以下四个要素。

其一，法律是人民意志的集中体现，其根本功能是保障人民的主体地位。国家的法律体系必须最大限度地体现和反映民意，这是现代国家法治体系的合法性基础。其二，国家必须拥有完备的法律体系，各类组织、各个群体和全体公民的经济行为、政治行为和社会行为均有基本的法律规范可遵循。特别是公共权力必须有法律的授权，法无授权不可为。其三，国家的法律体系不仅具有正当性和合法性，还必须具有合理性和科学性。换言之，国家的法律必须是良法，而非恶法，能够反映社会的客观需要，体现公平正义的根本原则，有效保障公民的正当权益。其四，宪法和法律是公共治理的最高权威。任何组织和个人必须在宪法和法律范围内活动，都不得有超越宪法和法律的权威。这也是法治的本质意义，是法治区别于人治的实质所在。

国家治理现代化的一种理想状态，就是实现国家和社会的善治，即公共利益最大化的治理活动和治理过程。任何公共治理都有四种可能的效果。其一是利益相关方都从中获益，而没有任何损失，即全赢的局面，或所谓的“帕累托最优”。其二是多数利益相关者获益，而少数人的利益受损，即多赢少输的局面。其三是少数相关者获益而多数人的利益受损，即多输少赢的局面。其四是相关者的利益均不同程度受损，即全输的局面。善治就是公共利益最大化的最优治理，它有许多要素，包括公正、参与、稳定、责任、回应、廉洁等。其中法治就是善治不可或缺的要素，离开法治，善治的其他所有要素就会失去其应有的积极意义。

总之，只有推进国家治理体系和治理能力现代化，才能发展和完善中国特色社会主义制度。只有沿着民主法治的道路，才能真正实现国家治理的现代化，而国家治理的现代化进程，在很大程度上反映社会现代化的程度。

俞可平

（北京大学政府管理学院院长）

2014 年

如何走出破产法实施困境？*

在目前的经济下行压力下，推进破产法的实施，加快僵尸企业出清步伐，可以纠正信用定价体系扭曲，缓解汇市压力和防范系统性金融风险，有利于创造良好融资环境和创新创业的条件，进一步解放出信贷资源和人力等要素，更好地发挥市场机制的优胜劣汰功能，促进经济转型升级。

产能过剩与僵尸企业

在经济发展新常态的宏观背景下，产能过剩引发的僵尸企业问题、L型经济运行走势导致的寒潮环境、影子银行与刚性兑付连带而生的系统性风险以及信用这一社会基本要素的缺失，表明中国的企业破产问题具有特殊性、繁复性和紧迫性。

中国27个大行业中21个产能严重过剩，既有钢铁、水泥、平板玻璃、有色、冶金等传统行业，又有风电、光伏产能等新兴产业，这些行业中的企业必然面临兼并重组或破产倒闭。此外，在中国调整产业结构和消费结构的背景下，一部分企业也面临着政策不支持、产业重叠以及在与诸如“互联网+”等企业竞争中被淘汰的命运。

产能过剩引发了僵尸企业大量滋生。经济学家、财新智库公共政策顾问何帆、中国社科院世经政所博士朱鹤利用多种统计方法，得出截至2014年，中国上市公司中约有10%的僵尸企业。2016年4月8日，《广东省人民政府关于全省国企出清重组“僵尸企业”促进国资结构优化的指导意见》指出，截至 2015 年底，广东省国有“僵尸企业”共计 3385 户。

“僵尸企业”，是指已停产、半停产、连年亏损、资不抵债，主要靠政府补贴和银行续贷维持经营，按照破产法应该破产清算但又没有破产清算的企业。“僵尸企业”之所以“僵”而不死，是因为它们依赖非市场因素生存，靠政府补贴、银行续贷等方式获得给养，优胜劣汰的市场机制奈何不了它们。

僵尸企业对经济的负面影响巨大。首先，僵尸企业加剧产能过剩。僵尸企业的存在会打断去产能过程。在市场需求减少时，本该减少的产能却没有减少，自然成为多余产能。这部分多余产能并不是因经营需要而出现的，而是僵尸企业阻碍了行业去产能的过程。其次，僵尸企业挤占社会资源。2016 年 1 月，中国新增人民币信贷达到 2.51 万亿元，创下单月最高纪录。而同期全国工业用电量和规模以上工业增加值出现下降，这意味着大量的信贷资金并未流入实体经济。僵尸企业“冻”住信贷资金是其中一个重要原因。僵尸企业像无底洞一样吸收银行的贷款，使得银行难以将稀缺的资金投入新兴行业和创新企业。而小微企业转向影子银行等融资渠道，又会显著加大融资成本和金融风险。最后，僵尸企业阻碍推陈出新。若企业不必依靠创新、加快生产效率、节约生产成本即能维持生存，这对于市场各参与主体显然是不公平竞争，进而引发其他企业的效仿。“大众创业，万众创新”的战略导向势必受到严重影响。

另一方面，因监管失效、处罚不力和救济渠道欠缺等因素而产生的吊销、注销等行政手段与破产程序衔接不畅，大量企业该退不退，对信用经济的良性运转构成极大威胁。受困企业被支持体“消极”干预而存活，不良债务如滚雪球般累积。市场经济“新陈代谢”的紊乱导致稀缺养分被诸如恶性肿瘤般的劣质企业挤占，有机体的能量被不断吞噬，产生“劣币驱逐良币”的后果。

只有尽快将没有拯救可能的企业“快刀斩乱麻”地切除，盘活企业占据的优良资产并复归于债权人，债权人才可能将复归资本再次注入鲜活的市场经济中，完成市场经济信用的良性循环。债务人也有机会从头再来，在破产法机制的保障下重铸信用，成为增进社会财富的信用节点。

破产法的实施困境及原因

在斩钉截铁处置僵尸企业、坚定不移减少过剩产能、充分贯彻供给侧结构性改革过程中，应当充分发挥破产法中流砥柱的作用，合理运用破产法推动此次重大的结构性改革。但是，实践中破产法的应用却面临诸多困境。

比如，适用破产程序的企业数量低位徘徊。《企业破产法》自 2007 年 6 月 1 日开始实施，但颁布后全国各级法院审理的各类破产案件结案数量呈明显下滑趋势，由《企业破产法》实施前的 4000 余件，变为 2014 年的 2059 件。再比如，非司法程序退出市场的企业占比巨大。企业退出市场的方式有行政上的注销、吊销与司法上的破产两大类。注销、吊销成本较低，无须经过债权申报、债权人会议、破产宣告、变价和分配等烦琐程序。而作为妥善了结债权债务关系、债权人利益得以充分保障、实现市场经济信用并由法院为公信力背书的破产程序，即便经过 2006 年的全面修改，被适用的概率也较低。比如 2014 年，全国企业注销数量为 505866 户，而全国法院一共审结的破产案件为 2059 件。适用破产程序的企业占所有退出市场企业的比例不足 0.4%，意味着有 99.6% 退出市场的企业均能够做到资产大于负债，这是令人难以想象的。这意味着，本该适用的破产程序因为种种原因并未启动。相比之下，中国适用破产程序的企业数量不足美国的 6%，西欧全部国家的 1% 左右。

之所以会出现一系列实施困境，大致可归结为以下几点原因：

其一，法律依据的不完善。

经过近十年的理论与实践检验，尚有以下问题需要检讨。第一，欠缺个人破产制度。《企业破产法》只是“半部破产法”，尚不存在个人破产制度。西方发达国家早期商业繁荣的一个重要原因是个人破产法的出现和发展，正是因为在现实商业活动中有了个人破产，才带动了西方早期和后期成熟市场经济的出现。先有个人破产，后有企业破产，企业破产不过是个人破产的放大和延伸。只有建构个人债权债务责任意识，才能建构企业债权债务的责任意识，进而建构个人信用、企业信用然后扩展为全社会信用的责任体系，这是现代破产法的宗旨和目的之一。若没有个人破产制度，破产法便不是完整的破产法。不仅债权人的债权难以有效偿付，而且债务人自身也会由于缺乏债务清理机制而陷入债务泥沼不能自拔。近年来常见的“跑路”“自杀潮”便是这一问题的极端后果。

第二，未对经营性事业单位的破产做出规定。所谓“事业单位”，是指在教育、医疗、科研、文娱、体育以及农业技术服务等领域为社会公众提供公共服务的机构和组织的总称。现有的事业单位定义为非企业法人，分为如下三类：一是行政类事业单位机关法人，即直接承担政府行政职能、为政府提供服务的事业单位，主要从事监管、资质认证、质检、鉴证及机关后勤服务等方面的事务，如中国证券监督管理委员会、中国保险监督管理委员会；二是公益类事业单位，社会团体法人，即承担公共事业发展职能、为社会提供服务的事业单位；三是生产经营类事业单位，事业单位法人，即从事非商事业，具有固定社员或独立财产的组织，承担中介沟通职能、为市场和企业服务的事业单位，主要从事科教文卫等社会事业和与公共基础设施建设、公用事业服务相关的事务，如公立医院、大学科研机构、博物馆、影剧院、各种职业培训中心等。以上三类事业单位中，只有第三类即从事生产经营类的事业单位，才可能出现破产事由。因此，对事业单位破产的讨论，应局限于生产经营类的事业单位在可能出现资不抵债时的应对与处置。

第三，对仲裁与破产程序的关系规定缺位。根据《企业破产法》第20条的规定，当债务人破产申请被法院受理后，已经开始的未决诉讼或仲裁应当中止，待法院指定的管理人接管债务人财产后，该诉讼或仲裁恢复进行。《企业破产法》并未对进入破产程序后当事人能否提起仲裁程序进行规定。《企业破产法》第21条规定：“人民法院受理破产申请后，有关债务人的民事诉讼，只能向受理破产申请的人民法院提起。”该条款调整的是破产受理后的诉讼只能向破产受理法院提起，即通常所说的集中管辖。立法者在此仅用了“诉讼”

一词，而没有使用与第 20 条相同的“诉讼或者仲裁”这一术语。对于破产债务人破产之前的签订有仲裁协议的合同争议在破产后，可否提起仲裁，破产法对此问题未做规定。

第四，与劳动法相关制度衔接不畅。在中国历来的破产立法与政策当中，一直把劳动者权益的保护放在第一位，先解决人的问题。当企业破产申请被法院受理后，诸如尚未到期的劳动合同的处置问题是适用《劳动合同法》还是《企业破产法》，就变得棘手起来。

其二，司法处置处于内外困境。

在处理破产案件时，司法机制面临内部和外部的双重困境。

1. 内部困境

第一，破产案件考核机制不科学。破产案件复杂，涉及相关利益方众多，但在现行法官绩效考核系统中，法官投入的审判时间较多，而绩效考核却并未相应增加，这势必导致法官对于破产案件的抵触情绪。法官不愿意受理、甚至拒绝审理破产案件。第二，审理破产案件法官不专业。目前尚缺乏胜任裁判破产案件的专业破产法官。破产案件涉及法律关系众多，利益复杂，需要法官掌握公司企业法、金融法、物权法、房地产法等等多学科知识并融会贯通。相比于美国破产法官的 14 年任期，我国法官的流动性大，专职审理破产案件的法官寥寥。

2. 外部困境

第一，法院处置破产案件时不独立。在“稳定压倒一切”的思维下，一些地方政府因认为法院受理破产案件可能带来社会不稳定而“让”地方法院不受理，这直接造成了通过司法程序退出市场的企业数量远远少于行政手段的吊销和注销。地方政府害怕破产，缘于地方政府畸形的政绩观：有些地方政府官员直接在经营城市、经营企业、经营整个地区，书记扮演董事长角色，市长扮演总经理角色，全官参与，他们认为破产是对其执政能力检验的不祥之兆。由于财政权和人事任免权受制于地方政府，法院受到地方政府较多的牵制，独立性不强，审判难以完全独立。

第二，法院处置破产案件时受到金融机构的牵制。银行、证券、保险、信托等金融机构对于一个地方企业的发展、经济的繁荣具有至关重要的作用。持有破产企业债权的主体主要是银行等金融机构。一旦企业进入破产清算程序，债权人持有的破产债权的偿付率极低，这将导致银行等金融机构并不愿意甚至阻挠企业进入破产程序。

第三，破产管理人选任机制错位。中国破产法规定裁定受理破产申请案件的同时，应由法院而不是债权人会议或债权人委员会指定管理人。当代破产实践的趋势是让专业破产组织和执业者用市场化的方法帮助债权人及时控制并营救困境企业。而中国当前的破产管理人制度设计没有为市场中介组织及时介入困境企业提供充分的空间和手段。

其三，文化传统与商业习惯的影响。

虽然破产法在中国早已制定实施，但中国传统观念认为“破产”是件不吉利的事情，人们会尽可能通过其他途径而非破产程序解决债权债务问题。

完善破产法

鉴于《企业破产法》在实践中存在诸多弊端，建议在以下维度对破产法进行改进完善。

立法层面

可以分为短期政策和长期政策建议，短期之内，可以从下面措施着手。

1. 引入庭外重组机制

这是指，陷入困境但有复兴可能的企业与其债权人之间以协议的方式，对企业进行债务调整和资产重构，以实现企业复兴和债务清偿的一种法庭外拯救手段。可以适用债务减免、债转股、贷款、增资及并购等各种方式，无须经过较为固化的法庭程序，不存在绝对的法定要求，充分尊重当事人的意思自治。鉴于中国破产重整与破产和解的程序冗余，耗时较长，成本较大，《企业破产法》应当精简冗长繁复、难以充分实现债权人意志的程序设计，考虑引入庭外重组机制，尤其是债权债务关系简单、涉及的债务总额不高的中小企业。

2. 建立预重整机制

这是指债务人向法院提出破产申请前，预先与其他利害关系人协商、决定重整计划之内容以及各利害关系人权益的保护，在取得一定比例的利害关系人同意后，再向法院提出重整申请。预重整在美国已是一项成熟制度，其具有低成本与高效率的优势。

3. 厘清破产财产分配顺位

《企业破产法》吸收了各国破产法对担保债权特别保护的国际经验，第109条规定："对破产人的特定财产享有担保权的权利人，对该特定财产享有优先受偿的权利"，确立了担保债权其优先受偿的地位，但在中国优先权问题仍然是一个法律规定不清晰、法律之间互相冲突打架的问题。如《企业破产法》对担保债权与破产费用及共益债权的关系就没有特别清楚的界定。按照破产法原理，即便是在债务人无担保财产，不足以清偿破产费用的情况下，也不得从担保财产中清偿与其无关的费用。但司法实践中却不是如此。

破产法应对各类优先债权进行细化，越细越有操作性，同时也应当将所有种类的破产优先权均纳入一部破产法中，避免过多优先债权种类的存在减损普通债权人的合法权益。

另外，长期政策建议主要应扩大破产法的适用范围。在当时社会条件下，《企业破产法》仅仅将企业纳入调整对象，成为"半部破产法"。当前，应当将所有市场主体均纳入破产法的适用范围，亦即建立个人破产制度与科教文卫等单位的破产制度。

执法层面

1. 设立破产管理局

建议借鉴英美等国及中国香港特别行政区管理破产事务的经验，设立破产管理局，推动破产法的实施与修改，管理破产方面的行政事务。破产管理局作为“破产程序的看门人”，为促进破产体系的完整和效率，保护所有股东、债务人、债权人和公众利益而努力。建立破产管理局，可以学习美国经验，作为司法部代管的国家局或内设局，负责破产法的实施与破产事务的管理，代表政府推动社会信用的强化和管理。

2. 建立工商行政部门与法院的联动处置机制

适用破产程序的企业数量与因注销、吊销而退出市场的企业数量的巨大落差，说明有众多企业为了逃避债务不经破产清算程序便退出市场。依据相关法律法规，企业可以根据章程规定主动选择终止，也可由工商局吊销营业执照而终止。终止的企业失去营业能力，但仍具法律人格，必须由清算组根据公司法进行清算之后才能到工商局申请注销。如果经过清算程序后尚有剩余财产，则把剩余财产分配给股东，然后清算组到工商局申请注销；如果清算组发现企业财产不足以清偿全部债务，则公司法上的清算程序转化为破产清算程序，按照破产法的规定对债权人进行清偿。问题是，2008 年中国市场上退出的企业达到最高峰，但近年来破产案件数量却在原本极低的基数上再次下降。可以假定有相当一部分企业本应该适用破产法退出市场却选择了逃避：不经破产清算就直接注销，甚至被吊销后不经注销就退出市场。由于未经过债务人财产的处置与分配，债权人的利益难以得到有效保护。

为了实现债权人利益的全方位保护，工商行政部门应与法院建立企业破产联动处置机制，将企业营业执照的吊销和注销程序同企业的清算程序关联。

具体的步骤应设计为：工商行政部门应将未经过破产程序而被注销和吊销的企业名单，连同对该企业的行政处罚决定书或解散企业通知书一并及时提交给法院，从而启动企业的解散程序，由法院主持实施对该企业的特别清算程序。特别清算程序的特点是，法院和债权人直接加入并监督整个清算程序，清算组的清算权限受到限制。在清算过程中，如果清算组的清算方案不能被债权人接受，或不能被法院批准，则应终止特别清算程序，进入破产程序。同时，法院在执行破产企业的财产时，也可以向工商行政管理部门索要破产企业的相关信息。

司法层面

除了要阻遏地方政府在法院受理破产案件的干预批准权，应在法院体制与内部考核机制上进行改革，以改变法院在破产案件中作用权威式微的状况，还应建立一支专业化的破产案件审理队伍。可以借鉴美国的专门破产法院与破产法官制度，使破产法院独立于地方政府的利益，独立而专业地受理、审理涉及跨地跨界商业贸易与债权债务关系的破产案件。

李曙光
（中国政法大学教授）
张钦昱
（中国政法大学讲师）
2016 年 7 月

* 本文为国家社会科学基金项目“重大决策终身责任追究制度及责任倒查机制研究”（15CZZ028）的研究成果。

[参考文献]

[1] 参见余凌云：《对我国行政问责制度之省思》，《法商研究》，2013 年第 3 期。

[2] 参见高志宏：《论我国行政问责制的基本构成——兼评〈关于实行党政领导干部问责制的暂行规定〉》，《时代法学》，2010 年第 6 期。

[3] 张贤明：《当代中国问责制度建设及实践的问题与对策》，《政治学研究》，2012 年第 1 期。

[4] 谷志军：《政府决策问责：理论与现实》，第 64 页，浙江大学出版社 2016 年版。

[5] 宋涛：《中国官员问责发展实证研究》，《中国行政管理》，2008 年

第 1 期。

[6] Melvin J. Dubnick & H. George Frederickson, “Accountable Agents: Federal Performance Measurement and Third-Party Government”, Journal of Public Administration Research and Theory, Vol.20, No.s1, 2010.

[7] 谷志军：《中国决策问责的现状与困境——基于 2003—2012 年问责案例的分析》，《学习与探索》，2015 年第 7 期。

[8] 刘召：《重大公共决策责任追究中的“多只手难题”》，《学习时报》，2014 年 11 月 24 日。

[9] See Barbara S. Romzek & Melvin J. Dubnick, “Accountability in the Public Sector: Lessons from the Challenger Tragedy”, Public Administration Review, Vol.47, No.3, 1987.

[10] 韩春晖：《行政决策终身责任追究制的法律难题及其解决》，《中国法学》，2015 年第 6 期。

[11] See Jonathan GS Koppell, “Pathologies of Accountability: ICANN and the Challenge of ‘Multiple Accountabilities Disorder’”, Public Administration Review, Vol.65, No.1, 2005.

[12] 周光辉：《当代中国决策体制的形成与变革》，《中国社会科学》，2011 年第 3 期。

[13] 胡伟：《政府过程》，第 100 页，浙江人民出版社 1998 年版。

[14] 蔡定剑：《公众参与及其在中国的发展》，《团结》，2009 年第 4 期。

[15] 陈水生：《中国公共政策模式的变迁》，《社会科学》，2012 年第 8 期。

[16] 谷志军：《政府决策问责：理论与现实》，第 72 页，浙江大学出版社 2016 年版。

[17] 谷志军：《重大行政决策责任追究的适用范围》，《理论视野》，2016 年第 4 期。

[18] 景跃进、陈明明、肖滨：《当代中国政府与政治》导论，中国人民大学出版社 2016 年版。

[19] 余军、朱新力：《法律责任概念的形式构造》，《法学研究》，2010 年第 4 期。

[20] 韩春晖：《行政决策终身责任追究制的法律难题及其解决》，《中国法学》，2015 年第 6 期。

[21] 周叶中：《论重大行政决策问责机制的构建》，《广东社会科学》，2015 年第 2 期。

[22] 王柳、陈国权：《论政府问责制与绩效评估的互动》，《国家行政学院学报》，2007 年第 6 期。

第五部分

从文明的角度把握中国的未来

从文明的角度把握中国的未来

这几年我们一直在争论，光看改革开放以后30多年来解释中国未来，我想这看不清楚什么问题；加上1949年，甚至“五四”运动之前的近代历史呢？我还是觉得看不清楚。我认为一定要把中国放在世界地图来看，放到整个世界文明发展来看。我们一定不能把中国孤立来看，因为世界离不开中国，中国也离不开世界。

从一个文明的角度，怎么样看中国的未来？未来五年十年甚至一百年、两百年往哪个方向走？文明的方向基本上能把握住。从文明的视角来看，无论政党也好，其他组织也好，能够对它们把握得比较正确一点、精确一点。文明的力量很难改变，看西方的文明，印度的文明，文明的变化不是以五年、十年为基础。我一直在反思怎么从文明的角度来看中国现实，我们的文明怎么发展。

历经四个阶段，包容使中国更强大

先讲讲我的思路。文明的角度是什么？我觉得现在是中国文明发展的第四个阶段。

第一个阶段是中国文明基本价值形成时期，在公元前13世纪到公元2世纪基本上形成，这个时期形成的背景就是百家争鸣，就是中国本土产生的多种思想之间的对话，由对话而产生。

第二时期是公元3世纪到公元10世纪，佛教传入对中国文明产生巨大的冲击。中国文明与佛教之间的冲突不亚于现在中国文明与西方文明之间的冲击。佛教传入以后，中国刚开始是拒绝，非常怀疑、猜疑，甚至发生暴力冲突，可是以后慢慢就接受了，到了唐朝就到达顶峰。唐朝是国家的一次崛起，很多人说是文明的崛起。

中国第三阶段文明是公元11世纪到19世纪末。宋朝是一个转折点，就是“新儒学”开始。朱熹是一个非常重要的人物，对中国文明的贡献和影响是很大的。他精通儒学，重新把中国文明转化成为一个主体，把佛教容纳进来，真正吸纳到中国自己的文明里面。一直到王阳明心学，新儒学到了一个顶点。现在进入第四个阶段，19世纪末西方文明进来，我们不说以前的传教士这些活动，哪怕从1840年鸦片战争开始到现在也有一百五六十年了。

如果从这四个阶段的发展来看中国文明以后怎么走呢？我自己觉得可以看清楚一些。中国文明是一个学习文明，特点就是开放、包容、改进，不是通过拒绝使自己更强大，而是通过包容使自己更强大。宗教文明很难包容，因为宗教文明的基础就是一神教，具有排他性质。中国文明是具有包容性的。我们现在讲文明对话，经常不能把握这个特点。最近在博鳌论坛上提倡要进行亚洲文明对话，我觉得要对话得首先掌握你自己文明的本质性问题，否则没办法去深刻对话。

当今中国仍然要以中学为主、西学为次

中国文明第一个阶段是中国内部各种思想之间的对话，我认为韩非子是一个顶点。第二个阶段是在佛教文明和中国文明之间的对话，但佛教文明是主体地位，中国文明处次要地位。到朱熹的第三个阶段，中国文明再次成为主体。

从这个角度看，我觉得我们现在这个时代类似宋朝这个时代。我们需要有新的文明整合，不是想着如何排斥西方文明，而应当思考怎么样把西方文

明整合到我们的文明里来。这个是老问题，20 世纪 80 年代李泽厚先生曾经提出西学为体、中学为用的观点。这也是近代以来一直所争论的。李泽厚先生那个时代，他看到的是日本和亚洲四小龙的崛起。他认为这些制度是西方的制度，西方是主体，中学为用。但我自己觉得，从亚洲四小龙的经验来看，文明的对话必须像朱熹那个时代一样，中学为主，佛学为次，就是说今天仍然要以中学为主、西学为次。还是要有文明自信心。我觉得，如果意识到佛教在中国的演变过程，基本上也能理解西方文明进来以后的历程。我们已经到了新的时代，这是今天的大背景。

西方看中国：停留在“亚里士多德”时代

讲到中西之间的关系，首先要梳理亚洲价值观。“亚洲”这个概念不是我们亚洲人自己发明的，是西方给我们的。他们一直在批判文明中国论，但我觉得，西方也是一个西方为中心的文明。中方有中方的天下，西方有西方的天下，任何一个文明都有自己的中心，没什么大的忌讳。

我发现古希腊亚里士多德的时候西方人已经开始谈论东方了。有意思的是，因为希腊文明东边就是波斯文明，他们就把波斯称为东方，波斯以东的都叫东方。他们以这个区分世界。东方分为近东、中东，我们这里是远东。我觉得这是西方人犯的错，他们把整个东方等同成同样一个文明，把中国称为东方主义就是在这样一个错误基础之上的。他们根本不知道中国以儒家为核心的文明与波斯文明是不一样的，没有区分来看。我认为西方从亚里士多德开始到现在的中国定位没有任何大的变化。

真正把中国古代的东方专制主义理论化和概念化的是三个德国人。第一个是卡尔·马克思，就是马克思主义的创始人。第二个是马克斯·韦伯，第三个是卡尔·维特佛克，是 20 世纪 50 年代耶鲁大学的教授。

这三个人非常有名气，西方所有对中国的看法从这三个人身上来看是最系统化的。文艺复兴开始到启蒙运动，他们都会谈到中国，但是还没有系统化。

直到马克思第一个谈亚洲，从物质层面来分析东方专制主义。他认为亚细亚生产方式是个专制的生产方式，这是第一次对东方主义的概念化，当然还包括了印度。第二个是马克斯·韦伯，从宗教和文化的角度来分析中国的专制主义。第三个人是从两者的综合，他把中国称为水利社会。这三个人的观点是现在西方看中国的理论基础。我们今天用的totalitarianism，或者totalism也好，20世纪80年代被翻译成全能主义，都离不开这三个德国人。

我觉得，他们非常致命的错误就是延续了从西方古希腊开始的东方专制主义。我今天讲怎么塑造软力量，但这三个人影响了西方人对中国人的看法。我们要塑造中国的软力量，就必须在讲中国故事的同时，也要讲印度的故事、西方的故事，光讲中国的故事就永远达不到目的。亚里士多德讲他的政治学，是把古希腊各种政治制度比较得非常透，把它们概念化、理论化，成为经典著作。这三位德国人也是这样的。

亚洲价值观，对“东方专制主义”的回应

东方专制主义一直延续了西方对中国的看法，直到20世纪80年代李光耀先生提出亚洲价值观。当时李光耀先生把世界上很多学者都找来了，研究亚洲价值观。亚洲价值观遭到西方的围攻。不仅如此，1997—1998年亚洲金融危机以后，亚洲价值观也开始遭到亚洲一些开始民主化国家的批评。

我自己觉得亚洲价值观是存在的，只是新加坡的力量太小。现在中国崛起了，提出了中国向何处去的问题。我觉得，你喜欢也好，不喜欢也好，中国现在改变不了西方。中国现在讲自己的中国模式，这并不容易。很多年以前，美国的一些政治人物实际上已经说得很清楚了，中国对西方的真正威胁不在于中国的军事力量有多强大，也不在于中国的经济力量有多强大，中国如果对西方能够有威胁的话，就是中国这套体制所代表的价值。我刚才说到西方怎么回应亚洲价值观，无论是北京共识和华盛顿共识之间的争论，还是近年来对中国模式的争论都很有意思。

事实上，我们可以把中国模式、中国发展经验放在亚洲价值观这样一个背景里来谈。我相信中国模式是亚洲中东亚模式的一部分。

东亚主要是儒家文化圈，朝鲜半岛、日本、越南、东南亚的一些国家或地区，都是儒家文化圈的一部分，它们的成功确实跟西方走了一条不同的道路。它们不是拒绝西方，而是像中国文明一样，包容了西方。它们在把西方的东西变成自己的东西，同时不是把自己变成西方。一旦变成西方就会犯错误，日本犯了错误，韩国没有照搬西方，只是政治选举上采用西方的方法，很多机制都是符合自己特点的体制。我自己对新加坡比较了解，觉得完全是以中学为体、西学为用的一个做法，西方的东西都是作为工具来用，价值还是自己的。

塑造中国价值要找到三个传统

中国下一阶段还是需要根据亚洲价值观的开放性，把西方文明包容进来，把这一价值观体现在一套制度上。

从政治上说也不复杂，把中国的 selection 和西方的 election 结合起来就行了。经济上也是这样，中国的国有企业存在几千年了，但要和民营企业之间的关系处理好，要把社会保护好。实际上，中国的很多理念都具有普世性，所以我们要承认这些东西是普世性的。任何一个文明都是共享价值和核心价值两者的统一。

任何一个文明都有它自己的核心价值，西方文明、中国文明、波斯文明，正是因为他们都是人类社会，他们之间也具有共享价值。现在我们提倡的一些价值观，老百姓很难理会，因为一些是在现实中找不到的东西。我们要把社会上已经有的东西找出来，这样老百姓才能信你。大家还是找现在已经有的东西把它们作为核心价值，不要找没有的东西；没有的东西，没人相信，只能制造一些困惑。

塑造中国价值有三个传统，有几千年的大传统、近代以来的中传统、改革以来的小传统，加上全球化。我觉得知识分子应该有知识的担当，任何一个文明的核心就是它的知识体系。西方的媒体很强大，但媒体只是一个技术和形式的东西。西方媒体强大是因为它背后有一套知识体系，媒体只是把这个体系传播出来。西方媒体的强不是传播技术的强，是它后面知识体系的强。我们现在弱是我们没有自己的一套知识体系。从经验上说，我们是有的，但是现在没有人做。

我们要有担当，把这件大事情做起来，这样中国才能实现真正意义上的崛起。

郑永年

（新加坡国立大学东亚研究所所长）

2016 年 4 月

文明古国能否再崛起?

古希腊、罗马由衰败而衰亡

古希腊、罗马创造了西方文明发源期的辉煌历史，但也书写了衰败国家最终衰亡的悲壮历史。

先说古希腊。古希腊在宗教、哲学和艺术上的伟大创造，让人类分享了两千五百多年。但古希腊自身政治－社会结构的脆弱性，以及晚期古希腊政治运作无法克服的矛盾，导致古希腊由衰败终至衰亡：古希腊分裂为百数十个小规模的城邦，这就让每个城邦国家的实力大大受到限制。这是一个直到现代政治学上人们都在聚精会神探讨的国家规模问题：国家规模太小，不足以提供维持国家权力体系的资源，以至于国家难以持续；国家太大，复杂到难以治理，也会陷于衰败、衰亡的危险境地。规模适中的国家，才能解决这两个难题。

古希腊显然陷入规模过小的危机。因此，古希腊一直在城邦国家间的合纵连横中谋求生存。但提洛同盟和伯罗奔尼撒同盟间的连绵战争，极大耗费了城邦国家的元气，加之引入极富侵略性的波斯人因素，极大打击了古希腊各城邦的生存发展能力。至于为今人赞美的古希腊民主制度，到晚期阶段，由于对政治极为陌生的外邦人和奴隶的介入，变得帮派林立，拉帮结派、私利横行、结党营私成为城邦民主的常态。在强敌罗马的进击下，古希腊陷入内忧外患，终于无法自救，而由罗马人以武力宣告了衰败希腊的寿终正寝。

古希腊的精神在西方文化中绵延，古希腊的政治实体则消失无踪。

古罗马人并不追求古希腊人那种政治上无能和思想上高超的畸形发展模式。古罗马人是以自己的公法和私法的完整建构，实现了人类历史上在欧洲片区第一次伟大的突破，那就是建立了远远超越于古希腊小小城邦国家的世界帝国。站在西方视角看，人类的大国治理智慧，都与古罗马紧密相连。但古罗马脆弱的共和体制被帝国机制取而代之以后，帝国的集权体制，导致权力的高度腐化不说，而且权力反过来腐蚀权利，让古罗马人耽于享受，声色犬马不亦乐乎。此时的古罗马，完全丧失了共和开国时期的那种积极进取精神，彻头彻尾地腐朽没落，注定了古罗马在人性的神圣价值面前不堪一击的命运。史学家吉本在《罗马帝国衰亡史》中描写的兴盛帝国的衰朽状态，让人惊觉强大的古罗马实在是败于权力滥用与腐朽生活。

从古希腊、罗马的兴衰史可以看出，政治的进取性对维持强盛国家具有多么重要的作用：古希腊失于这种进取性而亡；古罗马失去这种进取性而灭。教训深刻！衰败国家一蹶不振，终至于退出历史舞台，西方早期历史以古希腊、罗马为例，给人类呈现出一幅极为悲壮的画面。让人感叹！

中国是韧性极强的国家

站在东方的立场上说，人类可长且久的大型政治体治理，首推中华智慧。

中国人综合了理智与统治两种智慧，因此总是可以行走在国家韧性绵延的轨道上。但中国苦于长期无法走进法治的天地，鏖战三千五百年。这让古代中国一直在治乱循环中勉力延续国运——与其说中国的久长历史是一以贯之、一泻而下的，不如说是中断的朝代史，由后朝承接了前朝的文脉和精神。但在总体上维续着的文化认同、天下认同，让国运久长，得为人知。

中国以治乱循环的方式，解决了国家在衰败或衰亡周期作用的时候，如何避免它的恶性发展，从而维持国家精神命脉，成就衰而不亡的国家延续奇迹。保证这一点，是一个衰败国家重新崛起必须保有的契机，否则国家都覆没了，还谈何崛起。

一个国家在衰败之际，要做到衰而不亡，岂是那么容易？这是一个国家在衰败之际追求复兴首先要面对的重大难题。而一个处在衰败之际的国家追求复兴，是第二个层次的问题。第一个层次的问题，是要艰难地与衰败做斗争。如果一个民族没有很精巧而到位的政治智慧，其衰败必定走向衰亡。尤其是在古代，农耕民族的相互征服、游牧民族对农耕民族的风卷残云，常常使得农业国家的版图出现十分巨大的变化。其间，国家的消亡简直就是家常便饭。

大家无须就远去看古罗马帝国、奥斯曼土耳其帝国、玛雅帝国，就只是就近看看我们中国的领土。从 1 世纪到 11 世纪，“中国”的版图变化之大，你绝对不会想到，这是同一个国家的版图！国家版图的骤大骤小，提示人们，“中国”作为一个国家的变化之大！

人口的规模迁移，文化的重大流变，军事的残酷征服，政治的治乱无序，都对一个国家的延续产生重大影响。一个民族、一个国家，怎样维持其文化核心价值，使它不至于中断，也许是解决衰败民族不至于衰亡的必要选择。须知衰败民族或国家，并不会因为民族成员内心一发狠，就能走上复苏之途。问题岂是如此简单！

当国家衰败之际，首先要避免其走向衰亡。避免国家衰亡最重要的办法，就是要对自己国家的缺陷有一种理性的检讨能力。一个处在衰败境地中的民族，如果陷于自怨自艾的心境，那这个国家的生存能力就格外令人担忧了。

古语云，木强则折，人强则灭，强国的衰亡危机因之更甚。因为在你周边的国家，很可能会与你为敌。这种敌视，在古代是基于被强敌消灭的担忧，在现代是基于国家利益被强权国家侵夺的忧惧。在国与国之间的竞争中，当别国对你无可奈何的时候，你醒悟自己国家进入鼎盛时期；当周边国家和邻国甚至世界力量对你有办法的时候，可能会对你扼而制之，甚至是置你于死地。扼住两端，寻求国家的长治久安，便是一个民族政治智慧高低的体现。一个国家，在辉煌的时候，需要为自己的可能衰败，做出筹划；在衰败的时候，必须忍辱负重，才能重现辉煌。

这从一部人类征服史上可以得到印证。古希腊人创造了令人类感到光荣的文化史，但古罗马征服者征服古希腊的时候，古希腊人却洞开城门，欢迎征服者的到来。这是何故？原因在于，古希腊民族的成员对古希腊城邦制度晚期的腐朽深恶痛绝，早就陷入一种极端的焦虑心理，既畏惧当下的处境，又无从设想未来。这时，民族的生存意志已经丧失了，被别的民族征服，只是迟早的事情。

对于处心积虑征服别的民族的国家而言，他们大多会精心部署，稳步实施。日本人花了七十年漫长时间，设计如何征服中国。甚至利用儒家传统的“华优夷劣”作为武器，自认日本列岛文化辉煌堪称中华，而中国大陆已经蛮夷化了，因此征服中国实属必然。所谓“大东亚共荣圈”的国际理论，于此而来。不过日本人迷惑不解的问题是：在其侵华之前，中华民族受外来民族或野蛮民族的征服，纵有抗争，但日本人征服中国的时候，为何遭到如此顽强的抵抗？

日本人没弄清楚，在古代历史上，中华民族被征服后，其内在精神脉络从来没有中断，更为关键的是，征服者达到军事征服目的以后，却在政治与文化上臣服于被征服者的传统。因此，中华文化成为高度融会性的机制。近代以来，随着民族国家兴起，古代的文明型帝国已经演变为民族国家。国家不再只建立在文明的基础上，还建立在领土、主权、民族的机制上，因此，民族韧性，复加民族的排斥性认同，已经不再能复制古代征服史了。

中国人进入现代世界体系，赢得两重自我绵延的重要动力：一方面，民族的精神脉络依然还在，为中国性强力辩护，代不乏人，尽管某些中国性辩护，有时显得狭隘。另一方面，承自清朝的民族国家疆界非常明确，这就划定了中国现代国家的地理范围。在这个范围内，传统中国的那种文明与野蛮的国家划分指标，不再发挥作用。所以，日本人处心积虑，精心谋划七十年，也无法以“文明”代替“野蛮”作为征服中国的理由。这就跟元朝和清朝征服中原的性质，有了根本差异。反而当下一些国人不明白这个道理，还想重新拿出华夷传统来建构中国，实在是愚不可及。

仅以儒家重振中国，也是类似的幻想。只着重于中华民族的精神脉络，而无视我们民族的政治脉络，更完全没有注意到现代世界中国家兴衰的逻辑轨迹，是根本无法理解现代中国的演进的。

文明古国能否再崛起?

转换视角，看看印度。在历史上，印度两度被征服。两千五百年前印度的被征服，使得印度的古典文化毁灭殆尽；现代历史上又一次沦为殖民地，国家主权沦丧。因为前者，今天的印度，已经无法通过传统印度来辨认。中国人长期以为印度是一个佛教国家，这是一个误会。印度佛教徒甚少，印度教徒居多。由于后者，英国殖民者对印度的征服，就像殖民者西班牙和葡萄牙切开了南美的血管一样，英国殖民者肢解了印度。今天的印度，跟古代的印度，关系不大。

再看看埃及。古埃及的文明程度非常之高，堪为世界典范。今天的埃及，虽然金字塔和狮身人面像还是举国的骄傲，但此埃及非彼埃及，自中世纪以来，埃及就再没有创造自己民族曾有的辉煌时刻。从奥斯曼土耳其帝国独立后，埃及也没有再现历史上曾有的光荣史。我们知道，古埃及人曾经长期统治古希腊人。

这些国家的衰败，已经很难接续历史的荣耀。在一定意义上讲，这些国家实际上已经衰亡了：名存实亡。在衰亡国家的土地上，同一名义的新生国家诞生了。这些新生国家是这片土地上早期兴盛国家的“转世”。转世的国家，对前世的辉煌总是津津乐道：今天的印度依然在谈古印度的辉煌，今天的埃及依然在谈古埃及的辉煌。但两者哪里还是一回事呢？！

衰败国家的名存实亡，大多是因为土地与人群还具有延续性。换言之，埃及的土地还是那块土地，埃及人还是埃及人，埃及治理的范围还是它原来那个范围；印度的土地、民族、治理也都承接了历史上的印度。

衰败民族会有两个灵魂：历史的灵魂与衰败的灵魂。只要衰败民族没有彻底衰亡，只要这个民族一直在寻求重新崛起，那些陷入苦难之境的衰败民族，就会从历史灵魂中找到民族复兴的精神支柱。今天印度的雄心，当然要追溯到它数千年的历史记忆。由于文化记忆与地缘政治的因素，今日印度发展的国际契机也比较好。印度的现代衰败，乃是祸福相依的事情：一方面，这催生了印度的民主；另一方面，印度讲英语的知识分子达五千万之多，这为他们奠定了雄厚的软实力。印度历史有过中断，但当代印度正在大力发展自身，因此，千万不可小瞧印度。

还有一些国家看起来并不强大，但他们也具有成为现代大国的潜力与志气。

譬如伊朗，自认为是波斯帝国的正统继承者。为什么过往两伊不断开打，那不仅仅是两国利益争端的问题。它们都自认为是两大帝国的继承者。而更关键的是，它们对于世界的理解，跟我们对世界的理解大不相同。两河流域文明的历史荣耀，绝对领先古代世界。这是多么令中东人人向往的辉煌历史。今天的土耳其，显然想到的不只是土耳其共和国，想到更多的是奥斯曼土耳其帝国。其国能够把地中海当成自己的内海，那种光荣的记忆，仍存于其民族记忆中。

当我们中华民族用自己的历史荣光来自我鼓舞的时候，一定要牢记，其他国家对自己的祖上荣光也会有挥之不去的深刻记忆。正因为如此，我们应当乐意看到，很多国家持续展开其复兴的民族伟业。

我们中国，是一个衰而不亡的国家。衰败常常是治乱循环的一个环节。但持续的繁荣，确实不是我们的民族记忆。在经历晚清的衰败之后，我们民族寻求复兴的雄心从来没有丢失，但为此也不得不面对其他国家再崛起的复杂激烈的世界竞争局面。

从总体上讲，中国五千年辉煌历史没有彻底中断过。我们为此而骄傲。在今天中国重现复兴曙光之际，我们没有理由忘记自己的衰败史。因此，极为审慎和理性地看待自己民族的历史处境与现实遭遇，并从别的民族那里汲取兴衰的经验教训，是我们民族的必修功课：中华民族的强烈爱国心、强烈民族认同感、强烈文化自豪感，不应成为过于强大的排斥力，这样才有希望兼取众家之长，成就古老民族复兴之业。

任剑涛
（清华大学政治学系教授）
2016 年 8 月

“三知”：中国文化影响世界的三个支点

全球金融危机和欧债危机在动摇西方经济霸权、深刻改变全球经济秩序的同时，也在悄然改写全球文明秩序，新的国际文化格局正在形成。就中国而言，从“世界走向中国”逐渐转向“中国走向世界”，作为负责任的世界大国，中国不仅要持续学习和借鉴世界优秀文化，更要有自信、有准备、有步骤地向全球传播自己的优秀文化，为解决世界问题提供中国方案和中国价值。

自知：中国文化不仅支撑中华民族，也具有世界意义

近代以来，中华民族遭遇了前所未有的危机，从被坚船利炮打开国门到对制度文化的批判，时至今日，重树文化自信仍是有待解决的重大课题。仍然有人怀疑中华文化的基本价值，更不必说中华文化具有的世界意义，某些西方政治家甚至讥笑我们“只生产物品，不生产思想”。

毋庸讳言，习惯向西方学习，照搬国外经验，缺乏文化原创的自觉，在中国的确存在，而且具有某种普遍性。这种思维惯性阻碍着我们形成应有的文化自信，使我们失去了“发现美的眼睛”而变得妄自菲薄。但放眼百年来中国人民创造的伟大奇迹，尤其是改革开放以来，中国大地上日新月异的变化，中国国际地位的巨大提升，14亿人民生活的显著改善，我们可以毫不夸张地说，所有这些“奇迹”，都是在不断赓续着的中国文化的支撑下取得的，我们有

足够的理由对我们的文化抱有信心和希望。尤其是，指引中国革命和建设取得胜利的马克思主义正是在同中国革命实践和中国文化的不断碰撞融合中才逐渐落地生根，中国文化自信不仅是中华民族对于五千年优秀传统文化的自信，也应是对于以马克思主义中国化文化形态为主导、融汇中外优秀文化精神的当代中国特色社会主义文化的自信。

"文化自信，是更基础、更广泛、更深厚的自信。"文化自信是一个民族对本民族文化的深度信任，相信本民族文化具有引导和帮助民族共同体应对时代挑战、思想撞击和文化对话并走向希望的明天的强大能力，进而对本民族文化意义和价值自觉认同、自觉守护和自觉皈依。文化自信不仅体现在对本民族文化根基的坚信和守成，也体现在积极影响世界的能力。作为拥有五千年文明史的古老国度，作为具有世界影响的负责任大国，中国有必要在自知和自信的基础上将和而不同、天人合一、美美与共等普遍价值，精彩纷呈、独具魅力的中国文化样式，传播给全世界全人类，让世界了解中国、接受中国、欢迎中国，也让更多民族和国家受益于中国文化的影响。

知人：文化传播不能满足于"刷存在感"，要有大众意识

秉持文化自信走向世界的中国文化，不能仅仅满足于"走出去"，刷跨出国门的"存在感"，更要追求"入耳""入心"的实际效果，切实融入国外受众的生活世界。

近年来，我国政府和民间都组织了不少文化"走出去"活动，从中国图书外译陆续出版发行到摘得诺贝尔文学奖和世界儿童文学大奖桂冠，从在国际顶级音乐殿堂上演中国音乐到建立百家孔子学院，中国的戏曲、文学、书画、武术、瓷器、餐饮等大量输出国外，对外文化传播的确收到成效，影响也正在扩大。但是客观来说，中国文化产品在影响国外大众层面，成效还十分有限，存在着国外大众对于中国文化认知度整体偏低、文化产品供给与国外大众兴趣点脱节、文化传播渠道与国外大众媒介使用习惯存在偏差三大问题。总结

起来就是，我们的文化国际传播还缺乏换位思考的“问题意识”。

这就要求我们转换思维，以问题为导向，以中国方式满足国外大众的物质和精神需求，使中国文化要素深深地嵌入国外大众的生活。我们衡量一种文化的价值和意义，其影响力和竞争力如何，首先要看这一文化对于一个民族的生存发展需求的满足程度和对问题解答的深刻程度。中国文化能否自信地走向世界，不仅在于能否选择恰当的传播方式，更在于能否聚焦与大众生命攸关的问题。如果没有与他们的生活、生命、生存产生深切关联，国外大众是不可能在深层次上主动欣赏、接受和追求中国文化的。

中外文化交流史表明，作为物品文化的瓷器、丝绸、茶叶被国外大众普遍喜爱，是因为能够满足他们的生活需求，成为他们生活世界的有机组成部分；作为制度文化的中国古代科举制和朝堂制外化为西方文官制度，是因为适应国外政府民主治理的需要。今天，憨态可掬的大熊猫之所以赢得全球大众喜爱，是因为它作为稀有濒危物种的代表，体现着全球生态文明和环境保护的价值追求。大熊猫不仅属于中华民族，也属于全人类。追求共享发展、包容性发展和共同体价值的中国道路、中国制度、中国理论，契合世界大众对于美好社会理想的价值追求，对于世界现代性困境，对于生态文明和可持续发展，对于消灭贫困、共同富裕的理想实现等难题的解答，具有价值崇高的感召力和意蕴隽永的吸引力。

知音：文化传播要分对象、分层次，遵循文化传播规律

中国文化走向世界，是一个循序渐进的过程，那种满足于浅层次“走出去”或希望一步到位的想法，往往是因为不了解传播对象和文化传播规律。

就对象而言，关注中国文化的国外大众成分绝不是单一的，其中主要包括三个层次：一是专业机构与学者，如美国费正清研究中心、胡佛研究所、中国和东亚研究中心等，以及诸多汉学家、专业学者，他们站在各自的立场上对中国文化有较为深入的理解；二是各行各业的专家，如戏曲、电影、茶叶、

文物、瓷器等的国外专家，他们对中国某一类文化有专业的了解；三是国外普通大众，他们对中国文化的了解和接受普遍较浅，且因个人兴趣差异而有所不同，但有一点是共同的，他们对中国文化的理解和接受程度，取决于中国文化对他们生活需求的满足程度。

就文化的本性和结构而言，走向世界的中国文化被大众理解和接受的过程必然是分层次、分阶段、有规律的，通常是由外入内、由浅入深。文化有三个层次：外显的是物品文化，比如为外国人高度认同的熊猫、茶叶、餐饮、瓷器等；中间是行为文化、制度文化，包括中国风俗、道路等；最内在的是中国文化的价值取向，包括中国的伦理、哲学，是中国文化最深刻、最具有内在意蕴的内容。外国大众对中国文化的认知顺序也是有规律、分层次和分阶段的，了解“舌尖上的中国”肯定比理解“哲学上的中国”更容易。因此，扩大和加深中国文化对国外大众的影响力的基点，要放在满足国外大众各个层次的需求上，按照文化层次和结构特点，由浅入深、由表入里地满足他们的物质和精神需求。

我们必须遵循文化规律，分层次、分阶段，有针对性、有侧重点地走向世界，而不是无序放射、相互矛盾，以致效果递减。尽管大多数国外民众对中国文化有了解和接受的朦胧意愿，但是并没有须臾离不开中国文化产品的真切感受。因此我们在传播过程中，应根据不同层次的对象，采取不同的传播方式。面对汉学家们，我们应当系统而不是零散的、深刻而不是肤浅的，与其在中国哲学、中国思想等方面进行深入交流，尊重他们的劳作成果。面对专门与中国某种文化片层打交道的国外各行专家，则需要在文化产品的深度意蕴上提升发掘，融入中国文化现代内涵的阐释。吴为山的老子雕像，之所以获得世界雕塑金奖，不仅因为深刻表现了一个崇尚虚怀若谷、无为之道的老子，更因为其彰显着中国文化海纳百川、有容乃大的包容性发展精神，进而为中国主张的和合精神、关注人类命运共同体的价值观做了很好的艺术注解。面对国外喜爱中国文化的大众，在满足他们对中国文化产品的日常需求的同时，应逐步引导和启迪他们认识产品包含的内在文化意义，使他们对中国文化的认识，从通过丝绸之路传给欧洲人的中国园林文化、丝绸文化、瓷器文化、茶文化等改变了欧洲近代生活格局的物品文化，进展到更有深度的思想价值层面。

全球化时代，人类面对的发展和反贫困问题、环境与生态保护问题、和平与战争问题、文明冲突问题等都需要全人类重塑价值观，建设美好的人类命运共同体的精神家园。其中，中国主张的和合文化，与世界各国文化中相关思想有内在的融通之处。我们需要站在“地球村”的角度，叙述共同的文化故事，寻找共通的深层文化结构，以表达显现为差异样态文化的共识意义，使中国文化自信、自如地走向世界。

任平

（苏州大学教授）

第六部分

谁来监督监督者

谁来监督监督者：监督权问责的逻辑与实现

近年来，虽然党和国家加大了对腐败问题的查处力度，但是党风廉政建设和反腐败斗争形势依然严峻复杂。从已经查处的腐败案件和贪腐官员来看，纪检监察等监督部门自身也不是净土，据2015年9月王岐山书记在纪检监察干部监督工作座谈会上介绍，“党的十八大以来，全国纪检监察系统共处分违纪干部3400多人，中央纪委机关查处处置14人”。从权力性质来说，监督者腐败的危害性比一般官员腐败更严重，特别是在监督与制约失衡的权力模式下，腐败的监督者可以利用自身执掌的监督权力来规避、压制甚至迫害反腐败者。由此，带来一个重要的理论和现实问题，即“谁来监督监督者”。对此，实践部门已经做出了回应，中央纪委监察部在2014年4月增设了纪检监察干部监督室，主要承担与纪检监察内部人员有关的信访举报处理、线索调查和训诫惩处，以强化纪委的监督责任。然而，学术界对“谁来监督监督者”的问题依然缺乏系统而深入的探讨，监督权本身的缺陷以及问责监督者的困难迫切呼唤我们对“监督权问责”[*]问题展开前瞻性的研究。

监督权问责：决策、执行、监督三分的内在要求

建立一个对人民负责任的政府是现代国家治理的根本目标，而现实中最大的问题是运用什么样的机制才能实现这个目标。对于这个问题，学者们的普遍共识是建立有效的权力制约监督机制。在现代社会，尽管权力制约监督

仍然是政治理论家们思考的核心问题，但在西方学术界，这一关切以更加具体的形式被重新表述为“问责”问题。实质上，问责的核心问题也是对权力进行监督和约束以防止出现权力滥用和以权谋私等行为，具体体现为“当 A 有义务告知 B 关于 A 在过去或将来的行动和决定并为它们进行必要的辩护，一旦出现不当行为将受到惩罚时，A 就是对 B 负责的”。[1]

从权力制约监督角度设计有效的问责制度时需要明确一个基本前提，即权力的分类，因为“首先是由于有了不同类型的权力，然后才出现了一种权力对另一种权力的制约问题”[2]。对于权力分类而言，基于不同的历史传统和社会文化环境存在不同的理解。西方国家经典的分类模式，是基于政治机构在议会、政府、法院三者之间的分解将权力划分为立法权、行政权和司法权。以这一分析框架剖析西方国家政治体制时无疑有其独特的解释力，但却不能简单地依此来探讨中国的政治体制，因为它没有包含中国共产党这一中国最重要的公共权力体系。实际上，“立法、行政与司法权力三分背后还有着更深层次的逻辑，那就是基于专业化分工的决策、执行与监督权力三分”[3]。政治领域的分工思想最早是由亚里士多德提出，西方后世学者大多将其关于政体三要素的论述与立法、行政和司法三权分立联系起来，实际上这在某种程度上来说是一种误读。正如恩格斯所言，资产阶级理论家们“以其虔敬的心情把这种分权看作神圣不可侵犯的原则，事实上这种分权只不过是为了简化和监督国家机构而实行日常事务上的分工罢了”[4]。

在政治过程中，政治分工是权力制约的必要前提，权力制约是权力分化的必然结果，也就是说，权力制约问题是在权力分化的过程中提出来的。政治分工理论认为，任何政府管理过程都可以分为决策、执行与监督三种不同的活动环节，与此相对应，政治权力也可以划分为决策权、执行权与监督权。根据这一具有包容性和可操作性的权力划分方式，问责也可以划分为对决策权的问责、对执行权的问责与对监督权的问责。其中，决策问责是指“政府及其公务人员有义务就其决策行为向问责主体进行责任回应并据此接受决策失责惩罚的行为过程”[5]，侧重于对决策权行使主体的监督；执行问责是指政府及其公务人员有义务就政策执行情况向问责主体进行责任回应并据此承担“政策执行阻滞”[6]后果的行为过程，侧重于对执行权行使主体的监督。按照决策权、执行权与监督权三分的要求，还需要设置专门针对监督权的问责机制，以确保政治权力行使均受到相应的监控。在此意义上，监督权问责是“确保决策权、执行权、监督权既相互制约又相互协调”的内在要求。

监督权问责：内涵与特征

通过中国知网数据库的检索结果表明，国内学术界对监督权问责主题的关注始见于20世纪90年代末期，研究主要集中于对“谁来监督监督者”命题的回应和思考。但遗憾的是，相关研究成果对“监督权问责”概念尚未达成共识，尤其是对这一概念的内涵、特征等基本问题缺乏深入研究，监督权问责仍然是一个有待系统论证的概念。

一、监督权问责的概念

问责作为一个舶来品，本身就是一个纷繁复杂的、难以捉摸的且颇具争议的概念。[7]从学者们对问责的不同定义可以看出，问责本质上是一个动态的权力过程。从这个角度来说，世界银行对问责的定义很好地体现出这一要素。他们认为，“问责包括对政府决策前所进行的，类似信息通报和论证的前瞻性行为；在政府行为过程中所进行的，对行政遵纪守法和工作表现所进行的评估；以及在政府行政结束后进行的质询”[8]。然而，这一定义虽然强调了对政府决策和执行及其结果的问责，但是从权力关系的角度理解却并不具有周延性。因为按照政府管理过程的决策、执行与监督三个环节，为了使得问责链条具有闭合性，除了对决策和执行的问责之外，还需要对监督本身进行问责。从这个意义上讲，监督权问责是从监督的角度理解问责的一种特定类型，所对应的是决策问责与执行问责。

从概念上讲，监督本质上是对公共权力行使主体的监察和督促，其本身又是一个被广泛应用且有着多重含义的概念。基于权力向度的不同，监督可以被分为自上而下的监督、平级之间的监督和自下而上的监督三种类型。对于这三种不同类型的监督，“上级对下级的监督是为了行使管理权，因而具有管理的功能；平等主体之间的监督是为了相互制约，因而具有制衡的功能；下级对上级的监督则是为了提请上级注意自己的行为，具有提示的功能，同时，作为一种民主权利，具有参与管理的功能”[9]。这就表明，不同类型的监督反映出监督主体之间不同的权力关系，而正是由于监督主体的不同导致了监督功能的差异。基于这样的考量，监督权问责可以被界定为：监督权行使主体就其监督行为向多元监督者进行责任回应并据此接受监督失责惩罚的行为过程。

这一定义包含了防止和纠正监督权力被滥用的四个维度：一是回应性，即监督权行使主体需要主动向内部监督者和社会公众公开相关信息，在面对质疑和询问时做出合理的解释；二是强制性，即当监督权行使主体出现监督失责行为时，多元监督者有能力对其施加强制性惩罚；三是多元性，即对监督者的监督不应是固定的单一机构，而是多元化监督力量的联合；四是广泛性，即对于监督权行使主体的权力滥用行为，需要所有监督力量广泛的监察和督促。在“监督监督者”的权力关系中，回应性、强制性、多元性和广泛性等构成了监督权问责的基本要素。除此之外，监督权问责的一个重要特性在于，它是对监督者的再监督，由于监督本身的多样性，监督权主体一方面是监督者，另一方面又可能成为被监督者。对于监督权问责的特征，需要从其与决策问责、执行问责的比较中体现出来。

二、监督权问责与决策问责、执行问责的区别

既然问责体现的是一种动态的权力关系，因此只有从权力运行的角度才能把握问责的实质，监督权问责与决策问责、执行问责正好构成了以此理解问责的三种类型，反映出决策、执行、监督主客体间的权责关系。从问责主体和客体、权力和责任四个维度，分析监督权问责与决策问责、执行问责之间的区别，可以从中看出监督权问责的特征。

第一是问责客体不同。问责客体也称问责对象，“问责客体的制度规定

核心是确定问责客体的范围或者说问责对象的范围”[10]。从已有的问责法律依据来看，中央和地方层面的制度规范对问责客体的相关规定具有一定的混乱性，问责实践中对问责客体的界定也与相关规定存在一定的脱节情况。造成这一局面的原因在于二元责任主体与一元行政主体之间的矛盾，即按照相关法律的规定，行政主体仅限定于能独立承担责任的行政组织，而在具体问责实践中，责任主体不仅包括行政组织而且还涵盖其公务人员，两者之间的矛盾给责任主体认定带来了困难。为了解决问责客体范围界定的难题，就需要从权力运行的角度对其进行分解。从这个意义上讲，决策问责的客体是具有决策权的权力主体，主要是党政“一把手”；执行问责的客体是决策的具体执行者，主要是行政部门执行人员。而监督权问责的客体，则是对决策和执行进行监督的执法人员，主要包括纪检、监察、司法、审计等部门，这些人员本身就是法定监督者。

第二是问责主体不同。问责主体即实施问责的部门和人员，从内容上讲，问责主体可以分为同体主体和异体主体两类。其中，同体主体是指问责主体与客体从属于同一个组织体系，异体主体是指问责主体与客体分属不同的组织体系。[11] 从当前的问责实践来看，主要都是在党政组织体系内部进行的，是由上级党政机关及其领导人发起和实施。虽然这种同体问责是必要的，它反映的是政府上下级或同级之间的权力控制关系，但同体问责不可避免地会表现出民主性缺失、公正性不足、公开性缺乏等方面的问题，因而需要异体问责作为必要的补充。实际上，基于不同的问责类型，问责主体的侧重点也是有差异的。决策问责的主体需要依靠专门的监督机关，如纪检监察部门、司法机关；执行问责的主体主要产生于行政系统内部，一般是上级政府部门和行政首长。而监督权问责的主体，除了需要由纪检监察部门承担监督责任之外，尤其需要新闻媒体、社会公众等异体问责主体发挥应有的参与作用。

第三是权力行使不同。问责主客体间的权力关系，实质上是一个权力的分配和归属问题，意味着不同主客体之间施加控制和影响的可能性。权力的分配决定着哪些主体能够向失责官员问责，而权力的大小则决定着实施问责的程度如何。基于问责主客体关系的不同，问责权力行使方式也存在差别。由于我国权力关系的基本格局是两套权力系统并存，“一套是居于领导、执政地位的‘党’的权力系统；另一套是以全国人大为最高国家权力机关的‘政’的权力系统，这一系统包括由人大授权产生的行政系统，即各级人民政府”[12]。在这样的权力系统中，重大决策主要由党委通过集体决策的形式产生，各级人民政府主要负责执行。因此，决策问责权的行使主要由党的纪委监督系统发挥实质性作用，执行问责权的行使主要由行政系统内部监督部门以及上级党委负责，都体现出自上而下的单向度权力关系。而监督问责权的行使，除了党委和行政系统内部之外，外部监督主体也是重要的监督力量，由此形成双向互动的多向度权力关系。

第四是责任类型不同。由于问责是对政府及其行政人员失责行为的责任追究，对责任的划分和认定就成为问责的关键环节之一。一般来讲，政府责任被描述为“政府及其公务人员因其公权地位和公职身份而对授权者和法律以及行政法规所承担的责任”[13]。随着政治分工的发展和政府职能的分化，必然需要制度化的岗位和具体的个人来落实相应的责任，并按照履职的要求组织机构和配备人员，但是对于如何划分责任类型却存在着不同观点。根据行政专业化分工和政府职能分定的需要，政府责任可以划分为决策责任、执行责任与监督责任三类。从权责关系的角度讲，决策责任主要是对决策失误或者依法应该及时做出决策但久拖不决，造成重大损失、恶劣影响等情形应当承担的责任；执行责任主要是政府组织及其行政人员在执行决策目标的过程中，出现失责行为或履职不当应当承担的责任。而监督责任则是法定监督主体对政府决策和执行行为及其结果负有的监督职责，其又可分为首要职责、重要职责和专门职责。

“强监督—弱制约”模式下监督权问责的现状

从权力制约监督的角度讲，问责的核心是对权力进行必要的监控以防止出现权力滥用和以权谋私等行为。然而，由于制约与监督是两种不同的权力关系和控权制度，我国传统上重视上级对下级、中央对地方的权力监控而忽视横向及上下级权力主体之间的权力制约的情况形成了“强监督—弱制约”的模式[14]，使得制约制度的功能被削弱，同时监督制度的固有缺陷被放大。这种控权模式下，“谁来监督监督者”的困境表现得更为突出。

第一，监督权的被动性及其问责困境。监督权的被动性是指行使法定监督权的整个过程中只能根据当事人的申请行为和内容进行裁判，而不能主动启动监督程序或擅自变更当事人的请求。托克维尔曾把被动性视为监督权最重要的特征，认为司法监督权“只有在请求它的时候，或用法律的术语来说，只有在它审理案件的时候，它才采取行动……如果它主动出面以法律的检查者自居，那它就有越权之嫌”[15]。从性质来说，监督权自身不是主动的，监督工作是预防和纠正过错行为而开展的活动。监督权的这种被动性被认为是与积极制定各项法律和政策的决策权，以及管理和执行各项行政事务的执行权间重要的区别。由于监督权的被动性，它主要是一种看守性的、否定性的力量，与目标或产出之间只有间接的、微弱的联系，因而对既有监督者的监督只能等发生监督事实并出现监督失责行为时进行，难以直接按照原有监督机构和目标体系的设置来实现责任追究。对被动监督权的监督，往往只能通过继续设置新的监督机关的方式来实现，这样不仅会导致监督机构的不断膨胀，而且也无法提升对监督权行使的直接监控效能。

第二，监督权的从属性及其问责困境。监督权的从属性是指监督权在特定的权力结构中与决策权、执行权不是平等的相互制约和协调关系，而是在监督意志的表达方面处于依从和附属地位。在政府组织架构中，监督部门的任务性质决定了该部门对宪法授予的政治权力危害以及具备的干扰能力最小。司法监督部门“既无强制、又无意志，而只有判断；而且为实施其判断亦需借助于行政部门的力量”[16]，因而监督权是三权中最弱的一个，容易成为其他两种权力的附属。具体而言，监督权容易成为上级权力在下级权力结构中的延伸，进而也容易导致监督权与其他权力主体间无法实现均衡。由于监督权的从属性，监督制度的控制措施更多是针对掌权者而非权力本身展开，上级对下级的监督和同级之间的监督也都表现出依靠监督者个人权威而非制度安排，下级对上级的监督则是形同虚设，使得监督职能处于进退两难的境地。对从属监督权的监督，监督者的主观意志在其中发挥了重要作用，监督的可选择性决定了监督问责的可规避性，从而只能依赖上级部门和领导通过运动式方式强力推动。

第三，监督权的分散性及其问责困境。监督权的分散性是指基于对决策权和执行权进行监督的需要而分散设置监督机构，导致监督职能的分散而难以形成监督合力。从机构设置上讲，中国的监督机构可以说是非常多的，自上而下、从中央到地方，党的系统有一套、政府系统有一套。虽然有如此多的监督机构，但是当前政府的监督主要是依靠党的监督系统以及政府内部上级对下级的监督。专司监督的权力被分割成“由检察机关行使的法律监督权、由隶属于行政机关监察部门行使的行政检察权、由隶属于总理的审计部门行使的审计权”[17]，这种监督权的分散配置客观上也导致了监督职能的分散，使得原本就相对弱小的专门监督部门更加无法发挥应有的监督效能。由于监督权的分散性，监督过程容易存在效力递减的问题，虽然上级对直接下级拥有绝对的权威，但是假如有多个监督权力关系叠加，那么对于间接上下级的权力影响势必会急剧削弱。对分散监督权的监督，除了依靠党委部门强力推动之外，难以整合现有机构形成监督合力，分散出击无疑抑制了监督机构为追求目标而实施全面、连续监控的能力，而且也提高了监督监督者的成本。

第四，监督权的事后性及其问责困境。监督权的事后性是指权力滥用的性质、范围及其影响等只能在权力运用之后才能得到呈现，从而导致监督权行使是一种事后行为。基于公共权力委托代理关系，权力代理主体可以拥有完整事权，只有在违背委托意图时，才会受到制裁。也就是说，“监督主体并不直接干涉正常的权力运行过程，监督权的运行处于一种蛰伏的状态；多数情况下只有在违规行为或者不利后果发生后才会从蛰伏状态启动为积极追责状态”[18]，其重心在于对违法、违规行为事后的纠正与惩罚。对于监督者而言，最为经济有效的做法就是进行事后监督，而不是对权力运行过程进行全面的检查和督促。由于监督的事后性，权力监督不可避免成为“救火式”的惩罚和纠错行为，这样虽然也可以制止甚至纠正某些权力滥用行为，但是对于那些已经造成的损害结果却于事无补。对于事后监督权的监督，依赖事后监督主体和被监督对象的双重信息，这种信息的不对称性和滞后性使得监督权行使主体可以通过操控这些信息来规避事后监督，由此很难在监督者的努力与成果之间建立因果联系。

通过监督权问责实现问责链条的闭合循环

建立健全决策权、执行权、监督权既相互制约又相互协调的权力结构和运行机制是规范权力运行、防止权力滥用的基本保证。在这样的权力结构模式之中，由于监督权具有非生产性质、是一种纠错的权力、有着难以管理的性质、需要广泛的社会条件的支持等原因，而被认为是一种具有内在贫困性的权力。[19]监督权的内在贫困性，不仅带来监督权在权力结构中的失衡，导致监督存在弱监、虚监、漏监等问题，而且也带来监督者滥用权力的风险，导致管理和监督监督权的困难。为此，需要按照决策权、执行权、监督权既相互制约又相互协调的要求，通过建构对监督权的问责机制实现问责链条的闭合循环。

一方面，通过落实纪委的监督责任强化内部问责。针对当前制约与监督两种不同权力逻辑下监督控权的局限性，以及监督系统内部“党政权力监督体系强而社会权力监督体系弱、执政党对国家政权监督强而党内监督弱”[20]的现状，对于监督者的内部监督和问责，当前可行的方式是落实纪检监察干部监督室的再监督职责。具体来讲，各级纪委在监督权问责方面：一是协助党委健全责任分解、检查监督、倒查追责机制，开展对监督主体的责任制考核、强化责任追究；二是督促和监察各监督部门落实惩治和预防腐败工作、明确相应的监督责任，加强督促指导、促使监督权的行使依规合法；三是开展对纪律执行情况的监督检查，强化党员干部的组织意识和纪律观念，对监督者自身的腐败进行执纪问责。同时，还要建立监察、检察、审计等监督部门之间的相互制约与协调机制，通过互相监督减少监督权主体自身的权力滥用和以权谋私等行为。

另一方面，通过完善人民监督员制度强化外部问责。虽然落实纪委的监督责任对于监督者的内部监督有其存在的必要性和价值，但从世界各国的经验来看，从根本上解决“谁来监督监督者”的难题，还得依靠社会公众的外部监督。在这方面，我们从 2003 年开始就探索出了人民监督员制度并自 2010 年开始得到全面推行。然而，从这些年的实际运行来看，人民监督员制度还存在权力属性的错位、民意代表性的先天不足、检察机关的过当主导、监督效力的刚性缺失等缺陷，其监督效果并不明显。[21] 为此，应该改革和完善现有的人民监督员制度：一是扩大监督范围，将监督扩展到检察机关之外的其他监督机构，并将监督内容扩展到检察机关自侦案件之外的普通案件；二是提升监督效力，赋予人民监督员制度相应的司法强制力，让人民监督员直接介入司法监督过程。切实将人民监督员制度由内部监督转变为外部监督，是落实监督权问责的努力方向。

谷志军

（深圳大学当代中国政治研究所）

注释：

*“监督权问责”是基于政治权力划分为决策权、执行权、监督权而提出的问责类型，对应于决策问责和执行问责，本文重点强调对监督权的问责而非对问责过程的监督，故特用“监督权问责”而非“监督问责”表述，以示区分。

[参考文献]

[1]Schedler, A. Conceptualizing Accountability, in Andreas Schedler, Larry

Diamond and Marc F. Plattner, eds., The Self-restraining State. Boulder: Lynne Rienner, 1999:13.

[2] 张康之：《评政治学的权力制约思路》，《中国人民大学学报》,2000 年第 2 期。

[3] 陈国权、谷志军：《决策、执行与监督三分的内在逻辑》，《浙江社会科学》，2012 年第 4 期。

[4] 马克思、恩格斯：《马克思恩格斯选集》(第 2 卷)，人民出版社 1995 年版，第 414 页。

[5] 谷志军：《决策问责：行政问责的新发展》，载黄卫平、汪永成《当代中国政治研究报告》(第 13 辑)，社会科学文献出版社 2015 年版，第 180 页。

[6] 丁煌：《我国现阶段政策执行阻滞及其防治对策的制度分析》，《政治学研究》,2002 年第 1 期。

[7]Dubnick, M. Accountability and the Promise of Performance: In Search of the Mechanisms, Public Performance & Management Review, 2005, 38(3):376—417.

[8] 世界银行专家组：《公共部门的社会问责：理念探讨及模式分析》，宋涛译，中国人民大学出版社 2007 年版，第 12 页。

[9] 张智辉：《法律监督三辨析》，《中国法学》，2003 年第 5 期。

[10] 周亚越：《我国的问责客体范围：制度比较与制度改进》，《江汉论坛》,2014 年第 6 期。

[11] 韩志明：《制度的虚置与行动者的缺席——基于同体问责与异体问责问题的分析》，《天津社会科学》,2011 年第 4 期。

[12] 张贤明：《当代中国问责制度建设及实践的问题与对策》，《政治学研究》,2012 年第 1 期。

[13] 陈国权、徐露辉:《责任政府的法治基础与政治构架》,《江海学刊》,2005 年第 3 期。

[14] 陈国权、周鲁耀：《制约与监督：两种不同的权力逻辑》，《浙江大学学报》(人文社会科学版),2013 年第 6 期。

[15]托克维尔:《论美国的民主》(上卷),董果良译,商务印书馆1988年版,第110—111页。

[16]汉密尔顿、杰伊、麦迪逊:《联邦党人文集》,程逢如、在汉、舒逊译,商务印书馆1980年版,第391页。

[17]曹呈宏:《"监督"考》,《华东政法大学学报》,2008年第5期。

[18]陈国权、周鲁耀:《制约与监督:两种不同的权力逻辑》,《浙江大学学报》(人文社会科学版),2013年第6期。

[19]韩志明:《监督权的制度逻辑、内在贫困和建构维度》,《华东经济管理》,2010年第3期。

[20]何增科:《试析我国现行权力监督存在的问题及原因》,《学习与探索》,2008第4期。

[21]陈卫东:《人民监督员制度的困境与出路》,《政法论坛》,2012年第4期。

党内监督尚需及时补短板

党的十八大以来，党内监督制度逐步完善，监督力度不断增强，全面从严治党和反腐败斗争取得巨大成就。但一些问题依然存在，一些问题解决得还不彻底，一些问题还不断冒出来，说明党内监督尚需及时补短板。要坚决贯彻落实《中国共产党党内监督条例》（以下简称《条例》），在强化自上而下组织监督的同时，进一步改进自下而上的民主监督、发挥同级互相监督的作用，促进党内党外监督的有机结合，构建严密科学的监督体系和网络。

改进自下而上的民主监督

党内监督的一个突出问题是，各方面的监督不够平衡。自上而下的组织监督相对较强，而自下而上的民主监督相对较弱。自上而下的组织监督，制度严密、措施到位，具有强大的威慑力；而自下而上的民主监督，具体制度不健全、具体措施不到位，没有充分发挥应有的作用。自上而下的组织监督必须继续强化，不能削弱。但要实现全面从严治党的制度化、体系化、持久化，达到标本兼治的目的，还要“改进自下而上的民主监督”。[1]

第一，提高改进自下而上民主监督的自觉和自信。自下而上的民主监督是党内监督的基础。基础牢固，党内监督才能全面深入发挥作用。否则，党内监督就成了无源之水、无本之木。但与自上而下的组织监督相比，自下而上的民主监督还相对较弱。其中一个原因是，我们对自下而上的民主监督还缺乏应有的自觉和自信。所以要改进自下而上的民主监督，首先必须提高各级党组织和全体党员的思想认识。

党员是党的主体和主人。他们直接或通过各级党代会选举产生各相关党委和党委常委、书记副书记。他们同被选举者之间是“主人”和“代表”之间的关系。党员是党的权力的拥有者，而党的各级领导干部都是代表党员行使权力。党员有权对权力的行使状况进行监督。这是党员进行自下而上监督的制度依据。党的下级组织通过党代会选举产生参加上级党代会的代表，从而参与了上级党委成员的选举。因此，上级党委成员也应当对下级党组织负责，下级党组织有权监督上级党组织。

党章明确规定了党员监督各级组织和领导干部的权利和义务。党员有义务“切实开展批评和自我批评，勇于揭露和纠正工作中的缺点、错误，坚决同消极腐败现象做斗争”。党员有权利“在党的会议上有根据地批评党的任何组织和任何党员，向党负责任地揭发、检举党的任何组织和任何党员违法乱纪的事实，要求处分违法乱纪的党员，要求罢免或撤换不称职的干部”。[2]任何组织和任何党员，无疑包括上级组织及其领导干部。党章的这些规定，为自下而上的监督提供了铁定的“法理依据”和制度保障。

党的下级组织和上级组织是什么关系？如何处理这种关系？人们所熟悉的是，下级组织服从上级组织。这是党章所规定的、党的民主集中制所要求的，任何组织都必须无条件执行。既然如此，一些人就认为下级组织就无权也没有必要监督上级组织了。这是自下而上监督缺乏自觉和自信的主要思想障碍。事实上，党章还有与此相关的另一些规定，只不过被忽视了，乃至很少提及。党章规定，“上下级组织之间要互通情报、互相支持和互相监督”。[3]这是党章对上下级组织关系最明确、最权威的规定，也是下级组织监督上级组织、开展自下而上监督的制度依据。下级服从上级与上下级组织之间互通情报、互相支持和互相监督这两方面相结合，才是党内上下级关系最完整、最科学的概括。为了改进自下而上的监督，《条例》进一步明确规定，各级党委要“对上级党委、纪委工作提出意见和建议，开展监督”。[4]要改进自下而上的监督，必须克服两大思想障碍。一是片面理解民主集中制。长期以来，一些人重视集中而忽视民主，重视下级服从上级而忽视下级组织和党员的合法权利，重视自上而下的组织监督而忽视自下而上的民主监督。一些领导干部习惯于用集中的办法管党治党，善于开展自上而下的组织监督；不习惯用民主的办法管党治党，不善于开展自下而上的民主监督。因此，要改进自下而上的监督，必须正确理解和全面准确贯彻落实民主集中制。二是错误地理解党内上下级关系。一些人把党内关系权力化、利益化和庸俗化。他们认为自己的官运如何、前途怎样，都取决于上级领导，得罪上级领导就会丢官帽、失前途。因此他们对上级领导唯命是从，甚至阿谀奉承、溜须拍马、抬轿子、吹喇叭，极尽讨好之能事。至于监督上级组织和上级领导干部这种得罪人的“傻事”，他们绝对不会做。上行下效，不愿或不敢监督上级组织和上级领导干部就成为一种政治生态，潜移默化地影响着人们的思想意识和作风。要改进自下而上的监督，必须纠正对党内关系的错误理解。

改进自下而上监督的自觉，来源于各级组织和广大党员对党的忠诚，对全面从严治党的使命感、责任感。改进自下而上监督的自信，既来源于党章和《条例》的明确规范和中央的积极倡导、大力推进，也来源于广大党员的坚决支持和主动参与。

第二，明确自下而上监督的责任主体。自上而下的组织监督，是上级组织对下级组织及其领导干部的监督。上级党委是监督主体，书记是第一责任人，纪委专责监督。下级组织及其领导干部是被监督的对象。自上而下的监督，由上级党委统一领导，有计划、有步骤、有组织地开展，采取日常监督和集中巡视的方式进行监督。这样，自上而下的组织监督的主体和责任人、监督的专门机关、被监督对象、监督的方式方法，都非常明确，具有较好的制度和组织保障。自上而下的监督与相关的组织制度、干部管理制度密切联系在一起。监督中，发现问题可以及时处理，相关干部也会受到党纪处分。因此，自上而下的监督具有强大的威慑力。这是各级党组织都高度重视并偏好自上而下组织监督的根本原因。

自下而上的民主监督，是指下级组织及其党员对上级组织及其领导干部的监督。下级组织及其广大党员是监督主体，上级组织及其领导干部是被监督对象。自下而上的监督主要通过民主的方式方法和自下而上的运行渠道进行监督。自上而下的监督主体和监督责任主体是一个，即上级党委。与之相比，自下而上民主监督的责任主体缺位。监督主体和监督责任主体有联系，但也不完全等同。自下而上的监督，党员是监督主体，但很难作为监督责任主体。下级组织名义上可以作为监督责任主体，但实际上很难承担起这样的责任。很少有下级组织积极主动推进对上级组织及其领导干部的监督，这就造成监督责任主体的缺位。而监督责任主体缺位是自下而上监督软弱无力、难以取得实效的主要原因。

要解决自下而上监督责任主体缺位的问题，可以采取上下级党委书记共同负责，上级党委书记作为第一责任人的办法。即由上下级党委书记共同贯彻落实自下而上监督的各项制度和实际工作，由上级党委书记作为第一责任人进行总体领导。他们要促进同级党委及其领导干部主动接受下级党委和广大党员的监督。自下而上监督进行得怎样，要纳入对上下级党委书记考核范围，但如果自下而上监督没有搞好，则首先要追究上级党委书记的责任。也就是说，党委书记作为党内监督的第一责任人，不仅要全面负责自上而下的组织监督，而且要全面负责自下而上的民主监督。

第三，建立健全自下而上监督的具体而可行的制度。自下而上监督往往一般号召多而实际推进少。其中一个重要的原因是，具体而切实可行的制度缺位。要改进自下而上的监督必须建立健全具体而可行的制度。这种制度要固定化、程序化，甚至带有强制性。各级党委都必须像遵循党章党纪一样遵守这些制度，严格照章办事，不能违反规定，也不能敷衍了事。要明确操作程序，落实负责单位和责任人，使这些制度具有可操作性。

改进自下而上监督，应加强三个方面的制度建设。一是党务公开和情况通报制度。知情权是行使监督权的前提，不知情就无法进行有效监督。改进自下而上的监督，必须进一步完善党务公开的制度，做到能够公开的情况都应当及时公开。下级党委及其广大党员要监督上级党委及其主要领导干部，需要了解其相关的情况。其中最主要的是上级党委的重大决策、重要人事任用、党的建设、遵章守纪和反腐败斗争的情况。下级党组织或党员直接、主动要求了解这些情况，恐怕不现实。比较现实的办法是，上级党委主动向下级党组织及其党员通报这些情况并接受监督。上级党委能否这样做、做到什么程度，需要严格的制度规范。通报的时间应当相对固定。各级党委情况不一样，间隔多长时间通报一次也不宜统一规定。直接向基层党组织的通报，最好一年一次，这样有利于基层党组织和广大党员进行监督。通报可采取书面和口头两种形式。口头形式就是召开情况通报会。情况通报会的召集单位、负责人和操作程序都应当公开。无故拖延乃至不按规定召开情况通报会，应当追究相关负责人的责任。无论书面通报还是口头通报，都务必使下级党组织和广大党员了解上级党委及其主要领导干部廉政勤政、遵纪守法的情况。

二是意见的听取和收集制度。下级党组织和党员对上级党委及其主要领导干部监督的情况，要通过一定的形式集中起来、反映上去。上级党委及其领导干部要定期或不定期听取下级党组织和党员的意见。领导干部听取基层组织和党员意见，是党的优良传统。现在的问题是，要使听取意见的工作制度化、程序化，能够适应信息社会的需要。针对上级党委的整体工作听取意见，应当定时进行，例如一年或两年一次。针对专项工作听取意见，应根据需要随时进行。要注意收集党员日常、分散的意见，既要通过接受党员来信、来访等传统的方式收集意见，又要积极通过网络收集党员的批评意见和揭发检举材料。

三是整改情况的反馈制度。自下而上监督存在的一个问题，是下级党组织和党员所反映的情况、所提的意见往往没有反馈信息。下级党组织和党员到底提出哪些意见、上级党委针对这些意见采取了怎样的整改措施、其成效如何，都不得而知，甚至“泥牛入海无消息”。这不仅影响了上级党委接受监督的工作，而且挫伤了下级党组织和党员自下而上监督的积极性。不少人由此认为，自下而上的监督只不过是走过场、做表面文章。因此，上级党委要及时梳理下级党组织和党员的意见，研究整改措施，并将具体情况及时反馈给下级党组织和党员。这样才能取信于民，真正调动下级党组织和党员参与监督的积极性、主动性。此外，要建立健全自下而上监督的保障机制，督促检查该项工作进展情况，对于不重视该项工作的行为及时提出批评警告，对于阻碍该项工作的行为进行严肃处理。

发挥同级相互监督的作用

党内监督是一个完整的体系。但相对来说，自上而下的组织监督制度比较健全、措施比较得力、发挥的作用比较大。而同级相互监督，即各级组织自身的平行监督，则比较软弱。其根本原因是，平行监督的主体、对象和方式方法尚待进一步明确，相关的制度、体制、机制尚待进一步规范。而同级相互监督又非常重要，它是党内监督体系中最常态化的监督。同级组织的党员、干部彼此最了解，相互监督能够对症下药、发挥最大功效。同级相互监督，是其他任何监督都不能取代的。这一监督是否到位、效果如何，直接关系到党内监督的整体状况和全面从严治党的大局，因此必须高度重视并切实发挥同级互相监督的作用。

第一，加强党代表大会对全委会的监督。党章规定，党的全国代表大会是党的最高权力机关，党的各级代表大会是同级党组织的权力机关。中央委员会和党的各级委员会由同级代表大会选举产生，并接受其监督。代表大会要认真审议全委会的工作报告，严格审查全委会委员廉政勤政和遵纪守法的情况。但代表大会每五年召开一次，而党代表平时基本没有活动，如何进行监督呢？这是党代表大会制度需要改革完善之处。其方向是，要尽可能创造条件，让党代表有机会履行权利，发挥对同级党委全委会及其成员的监督作用。要贯彻落实党代表列席党委全委会的制度。要保障党代表有足够的时间和必要的机会，对同级党委及其有关部门的工作进行调研和监督。

第二，加强全委会对常委会的监督。所谓党委，到底是指党委全委会还是常委会？二者又是什么关系？很少有人刨根问底。其实答案非常明确。党委全委会由代表大会选举产生，在代表大会闭会期间行使代表大会权力、负责贯彻落实代表大会的决议。党委应当指党委全委会。党委常委会包括书记副书记，由全委会选举产生，对全委会负责、接受全委会的监督。常委会主持全委会的日常工作，负责召开全委会。但在实际工作中，常委会权力相对集中，而全委会的作用有待于进一步发挥，其中包括对常委会的监督作用。为此，全委会应当进一步完善会议制度。一方面按制度定期召开，认真审议常委会的工作报告，尤其要检查常委会重大决策和重要人事任用是否符合决策程序和用人制度，其中有无违法乱纪行为。另一方面，根据工作需要及时召开。常委会应当充分尊重全委会，主动向全委会汇报工作，接受其监督检查。

第三，加强各级党委对同级纪委以及各级纪委对同级常委会的监督。各级党委在党内监督中负主体责任，书记是第一责任人。它们要全面领导本地区本部门本单位党内的监督工作，负责贯彻落实各项监督制度，实施各项督促检查。各级党委要“加强对同级纪委和所辖范围内纪律检查工作的领导，检查其监督执纪问责工作情况”。[5] 与此同时，各级纪委也要“加强对同级党委特别是常委会委员、党的工作部门和直接领导的党组织、党的领导干部履行职责、行使权力情况的监督”。[6] 纪委是党内专责监督机关。长期以来，各级纪委接受同级党委的领导。纪委监督的主要对象是，下级党委及其领导干部，以及同级党委所属职能部门和所有党员。这有利于加强党委的统一领导和自上而下的组织监督，但是各级纪委难以在同级互相监督中发挥应有的作用。同级党委出现违法乱纪和腐败问题，特别是腐败窝案和塌方式腐败，纪委往往不能调查处理，这就严重影响了党内监督和反腐败斗争。党的十八大以来，我们改革、理顺了纪委领导体制，实行双重领导制，即各级纪委同时接受同级党委的横向领导，又接受上级纪委的纵向领导。凡是涉及同级党委特别是主要领导的大案要案，要由上级纪委直接领导办案。这大大强化了自上而下的组织监督，有利于党风廉政建设和反腐败斗争。同时，党的十八届三中全会以来，中央强调各级纪委要“加强对同级党委特别是常委会成员的监督，更好发挥党内监督专门机关作用”。[7]但各级纪委对同级党委常委会的监督仍需要进一步制度化、程序化。纪委书记作为党委常委无疑要参加全部决策，同时又要对常委会的决策过程、决策效果进行监督，可谓一身二任。但从权力的相互制约、监督来说，权力应当适度分解而不宜过度集中。权力过度集中，一身二任，既参与决策，又监督决策，显然不利于做好监督工作。从发展趋势来看，纪委特别是纪委书记应当专司监督。

第四，加强全委会、常委会对自身成员的监督。党内监督必须贯彻落实民主集中制。同级相互监督的一个重要方面，是全委会、常委会对自身成员的监督。全委会和常委会实行集体领导、集体决策，但要分工负责。集体监督就是监督每个成员是否贯彻执行集体决议、是否存在违法乱纪的行为。加强和改善党内政治生活，是实现同级相互监督的根本保障，也是全委会特别是常委会对其成员进行监督的重要形式。加强和改善党内政治生活的重要举措是，健全党内民主生活会，开展批评与自我批评。“民主生活会是党内政治生活的重要内容，是发扬党内民主、加强党内监督、依靠领导班子自身力量解决矛盾和问题的重要方式。”[8]党内民主生活会要定期召开，认真开展批评与自我批评，坚持制度，养成风气。党内民主生活会，要树立良好的会风。开展批评与自我批评要坚持党性原则和实事求是的精神，坚决反对歪曲事实、无中生有、造谣诽谤、恶意中伤。要防止自由主义，反对会上不说会下乱说、当面不说背后乱说。

发挥同级相互监督作用，要努力克服三大障碍。一是权力障碍。受传统官场文化和习惯思维的影响，自上而下的监督比较容易推进，而同级相互监督则比较困难。党委书记与党委成员之间虽然不是上下级关系，但书记作为一把手，权力比其他党委成员要大得多。他们可以名正言顺地监督党委其他成员。而党委其他成员名义上可以监督书记，但实行起来则比较困难。从某种意义上说，这种监督能否到位、效果如何，并不取决于党委其他成员，而取决于党委书记。取决于党委书记对同级相互监督的认识水平、政治胸怀和民主意识。因此，要充分发挥同级相互监督作用，党委书记必须率先垂范，主动接受党委其他成员的监督。同时，要坚决破除党内权力障碍，在党内真正建立和保持平等的同志关系。党内只有工作分工不同，没有地位高低之分。无论权力大小，都应当平等相处，平等地相互监督。

二是利益障碍。一个时期以来，一些地区、部门和单位党组织内“圈子文化”盛行。一些人不是搞五湖四海，而是热衷于搞小圈子，甚至拉帮结派。有的小圈子是公开的，例如以同乡、同学名义形成的小圈子。有的小圈子是不公开的，也没有固定的形式，相关人员只不过来往密切一些。这只是表面现象，实际上他们利益相关、具有千丝万缕的联系。圈子往往以一个职位相对最高的领导干部为中心。圈子里的人一般要维护中心人物的权威、听从其“领导”。中心人物也要关照其他人。圈子里的人相互搞利益输送，出了问题相互袒护。即使一些人犯了错误乃至贪污腐败，圈子里的其他人也保持沉默，不去揭发检举。这不仅阻碍了同级相互监督，而且很容易造成腐败的窝案和塌方式腐败。因此，要发挥同级相互监督的作用，必须坚决扫除利益圈子的障碍。要防止和反对党委成员之间形成特殊的利益关系和利益小圈子。

三是情面障碍。一些干部特别是领导干部，在党内政治生活中不讲党性，讲情面，崇尚庸俗哲学和好人主义。对人对事，他们往往是事不关己高高挂起，明哲保身，少说为佳。他们把自我批评变成自我表扬，把相互批评变成相互吹捧，使党内民主生活会庸俗化、表面化，这就根本上阻碍了同级相互监督的正常开展。要改变这种局面，领导干部特别是党委书记必须旗帜鲜明地讲党性，讲原则，反对庸俗哲学和好人主义，并以身作则，不讲情面，率先开展相互监督、相互批评。要把敢于监督、勇于批评树立为“好人”“好党员”“好干部”的新标准，要培育和发扬敢于监督、勇于批评的正风正气。要扭转对爱提意见干部的错误看法，优先提拔那些作风正派、讲真话实话、敢于监督、勇于批评的好干部。

促进党内监督和党外监督相结合

值得注意的是，党内监督的体系、制度相对封闭，与党外监督相互结合不够。因此，《条例》强调“党内监督和外部监督相结合”“各级党委应当支持和保证同级人大、政府、检察机关、司法机关等对国家机关及公职人员依法进行监督，人民政协依章程进行民主监督，审计机关依法进行审计监督”。[9] 促进党内监督与党外监督相结合，要重点做好以下几方面的工作。

第一，党内监督要与国家权力机关监督有机结合。共产党代表人民执政，其领导国家的权力是人民赋予的。所有党员领导干部，既要接受党的监督，也要接受人民的监督。人民进行监督的最根本途径是人民代表大会。人民代表大会对党员领导干部进行监督的职责，是由其国家权力机关的性质、地位和作用决定的，也是宪法和法律所保障的。国家权力机关应当监督党员领导干部遵纪守法，尊重和维护宪法和法律的权威。宪法和法律是党领导人民制定的，人民要遵守宪法和法律，领导干部更要模范遵守宪法和法律。全国人民代表大会负责制定和修改宪法，也要负责“监督宪法的实施”，全国人大常委会负责“解释宪法，监督宪法的实施”。[10] 因此，加强和改进人民代表大会的民主监督，“进一步健全宪法实施监督机制和程序”，就为党风廉政建设和反腐败斗争提供了强大的法律支持。[11] 各级人民代表大会及其常委会，应当切实履行监督宪法实施的神圣职责。而所有领导干部也要充分尊重、积极维护宪法的权威，主动接受同级人民代表大会及其常委会的民主监督。正如中央反复强调的，要“支持人大及其常委会充分发挥国家权力机关作用，依法行使立法、监督、决定、任免等职权”。[12]

国家权力机关应当监督领导干部依法办事。宪法规定：“一切国家机关和武装力量、各政党和各社会团体、各企业事业组织都必须遵守宪法和法律。一切违反宪法和法律的行为，必须予以追究。任何组织或者个人都不得有超越宪法和法律的特权。”[13] 党的十八届四中全会指出：“各级领导干部要对法律怀有敬畏之心，牢记法律红线不可逾越、法律底线不可触碰，带头遵守法律，带头依法办事，不得违法行使权力，更不能以言代法、以权压法、徇私枉法。”[14]要加强人大的监督能力，必须进一步“健全国家权力机关组织制度，优化常委会、专委会组成人员知识和年龄结构，提高专职委员比例，增强依法履职能力”。[15]

第二，党内监督要与行政、司法监督有机结合。“一府两院”承担治理国家和社会的重担，其党员领导干部能否依法行政和公正司法，直接关系到国家经济的发展、社会的稳定、人民的安全与幸福。为了保证“一府两院”的党员领导干部能够依法行政和公正司法，必须加强监督，并把党内监督与党外监督结合起来。

其一，要加强纪委监督与行政、司法监督的密切合作。行政监督机关主要是监察部门和审计部门。纪委监督和监察部门的监督应既有合作又有分工，要进一步加强监察部门独立监督的功能，大力推进国家监察体系的改革。要加强纪委监督和审计工作的密切合作。要对审计中出现问题的单位，及时跟进纪委监督，或派巡视组开展专项巡视、定点巡视。纪委和巡视组依靠和借助审计工作开展监督，是一个低投入、高产出的好办法。作为一种探索，可以由纪委牵头，借助审计部门的技术力量，对各级党组织及其职能部门开展党内审计。审计结果可以以某种形式在党内公布，或者向党的代表大会、全委会报告。这是改进党内监督的一个重要途径。

其二，加强纪委监督与金融、经济监管的密切合作。我国实行社会主义市场经济，国家有关部门要对市场进行监督和引导。大型国有企业的董事长、总裁、总经理多数为中管干部、省管干部。这些人可能违法违规经营，例如涉及违法违规上市、兼并、改制、信贷、投融资，也可能存在违法乱纪、贪污腐败行为。按照常规，对于前者的监管是行政监管的事情，而对于后者的监督查处，则主要属于纪委的职责范围。这两个方面的监督，方式方法、监督的着力点虽然有所不同，但目标是一致的，既要保证公司企业合法经营，又要保证党员领导干部遵纪守法，廉政勤政，防腐拒变。纪委对党员领导干部的监督，要同金融经济监管部门对公司企业的监管有机结合起来，坚持双向跟进，相互配合，避免各行其是、互不通气、相互脱离。

其三，加强纪委监督与市场监管的密切合作。以全国固定资产登记与对党员领导干部的监督为例。房产登记和管理的相关信息全国尚未联网。一个人在全国各地到底购买和持有多少套房子，无法统计、无人知晓。这不仅给房产管理以及相关税收工作带来了困难，也使查处贪官污吏的工作难以深入推进。而将在全国范围内进行的固定资产登记，为征收房产税创造了条件，也为查处贪官提供了方便。各级纪委应抓住有利时机，及早制订和出台相关措施，充分利用即将完成的大型数据库，积极跟进、主动适应，开展专项监督工作。各级纪委应与房产管理部门保持信息的互联互通，随时掌握党员领导干部及其配偶、子女、亲属和利益相关者拥有房产的动态情况，以便从中发现问题和问题线索。

十八大以来，国务院分批取消或下放了一大批审批权。但审批权不可能全部取消，由此而产生的权力寻租、以权谋私、贪污腐败的现象也不会绝迹。因此，对权力寻租的监督，不仅要继续加强，而且要将其同对党员领导干部的监督有机结合起来。也就是说，要把纪委监督与行政监督结合起来。各级纪委要深入群众，调查研究，了解相关党员领导干部的所作所为。要支持和鼓励相关的社会组织、企业和广大人民群众对其进行监督举报。

其四，加强纪委监督与出入境管理和外事管理的密切合作。随着反腐斗争的深入，各级纪委与相关部门合作，清理“裸官”，追捕逃往海外的贪官、追缴其赃款赃物，取得初步战果。这两方面的工作都需要党的纪委、组织部同政府出入境管理和外事管理部门、监察、检察、司法部门，以及银行、外汇管理部门的密切合作，否则就难以顺利进行。密切合作的一个重要形式和内容，是互通情况，信息共享，实现各个部门的联通联动。以纪委为核心和牵头单位，建立健全党员领导干部的相关信息网络。各相关部门都有责任和义务保持整个信息网络的畅通无阻，保证信息的完整、准确和及时补充更新。纪委通过这个网络可以随时掌握党员领导干部的全部情况，一旦对某个干部进行“双规”和立案调查，也可以通过这个网络及其相关部门，了解更加详细的情况。而有关部门一旦发现一些党员领导干部有违法乱纪和贪污腐败问题，都有责任和义务及时向纪委通报。这样，就能对党员领导干部违法乱纪和贪污腐败行为，进行全方位、全天候的监督。

第三，党内监督要与多党合作和政治协商的监督有机结合。共产党领导的多党合作和政治协商制度是我国的重要政治制度。它在组织民主党派和社会各界参政议政方面不断取得新进展，但在实行民主监督方面还有待加强。

其一，要提高对政协和民主党派监督重要性和必要性的认识。坚持政协和民主党派对执政党的监督，关系到共产党领导的多党合作和政治协商制度的巩固和发展。长期共存、互相监督是共产党领导的多党合作和政治协商制度的根本。党的十八届三中全会强调“发挥人民政协作为协商民主重要渠道作用。重点推进政治协商、民主监督、参政议政制度化、规范化、程序化”。[16]各级党组织应有海纳百川的胸襟，正确对待、主动接受民主党派和政协的民主监督。党员领导干部，应当把尊重和支持这一民主监督放在非常重要的地位上，积极推进。要通过深入细致的思想工作，解除民主党派成员和政协委员们的思想顾虑，使其能够解放思想，实事求是地进行民主监督，敢于大胆提出批评意见。对于提出批评意见的人，要给予鼓励和保护，即使其意见不完全正确或不十分准确，存在这样或那样的不足之处，我们也要坚持言者无罪、闻者足戒的态度。我们要牢记历史的教训，不抓辫子、不打棍子，广开言路，使民主党派和政协做到敢监督、真监督。

其二，要实现民主党派和政协民主监督的制度化、规范化、程序化。要把民主监督作为一项重要的权利和义务写入人民政协和民主党派的章程中去，做到有规可依，依规办事。也要把接受民主党派和政协民主监督写入中国共产党的党章及其他相关的文件之中，进一步明确规范共产党接受民主监督的程序和做法。党的各级组织尤其是纪委，应建立专门的机制，开辟专门通道，让民主党派人士和政协委员能够及时、顺畅地反映党员领导干部的问题。各级纪委，应经常直接听取民主党派和政协组织对党员领导干部的批评意见，并将这一工作制度化、规范化、程序化。同时，要把政协党组、纪委驻政协机构对党员领导干部的监督，与政协和民主党派本身对其监督有机结合起来。

第四，党内监督要与社会监督有机结合。加强党内监督，需要把纪委的“专业”监督与广大人民群众和社会各界的“业余”监督有机结合起来。要加强党风廉政建设和反腐败斗争的宣传教育，逐步提高广大人民群众和社会各界进行民主监督的自觉性和主动性。要让大家都知道，党风廉政建设和反腐败斗争进展如何、结果怎样，直接关系到共产党的声誉和兴衰。由于共产党是执政党，党的兴衰又决定了国家的兴亡。因此，党风廉政建设和反腐败斗争，既是共产党的事情，也是整个国家和广大人民群众的事情。党风廉政建设的复杂性决定党内监督必须要同党外监督有机结合起来，把纪委的“专业”监督和广大人民群众、社会各界的“业余”监督密切联系起来，打一场“人民战争”。

要积极拓展人民群众参与党风廉政建设与反腐败斗争的渠道。广大人民群众坚决反对干部贪污腐败、违法乱纪，衷心拥护党中央关于党风廉政建设和反腐败斗争的大政方针及各项举措，但他们直接参与反腐败斗争还相对较少。其中一个重要原因是，参与的渠道不多，形式比较单一，从而影响了人民群众的参与积极性、主动性和自觉性。当今是信息时代，信息的传播不仅速度快，而且形式多种多样。网络、短信、微博、微信层出不穷。纪委及相关部门可以充分利用这些形式，加强和改善党内监督。要充分运用最先进的信息技术，及时收集相关信息，并进行数字化的处理，为监督提供坚实的依据。要扩大专门的举报渠道，使之更加畅通，更加便捷。还可以尝试创建网络平台，引导网民就党内监督的问题出谋划策。当然，也要高度重视党内外群众通过传统书面、信访形式反映问题。要双管齐下，两条腿走路，力求不错过任何一条有价值的信息，不放过任何一个贪官污吏。

各级党委尤其是纪委，要发扬党密切联系群众的好传统。一方面要积极“走出去”，深入群众，了解情况。党内监督有其特殊性。纪委的工作，尤其是具体办案工作有其保密性，但这都不应该妨碍我们深入群众了解情况。

另一方面要积极主动地把相关人员“请进来”，其中包括党代表、人大代表、政协委员和广大人民群众的代表，举行各种形式的座谈会、研讨会，就党风廉政建设和反腐败斗争的问题进行研讨，以集思广益，汇集民智。

强化党内监督体系和网络

合理分解权力是党内监督的基础和前提。只有合理分解权力，才能实现权力的相互制约以及掌握权力的部门和个人之间的相互监督。党内监督尽管取得很大成就，但也有不足，相关权力缺乏合理分解、明确分工，尚未在此基础上构建起完善严密、稳定高效的监督体系。因此《条例》强调，要“建立健全党中央统一领导，党委（党组）全面监督，纪律检查机关专责监督，党的工作部门职能监督，党的基层组织日常监督，党员民主监督的党内监督体系。”[17] 这里既明确了监督权力的分解与分工，又提出建立健全监督体系的要求。贯彻落实这一要求，需要做好以下三方面工作。

第一，全面理解和加强一把手的监督职责。《条例》规定党委在整个党内监督体系中的地位和作用，是负责全面监督。党委，无论全委会还是常委会都是一个集体，实行集体领导和民主集中制。重大事项和重要人事任用都要集体决策。制度设计和安排都非常好，但由于理解的差距、理念的滞后，以及具体程序和措施的不到位，会产生与制度设计和安排背道而驰的现象。一方面，一些领导干部特别是一把手权力过分集中，集体决策变成少数人决策乃至个人专断；而另一方面，一些所谓非“核心权力”、得罪人的事情，尤其是党内监督工作，却没有人愿意抓，乃至出现主体责任缺失、监督责任缺位的问题。党内监督一直被看作纪委的事情。党委和党委书记名义上要领导监督工作，实际上较少过问，致使党内监督软弱无力。因此《条例》指出：“全面从严治党，必须从根本上解决主体责任缺失、监督责任缺位、管党治党宽松软的问题，把强化党内监督作为党的建设重要基础性工程，使监督的制度优势充分释放出来。”[18] 要解决这个问题，就要强化党委在党内监督体系中的主体责任、书记的第一责任人作用。

书记作为第一责任人，在党内监督的体系中处于中心和领导地位。其首要责任，是推动整个监督体系正常、有效运转。其中包括直接领导纪委的监督工作、开展职权范围内的巡视工作，以及全面推进自上而下的组织监督、自下而上的民主监督、同级相互监督、党内监督与党外监督的相互结合。党内监督出现宽松软的问题，首先要追究书记的第一责任。党组织出现严重腐败问题，特别是窝案和塌方式腐败，书记即使能够"独善其身"，也要追究其领导责任和渎职罪。

书记在党内监督中要起模范带头作用。要带头主动接受监督，虚心听取意见，尤其是听取不同意见。要带头勇于开展自我批评，经常检查自身工作和党风廉政建设中存在的问题，及时纠正缺点错误。同时，也要带头监督领导班子其他成员，勇于开展批评。如果说开展自我批评比较难的话，那么直截了当地批评别人就更加困难。只有书记带头接受监督和批评，并能够监督和批评别人，才能带动整个领导班子开展相互监督、相互批评。在此基础上，才能不断改进党内政治生活和政治生态，形成既有严格监督、批评与自我批评，又有生动活泼和个人心情舒畅的政治局面。

第二，全面理解和加强纪委的专责监督。纪委在整个党内监督体系中的地位和作用是专责监督，也就是说各级纪委是党内专门负责监督的机关。它在同级党委和上级纪委的领导下全面开展监督工作。但其监督的对象和范围，应当包括党的思想建设、组织建设、党风廉政建设等全面从严治党的情况，以及党的各项工作，而不是专门监督某一方面。所以纪委的监督需要做到重点和全面相结合。过去受传统观念束缚，纪委工作侧重纠正党风党纪和开展反腐败斗争，而对决策监督、决策执行监督相对较弱。当前党内违法乱纪和腐败问题仍比较突出，各级纪委无疑应当重点抓党风廉政建设和反腐败斗争，但同时也应当加强决策监督和决策执行监督。这就使监督工作大大前移，及时进入各项工作的决策和执行过程之中。与监督违法乱纪和腐败问题相比，这样的监督更主动，更能防患于未然。中央巡视工作，树立了典范，既抓住重点，又兼顾全面；既重点检查被巡视单位贯彻中央八项规定和反腐败的情况，又检查其全面从严治党和各项主要工作情况。问题是，如何把巡视制度和做法常态化，使各单位党委特别是纪委，在监督体系中发挥常规化的作用。

第三，构建科学严密的监督网络支撑监督体系的有效运转。党内监督体系是推进党内监督的制度依据和制度保障，也是加强党内监督的指导方向。但党内监督体系的运转，还需要科学严密的监督网络的支撑。如果说监督体系是制度规范的话，那么监督网络则是运转机制、操作程序，是解决如何进行监督问题的。总结以上论述，党内监督网络应当是，在党中央的统一领导下，各级党委实行全面监督，纪委担负专责监督，把自上而下的组织监督和自下而上的民主监督、同级相互监督、党内监督与党外监督相互结合的监督网络。这一监督网络要逐步实现上下结合、纵横结合、内外结合。自下而上的民主监督是基础，自上而下的组织监督是主导，同级相互监督是关键。

李景治

（中国人民大学国际关系学院教授）

[参考文献]

[1]《中国共产党党内监督条例》，法律出版社 2016 年版，第 30、33、37、40、31、47 页。

[2]《中国共产党章程》，人民出版社 2012 年版，第 11—12、15 页。

[3]《中国共产党章程》，人民出版社 2012 年版，第 11—12、15 页。

[4]《中国共产党党内监督条例》，法律出版社 2016 年版，第 30、33、37、40、31、47 页。

[5]《中国共产党党内监督条例》，法律出版社 2016 年版，第 30、33、37、40、31、47 页。

[6]《中国共产党党内监督条例》，法律出版社 2016 年版，第 30、33、37、40、31、47 页。

[7]《中共中央关于全面深化改革若干重大问题的决定》，人民出版社

2013年版，第36、32、34、30页。

[8]《县以上党和国家机关党员领导干部民主生活会若干规定》，《人民日报》，2017年1月13日。

[9]《中国共产党党内监督条例》，法律出版社2016年版，第30、33、37、40、31、47页。

[10]《中华人民共和国宪法》，中国法制出版社2004年版，第48、50页。

[11]《中共中央关于全面深化改革若干重大问题的决定》，人民出版社2013年版，第36、32、34、30页。

[12]胡锦涛：《坚定不移沿着中国特色社会主义道路前进 为全面建成小康社会而奋斗》，人民出版社2012年版，第26页。

[13]《中华人民共和国宪法》，中国法制出版社2004年版，第48、50页。

[14]《中共中央关于全面深化改革若干重大问题的决定》，人民出版社2013年版，第36、32、34、30页。

[15]胡锦涛：《坚定不移沿着中国特色社会主义道路前进 为全面建成小康社会而奋斗》，人民出版社2012年版，第26页。

[16]《中共中央关于全面深化改革若干重大问题的决定》，人民出版社2013年版，第36、32、34、30页。

[17]《中国共产党党内监督条例》，法律出版社2016年版，第30、33、37、40、31、47页。

[18]《中国共产党党内监督条例》，法律出版社2016年版，第30、33、37、40、31、47页。

常态、新常态与非常态——2012—2017 年中国的政治发展素描 *

自 2012 年岁尾迄今，中国迅速形成了与改革开放以来人们所熟悉的状态全然不同的局面。由于这五年的政治、经济、文化局面演变过于迅速，而且仍然处在疾速变化之中，身处复杂体验之中的人们，很难与之拉开适当距离理性地评价这些变化。但这几年的变化，又不容人们小觑，因为它关涉处在现代化进程瓶颈阶段的中国向何处去的大问题。以此，人们不得不在宏观总体把握这几年变化轨迹的基础上，努力去探寻其演变的路径、动力和走向，以期摸到当下中国社会跃迁的脉搏。

中国三态

最近几年，中国呈现出鲜明不同的三种国家态势：一是此前一直紧紧围绕经济发展展开的中国态势。这是一种直接呈现给世人的国家经常性状态，可以称之为中国寻求经济发展的“常态”。常态之所以加引号，是因为它还只是属于中国表露给世人的国家形式特点，并不一定凸显中国的国家实质特征。二是近期出现频次特别高的“新常态”，这个词已成为人们认知当下中国状态的热词。新常态是一个定位中国发展总体新状态的用语，既有确定三期叠加（增长速度换挡期、结构调整阵痛期、前期刺激政策消化期）的转型经济意味，也有明确中国经济从单纯增长型转入结构均衡型的意思。三是中国在结构上呈现的国家状态，那就是一种由革命和后革命因素混合而成的非常态。中国国家状态的形式结构与实质结构是不大吻合的。在形式结构上，经济建设的中心性让人们以为中国已经成为一个人所熟知的现代社会。其实，在实质结构上，中国还没有真正走出革命社会的境地，部分人对革命遗产的执着程度，明显超出人们的想象。不过中国社会已经不再是典型意义上的革命社会，因为暴力式的、运动化的、群众性的革命活动已经无可挽回地终结了。断言中国仍然是一个革命社会，不过是在革命不愿退场的情况下对某些特殊政治现象的指认。

中国的三种国家状态需要分别加以审视。先看经济建设中心这个“常态”。客观地讲，近 40 年的中国发展历程令世人称奇。之所以如此，基本上是因为一个曾经深陷在阶级斗争混乱局面中的国家，竟然可以坚持经济建设这个中心而不变，并且经济总量迅速增长，让中国的 GDP 在不长的时间内蹿升到世界第二位。潜心经济发展，是世人认知近 40 年中国的关键切入点，也是后“文革”时代人们确立中国的国家特色与发展特征的一个最重要指标。人们似乎理所当然地认定，离开经济发展，无以为当代中国定位。

如何确认以经济建设为中心是中国近 40 年的“常态”呢？理由至少有三：一是被称为“改革开放总设计师”的邓小平一贯陈述的治国理念体现了这一点。尽管邓小平阐释“以经济建设为中心”的时候，总是同时强调四项基本原则和改革开放“两个基本点”，但后两者绝对是作为经济发展的保障条件而存在并发挥作用的。否则，人们就很难理解 1992 年邓小平视察南方的讲话精神。二是近 40 年国家配置资源的基本方式，是以 GDP 为中心的。GDP 增长一直是党与各级政府工作的核心任务。不宁唯是，凡是不利于 GDP 增长的体制、机制因素，都可以在改革的名义下加以改变。整个国家正是一台围绕 GDP 核心高速运转的机器。这正是中国在 GDP 崇拜之下赢得 GDP 增长之战最重要的支持条件。三是除经济之外的其他国家事务未能获得正常资源支持，因此缺乏发展动力的反证所给予的证明。环境治理、教育发展、公共卫生、社会福利等重大国家事务，相比于经济的长足发展，明显滞后。直到中国发展转型的任务极为紧迫地摆在国人面前的时候，均衡发展模式才为人关注。

但很明显的是，维持GDP高速增长近40年的中国经济机器已经无法再支撑下去了。资源与环境的代价自然是一个相当重要的制约因素，但更为关键的是发展模式的转变压力、内外部发展条件的重大转变以及发展凸显的种种无法再回避的矛盾，都在发挥牵制中国GDP高速增长的消极作用。于是，“新常态”的提法适时出场并为国家领导人大力提倡。新常态的主要特点：“一是从高速增长转为中高速增长。二是经济结构不断优化升级，第三产业消费需求逐步成为主体，城乡区域差距逐步缩小，居民收入占比上升，发展成果惠及更广大民众。三是从要素驱动、投资驱动转向创新驱动。”进入新常态的中国，显然需要寻求新的发展路径，机遇仍在，潜力仍厚，势头仍好，但挑战远甚从前。

毋庸讳言，新常态也是对一系列新情况所做的概观：经济增长势头有所下滑、政治体制改革正在艰难推进、社会治理重回综合治理、国家总体安全对内对外尚存在不少忧虑。同时，新常态也是对唯GDP时代那种崇尚无条件经济中心政策的告别。而且，受需求侧改革引导的改革模式所依赖的消费、投资、出口三驾马车，驱动起来已步履缓慢。供给侧改革受到空前重视。创新驱动、先进产能、优质服务、民生改进，一时成为新常态与供给侧改革联姻的新型流行词。这仍然是从经济发展中心的视角对新常态做出的解释。问题在于，新常态显然不只是一个针对经济发展状态的术语，而是一个总体定位当下中国发展处境与态势的概念。换言之，新常态敦促人们意识到，中国的发展处境与政策筹划，已经进入一个全新的局面，惯性发展的思维与行为必须终止，重新寻求出路的共识必须形成，那种认为中国经济会迅速“触底反弹”的说辞可以休矣。或许这才是新常态这一提法富有教益的地方。

不论是维持了近40年政策层面的经济发展常态，还是近期倡导的为人们所熟知的经济建设新常态，其实都是中国找寻现代化道路上的一个过渡时代之一时之计的称谓。从总体上讲，中国必须从前现代化进入现代化，这是国家发展的既定目标模式，是没有任何理由可以拒斥的国家演化进程。设定中国借助革命手段推动国家成功走出前现代化境地，那么由革命建国支撑起来的现代国家形式结构，需要在作别革命的基础上，最终落到一个依宪治国、崇尚法治、理性妥协、局部动员的正常国家平台上来。就此而言，今日之中国，发展成就之巨大，举世公认。但就国家总体状态讲，仍然处在一个国家的非常态境地。

试想，实行市场经济导向的改革以来，中国何时何地不是秉持一种高度中央集权的计划精神在推进经济发展？国家的改革开放得益于“总设计师”，国家的经济增长得力于中央领导层的坚持不懈，国家对一切不利于 GDP 成长因素的去弊存利无不因为中央强力推动，国家所有办成的大事均因中央政府的全力驱动。即使是减灾应急这类事务，也只能在中央统一部署下才能迅速完成。“集中力量办大事”的中央统制经济模式，不因计划经济与市场经济的经济类型差异而在资源配置与政策执行上有任何结构性不同。中国，仍然是为人们所熟悉的那个革命劲头十足的国家。

从国家三种状态的关系上讲，新常态要解决的老常态难题是表面的、形式上的。新常态真正要应对的难题源自根深蒂固的非常态问题。这正是中共十八大以来真正在花功夫尝试化解的问题。

国家发展的新布局

理解中国，常常需要在“文献中国”的意义上先行着手。原因很简单，一方面是因为中国地域广袤，区域差异甚大，发展程度悬殊，人们很难对中国的总体状况了然于心；另一方面，则是因为中国的文献政治与实际政治之间隔着一道道高墙。这一系列高墙，不是地域、区域与发展水平筑就的，而是不同地区与层次的领导人的政策认知与执行水平造就的。在中国的单一制政治运行体制中，负责制定全国性政策的中央机构，下发文件，督导实施，事后测评，奖优罚劣。但即便如此，也会有某些地方某些地区没有得到彻底的贯彻实施。其实，说起来这也是中华人民共和国建立以来就一直在解决的难题，迄今也没有从根底上求得解决之道。再一方面，由于我们一向主张政策双避——不仅要避免教条主义，而且要避免经验主义，因此，无形中便将政策的文献制作与执行过程隔离开来，导致各地执行中央政策时会产生某些偏差，有的政策文献在实际执行中走样情况之严重，恐怕远远超出人们的想象。这就更加增添了人们了解中国政治总体现状的难度。如果人们尝试把握中国政治的真实情形，就不得不从三个方向同时下手：一是中国政策的文献理解，二是探明中国政治的地区与层级差异，三是甄别中国政治的形式与实质异同。

2012 年以来的最近几年，中央机构及其领导人对中央政策执行的有效性的关注，也引发了中央机构以严厉的政策督导和纪律巡查，推动政策的有效执行。习近平直接强调，政策“关键在于落实”；李克强经常性地派出督查组巡视各地。因为这样会规避地方或部门对中央政策的阳奉阴违，有利于减少地方或部门执行中央政策不力情况的发生。

中央领导深知政策会被个别部门和地方领导扭曲，因此中共十八大产生的这一届领导，对政策制定与执行的贯通性保持着极高的警惕。这一是因为由于中共十八大以来对中国未来的发展进行了全新的布局，政策执行的结果不容闪失；二是基于中国正处于深化发展的关键阶段，必须进入一个全方位布局中国未来的紧张动员状态。

中共十八大以来的这几年，涉及国家总体新布局的文献甚多，国家领导人对之的论述更是不少。从抓大放小的角度看，中共十八届三中全会国家治理问题的决议，中共十八届四中全会推进依法治国的决议，是最重要的两个文献。

中共十八届三中全会聚焦国家治理问题，出台了《中共中央关于全面深化改革若干重大问题的决定》。这个决定促使人们重点关注对改革的认知、局势的判断和全局的部署。“实践发展永无止境，解放思想永无止境，改革开放永无止境。面对新形势新任务，全面建成小康社会，进而建成富强民主文明和谐的社会主义现代化国家、实现中华民族伟大复兴的中国梦，必须在新的历史起点上全面深化改革，不断增强中国特色社会主义道路自信、理论自信、制度自信。”这给人们了解近几年中国的新状态以大量信息：在中国执政党的视野中，“世情、国情、党情”已经发生重大改变，确立改革的新任务势所必然。当下的改革开放是全面系统布局，直接切入改革的核心问题，寻求改革的根本突破。因而，全面谋划中国发展未来的新局面在所难免。

这个决定让两个词成为人们了解中国政局全新布局的热词，一是国家治理体系现代化，二是国家治理能力现代化。“全面深化改革的总目标是完善和发展中国特色社会主义制度，推进国家治理体系和治理能力现代化。必须更加注重改革的系统性、整体性、协同性，加快发展社会主义市场经济、民主政治、先进文化、和谐社会、生态文明，让一切劳动、知识、技术、管理和资本的活力竞相迸发，让一切创造社会财富的源泉充分涌流，让发展成果更多更公平惠及全体人民。”被人称之为“第五个现代化”的治理现代化隆重登场。这一提法，关涉该文件60大项、220余项重大改革。仅从文字上看，就知道中国的改革确实不同往日，正进入一个系统筹划的新阶段。

中国的改革走到今天，任何细微的改革举措都会“牵一发而动全身”，全新布局其实不是那么容易奏效的。“当前，我国发展进入新阶段，改革进入攻坚期和深水区。必须以强烈的历史使命感，最大限度集中全党全社会智慧，最大限度调动一切积极因素，敢于啃硬骨头，敢于涉险滩，以更大决心冲破思想观念的束缚、突破利益固化的藩篱，推动中国特色社会主义制度自我完善和发展。”这些近乎极化的表述，表明中国必须寻找到与改革处境相当的改革动力，才足以真正推动改革前行。如果说之前中国的改革主要依赖执政党领袖的政治意志的话，那么现在找到的主要动力就是法治。中共十八届四中全会做出了《中共中央关于全面推进依法治国若干重大问题的决定》。文件开篇就明确了这一点，“全面建成小康社会、实现中华民族伟大复兴的中国梦，全面深化改革、完善和发展中国特色社会主义制度，提高党的执政能力和执政水平，必须全面推进依法治国。”

全面推进依法治国，作为国家发展布局的总体意义，从两个方面投射出来：一是在现实针对上是法纪松弛，不适应发展需要。“同党和国家事业发展要求相比，同人民群众期待相比，同推进国家治理体系和治理能力现代化目标相比，法治建设还存在许多不适应、不符合的问题……这些问题，违背社会主义法治原则，损害人民群众利益，妨碍党和国家事业发展，必须下大气力加以解决。”二是在目标模式上是建立法治国家。“全面推进依法治国，总目标是建设中国特色社会主义法治体系，建设社会主义法治国家。这就是，在中国共产党领导下，坚持中国特色社会主义制度，贯彻中国特色社会主义法治理论，形成完备的法律规范体系、高效的法治实施体系、严密的法治监督体系、有力的法治保障体系，形成完善的党内法规体系，坚持依法治国、依法执政、依法行政共同推进，坚持法治国家、法治政府、法治社会一体建设，实现科学立法、严格执法、公正司法、全民守法，促进国家治理体系和治理能力现代化。”概括言之，就是要以法治作为中国未来发展的强劲动力，作为国家治理体系与治理能力现代化的杠杆，撬动整个国家稳定、协调与可持续的发展大局。这是对中国进入新常态，并借助新常态根本解决非常态，成为真正落定在现代正常国家平台上所做出的总体规划。可以断言，中国落到法治平台上，不仅是中国得以实现全面深化改革任务的前提条件，也是中国成为后革命的常态国家的重要标志。

反腐的社会效应与政治效应

近五年来，党中央对中国的新布局倾尽全力。全面深化改革，是针对中国改革模式的结构性转变要求而确立的方略。全面推进依法治国是针对改革动力缺损、激活机制力量而确定的思路。但从落实情形看，两者的实施并不如人所愿。习近平数次明确强调改革落地问题的重要性与紧迫性，即从一个侧面印证了这一点。

何以一个令人期待的全方位、结构性改革的部署，很难落实下去呢？分析起来，一者跟改革的难度大大增加有密切关系，二者则跟推进改革的官员队伍状态紧密相连，三者与公众的结构性改革期待较为疏离有关。这都在有形与无形中显著影响了改革的推进、成效和认受性。从改革的难度来讲，国家治理体系与治理能力的现代化，需要处理的问题都是结构性的。不宁唯是，这些问题还是多年积弊，殊难触动。这恐怕也是中国社会共同意识到的问题。这种认识，拉开了改革设计与实施的距离，需要付出大量的时间代价方能见效。从公众对结构性改革的期待来讲，当然受制于公众对改革得益的切身感受。但恰恰深度改革是一个调整利益结构而非浅层施惠的过程，因此，公众很难明确感受到改革给自己带来的实际好处。公众对改革的冷漠，让改革的热烈氛围难以形成。更为关键的还是官员队伍的现状，极大限制了改革的有效推进。这倒不是说现有官员队伍都是不愿投入改革的颓废集群，这样的判断恐怕让官员队伍感到十分委屈。从客观的视角看，是改革开放以来促进官员队伍作为的方式受到了严峻挑战，以至于在全新的改革布局面前，官员队伍不仅难以形成新的共识，更难以转进到适应新局面的行为方式上去。

改革开放初始阶段，国家期望实行的是“一部分人先富起来，以先富带后富，实现共同富裕”政策。这是一个从当时现实出发、达于较长远未来的经济社会发展的结果模式。如果将之离析为社会财富增长的三个阶段，那么一部分人先富起来是第一阶段，第二阶段是先富人群带动后富人群的过程，第三阶段是实现共同富裕。在第一阶段，哪些人可能先富起来呢？两部分人占有先机。一是特别敢于运用权力给予的机会的人群，这些是人们所谓敢为天下先、敢于“吃螃蟹”的人群。二是贴近权力，深明改革就是权力重新分配资源的变迁的人群，他们占有权力惠予的特殊机遇，甚至直接获得权力分配资源的好处。假如一些人不仅胆大心细，而且贴近权力，那么他们笃定是先富起来的人群。这是一个推论，同时也是一个最接近中国先富人群富裕起来的事实的推论。就此而言，中国经济的急速发展，对富裕人群而言，乃是一个接近赎买的迅疾演变：在掌握或接近权力的人群得到改革开放的实际好处的情况下，改革开放自然具有强大的利益获得性动力。

但改革开放的利益重组既然让受益者成为掌握或接近权力的人群，那么，相对普遍的腐败就在所难免。这是权与钱紧邻关系所注定的事情。一旦国家试图转变财富积累的方式，从粗放式的 GDP 增长转变为精细化的全面推进，改革的利益动力机制就会遭遇极为严峻的挑战。因此，在国家布局新的发展格局之际，一场反腐败运动势不可免。唯有如此，才能终止行之既久的利益分配机制，改变官员集团的利益获得方式，重塑官员集群投入改革的动机系统，重获中国改革的强大动力。反腐败所具有的综合效用，不言而喻。

2013年，习近平就明确指出："坚定不移惩治腐败，是我们党有力量的表现，也是全党同志和广大群众的共同愿望。我们党严肃查处一些党员干部包括高级干部严重违纪问题的坚强决心和鲜明态度，向全党全社会表明，我们所说的不论什么人，不论其职务多高，只要触犯了党纪国法，都要受到严肃追究和严厉惩处，决不是一句空话。从严治党，惩治这一手决不能放松。要坚持'老虎''苍蝇'一起打，既坚决查处领导干部违纪违法案件，又切实解决发生在群众身边的不正之风和腐败问题。要坚持党纪国法面前没有例外，不管涉及谁，都要一查到底，绝不姑息。"简言之，这就是流行坊间的"把权力关进制度的笼子里"。

受这一理念的驱动，近几年中国掀起了世人瞩目的反腐风暴。

这一次反腐败运动，范围之广、程度之深、层次之高、影响之巨，前所未有。据统计，反腐风暴最猛的2014—2016年，公布的被处理的官员人数屡创新高。有人根据中央纪委网站"案件查处"统计，2014年全年，全国在查处违反中央八项规定精神问题上，查处52572个问题，处理70870人，给予党政纪处分23573人。据最高人民检察院消息，2014年1至11月，全国检察机关立案侦查各类职务犯罪案件39782件，处理53043人，其中县处级以下49383人，占比超过93%。

2015年全年，"无论是给予党纪政纪处分人数还是审查中管干部人数均为改革开放历年来的最高值。全国共立案33万件，处分33.6万人，涉嫌犯罪被移送司法机关处理1.4万人。十八大以来查处的中管干部覆盖了31个省区市"。该年处理了周永康、令计划和苏荣这些正国、副国级干部。

2016年，"全国纪检监察机关共接受信访举报253.8万件次，处置问题线索73.4万件，谈话函询14.1万件次，立案41.3万件，处分41.5万人（其中党纪处分 34.7 万人）”。惩治腐败，力度空前。

空前力度的反腐，一方面证明赎买式的经济发展驱动方式到了非终结不可的地步，否则国家权力的廉洁完全缺乏保障；另一方面证明了源自国家高层权力的自我清理门户的决心之大，否则便会遭遇亡党亡国的危机；再一方面则证明了中国社会对遍及各地各层次的腐败已经无法容忍，否则将会影响国家的和谐与稳定。惩治腐败，从一开始动用党纪国法惩罚腐败官员始，到后来发现运用制度机制反腐保廉重要作用，最后终于落到了反腐的重要制度补缺上。中共中央出台了一系列保持廉洁与惩治腐败的文件——诸如《中国共产党廉洁自律准则》《关于新形势下党内政治生活的若干准则》《中国共产党巡视工作条例》《中国共产党纪律处分条例》《中国共产党问责条例》《中国共产党党内监督条例》，等等。这可以说是单一执政党最为系统的组织纪律建设了，它对组织成员的反腐保廉应该可以发挥积极作用。但如何坐实整个国家反腐保廉的优良社会政治生态，恐怕只能指望全面推进依法治国。比较现代化史表明，唯有落在法治平台上的国家，才能真正有效惩治腐败，保证廉洁。

从惩治腐败的目前效果来看，社会效果要好于政治效果。之所以会如此，是因为疾风暴雨式的反腐运动，让中国社会接受了一次反腐保廉的教育洗礼，以腐败为羞耻的社会政治伦理大致可以确立起来，权钱勾结的赎买性机制为人所不齿。但从政治效果上看，反腐还未能达到预期的目的：一是官员集群在反腐运动中软性抵抗明显，反腐有待激发官员群体的工作动力。二是反腐还没有完全坐实到法治的平台上，党纪与国法的不同效用还未清晰区分，制度反腐的政治绩效还需要提升。三是反腐的综合效果，从不敢腐到不能腐，最后到不想腐的系统反腐保廉机制还需要贯通起来。这涉及整个政治体制的优化问题，是中国深水区改革的难题。

“中国梦”的国家指向与全球意涵

中国近代以来的发展复杂曲折，但中国从来没有在挫折中屈服和认输。这为改革开放中国的迅速崛起积淀了深厚的民族精神资源。在中国寻求发展的漫长历程中，民族的复兴与国家的崛起一直紧密联系在一起。这中间虽有一些缺失，比如对人的尊严、个人价值、个体自由、私人财产、法治原则等的认知高度与制度建设。但从总体上讲，一个站在近代历史边沿上就饱受列强侵凌的国家，还能保有如此强烈的国家发展意愿，实属难得。

对中国的发展而言，在目标上有一个大起大落的惊人变化。在农商时代的晚近阶段，中国保有一种天朝上国的民族自傲与自负心态。即便在遭遇现代化转型难题的初始阶段，晚清时期仍然能够建构起西方物质文明发达、中国精神文明发达的自我肯认模式。这样的建构具有两面性，一者有利于鼓舞民族自信心，二者让民族的自省蒙上尘垢，但不容全盘否定其中包含的积极精神成分。正是这种韧劲儿，让中华民族衰而不亡，不断寻求民族新的生机。但在中西古今的多边冲突中，中国逐渐意识到处于全面下风的危机。晚清民初之际，全面的危机意识弥漫全国，终于在 1919 年演变成为“吾人最后之觉悟乃伦理的觉悟”这种颠覆性的认知，传统文化与现代文明的对峙性选择局面可悲地成为现实。但更为紧要的是，中国自此开始，自认全面落后于西方，在“向西方寻找真理”的精神氛围中，中国认准了“落后就要挨打”的国家处境，发愤图强，寻求国家复兴。但没有将功利目标落实在经济领域，反而以政治领域中不妥协的阶级斗争耽误了国家的发展。

直到改革开放时期，中国潜心效仿现代国家崛起的进路，一门心思沉潜于经济发展，尤其是专注 GDP 的增长，坚持近 40 年，结果中国的 GDP 总量跻身世界前列，仅次于自己曾经悉心模仿的美国。这是一个非常令人鼓舞的发展结果。随着这一发展成就呈现给世人，也让中国的自信心大大增长：过去那种因落后而挥之不去的心理阴霾，也就是难免落后挨打的负面念头一扫而空；而民族复兴的积极目标现实展示出来，并勇于向世人宣告这一国家目标。

这正是近几年习近平阐释“中国梦”理念的大历史精神氛围。习近平指出：“每个人都有理想和追求，都有自己的梦想。现在，大家都在讨论中国梦，我以为，实现中华民族伟大复兴，就是中华民族近代以来最伟大的梦想。这个梦想，凝聚了几代中国人的夙愿，体现了中华民族和中国人民的整体利益，是每一个中华儿女的共同期盼。历史告诉我们，每个人的前途命运都与国家和民族的前途命运紧密相连。国家好，民族好，大家才会好。实现中华民族伟大复兴是一项光荣而艰巨的事业，需要一代又一代中国人共同为之努力。空谈误国，实干兴邦。我们这一代共产党人一定要承前启后、继往开来，把我们的党建设好，团结全体中华儿女把我们国家建设好，把我们民族发展好，继续朝着中华民族伟大复兴的目标奋勇前进。”由此可以归纳出“中国梦”的几个要素：一者它是中华民族的复兴梦，二者它是中华民族整体利益的体现，三者国家与民族复兴高于个人利益，四者中国仍然处在国家复兴的路上，五者中国共产党担负着民族与国家复兴的领导责任。一言以蔽之，中国梦乃是依赖中国共产党领导才能实现的国家复兴梦。

实现中国梦需要建构国家命运共同体。“中国梦是民族的梦，也是每个中国人的梦。只要我们紧密团结，万众一心，为实现共同梦想而奋斗，实现梦想的力量就无比强大。我们每个人为实现自己梦想的努力就拥有广阔的空间。生活在我们伟大祖国的伟大时代的中国人民，共同享有梦想成真的机会，共同享有同祖国和时代一起成长与进步的机会。有梦想，有机会，有奋斗，一切美好的东西都能够创造出来。全国各族人民一定要牢记使命，心往一处想，劲往一处使，用13亿人的智慧和力量汇集起不可战胜的磅礴力量。”习总书记的这段话是对个人、集体、国家利益三兼顾的传统政治伦理翻新式的表述，也是对国家集体力量大于个人力量的再次强调，更是对民族复兴的国家目标的再度重申。这是一种基于权力认知的国家发展观。

中国的发展是处在全球化环境中的发展。中国的复兴不是中国一个国家的孑然复兴，而是在全球化进程中与其他所有国家共同谋求的发展结果。循此理路，中国的国家命运共同体建构便与全球命运共同体建构直接勾连起来。

"实现中国梦，必须坚持和平发展。我们将始终不渝走和平发展道路，始终不渝奉行互利双赢的开放战略，不仅致力于中国自身发展，也强调对世界的责任和贡献；不仅造福中国人民，而且造福世界人民。实现中国梦给世界带来的是和平，不是动荡；是机遇，不是威胁。"在打造全球命运共同体的理念引导下，中国近年致力于建构"一带一路"的全球经济新体系；努力维护全球自由贸易体系，明确反对贸易保护主义；倾力为全球的发展而非一国一地的封闭式获利而谋划和动作。为此，习近平强调："当前，世界经济领域三大突出矛盾没有得到有效解决。全球增长动能不足，难以支撑世界经济持续稳定增长；全球经济治理滞后，难以适应世界经济新变化；全球发展失衡，难以满足人们对美好生活的期待。为此，我们一要坚持创新驱动，打造富有活力的增长模式。二要坚持协同联动，打造开放共赢的合作模式。三要坚持与时俱进，打造公正合理的治理模式。四要坚持公平包容，打造平衡普惠的发展模式。只要我们牢固树立人类命运共同体意识，携手努力、共同担当，同舟共济、共渡难关，就一定能够让世界更美好、让人民更幸福。"打造全球命运共同体，自然是中国的国际大手笔——收益和代价都将是巨大无比的。但中国确实已经无法继续行走在既定国际规则的进路上，谋求建构新的的国际规则甚至是国际体系，也许是中国不得不为的大事。中国的国家复兴梦，自此也就具有了全球意涵。试想在世界现代化历史上，一个体量如此巨大的国家的复兴，岂有封闭孤立的发展而奏效的？中国不能不在国家复兴之路展现出来之际，放宽视野，在广阔的国际空间谋求国家的持续发展。在贫穷落后状态下的中国之固守一隅，以敌视的态度对待"封资修"国家的定势，必须经历大转变，转而为与所有国家修好并寻求和平发展与和平崛起的宽松环境。这是一个极为巨大的变化。

国家复兴必须仰赖的国家命运共同体，国家复兴联动必须仰赖的全球命运共同体，对中国发展来讲，都是新事物。中国能否在付出当付代价的基础上，蹚出一条令人耳目一新的发展道路，还必须审慎以对、戒慎戒惧、精心筹谋、理性评估。高悬理想易，实现目标难。如何同时驱动国内与国际的共变共谋局面，将成为实现“中国梦”的政治大考。

进退之间：突破国家治理的两难

古往今来，在国家治理的理想状态期待上，进取与退守都是需要以巧实力应对的难题。“进可攻，退可守”，是国家治理的理想状态。在国家治理与全球治理的复杂关联结构中，治理的进取模式，是因应于现实处境与理想期待所采取的主动政策谋划，是在治理诸要素萌动状态中就主动作为以争取实现治理者的预期目标。所谓治理的退守模式，则是治理者面对不利处境，致力化解种种困局，以保证治理不至于陷入进退不得的尴尬，力避陷入无法治理或治理崩溃的危局。后者兜底，前者驱动，一个国家的治理就会达致较为理想的境界。

中国自晚清到民国，已经两次陷入退而失守、进而无功的失败国家境地。可以说，晚清、民国的国家谋划是惨败的。中华人民共和国成立，表明中国共产党在国家建构的政治谋划上是成功的。但新中国成立后逐渐定型的阶级斗争取向，耗费了丰厚的政治资源，国穷民怨是“文革”后期的中国社会事实。邓小平在执政党极为被动的处境中推动中国的改革开放，让国家有了一个保持稳定、秩序和发展的发展目标。

到中共十八大，曾经对中国的现代转变尤其是经济发展或GDP增长发挥极大促进作用的经济体制改革，逐渐显得左支右绌。决策者呼应改革新局面的要求，谋划全局性改革——不仅策划了全面深化改革的、空前的改革规划，而且将之夯实在依法治国的制度平台之上。与此同时，在国家发展的谋划上，第一次明确将进取的改革安排与退守的国家安全谋划紧密联系起来，系统筹划。如果说全面深化改革与推进依法治国是进取性的国家发展谋划，那么，国家总体安全观出台，则是退守性的国家治理谋划。

国家安全是一个民族国家时代重要的国家政治问题。现代国家的基本功能，在于对内维护秩序，对外抵御强敌。这也就启发了人们认识国家自我维持的两种进路：一是维护国家既定的形式与实质规定性，让国家顺畅发挥两种基本功能；二是避免国家陷入内不可治、外难御敌的失控状态。换言之，国家一旦建立，就必须要处理进取性的政策制定与执行问题，这是国家权力有效性的直接体现；同时还必须处理抗拒与颠覆国家权力、让国家安全堪忧的棘手问题，保证国家不至于崩溃。

对中国这样体量巨大的国家来说，要制定出有效的政策，发挥其积极效用，保证公民积极支持国家权力，维护国家统一，投入国家发展，已成为当务之急。中华人民共和国建国初期，毛泽东曾经聚集起极高的政治声望，发挥过团结国家、促进统一、凝聚人心、振奋士气的积极作用。但当毛泽东陷入个人崇拜泥淖、无法制定出推动国家强盛的政策时，他将国家推入阶级斗争的深渊。其时国家之弱小、人民之贫穷，令人惊心。改革开放以来，中国悉心效仿发达国家，开放门户，引进新知；坚持学习，改善管理；移风易俗、适应现代。中国的积极变化，引人赞叹。

但新的问题随之而出：随着国家的迅速发展，国家的防御性有所缺失，以至于明显影响中国的国家安全。近几年中国的国家安全引起了权力高层的极大关注，并予以全方位的布局，力求兜住国家安全底线，并以此兜住国家持续发展的底线。习近平明确指出："当前我国国家安全内涵和外延比历史上任何时候都要丰富，时空领域比历史上任何时候都要宽广，内外因素比历史上任何时候都要复杂，必须坚持总体国家安全观，以人民安全为宗旨，以政治安全为根本，以经济安全为基础，以军事、文化、社会安全为保障，以促进国际安全为依托，走出一条中国特色国家安全道路。贯彻落实总体国家安全观，必须既重视外部安全，又重视内部安全，对内求发展、求变革、求稳定、建设平安中国，对外求和平、求合作、求共赢、建设和谐世界；既重视国土安全，又重视国民安全，坚持以民为本、以人为本，坚持国家安全一切为了人民、一切依靠人民，真正夯实国家安全的群众基础；既重视传统安全，又重视非传统安全，构建集政治安全、国土安全、军事安全、经济安全、文化安全、社会安全、科技安全、信息安全、生态安全、资源安全、核安全等于一体的国家安全体系；既重视发展问题，又重视安全问题，发展是安全的基础，安全是发展的条件，富国才能强兵，强兵才能卫国；既重视自身安全，又重视共同安全，打造命运共同体，推动各方朝着互利互惠、共同安全的目标相向而行。”这样的国家安全观，当然是多重因素塑造出来的。其中，现代社会处在高风险社会的状态中，一切发展都必须首先降低或避免风险。国家高层领导直接呼吁总体安全，有其不可怀疑的必要性与重要性。无可讳言的是，这种国家总体安全观的深层驱动力，还是国家的政治安全。中国发展的政治安全，既来自执政党的国体依赖，也来自意识形态的特殊性，更来自转型社会的矛盾激化。外部的敌视力量不能说很小，但毕竟中国权力方面的体认更为关键。

从评价的角度讲，总体国家安全观确实将中国的国家安全提升到了一个罕见的高度，并且给予了空前系统的归纳、陈述和制度设计。这在国家发挥基本功能的角度讲，是完全值得肯定的。但落实这样的国家安全观，需要处理好几个前置性问题：一是怎样分配用于国家发展和保护国家安全的资源。这两个方面具有互补性。在互补的方面，两者可以达成双赢后果，但也有相斥的一面。尤其是在资源总量既定的情况下，用于发展的资源多了，用于保护安全的防御性资源就少了，反之亦然。一个国家的有限资源无法从容保证两方面的需要，会否顾此失彼，需要高层决策者精心权衡。二是进取发展与退守安全在国家治理理念上很难两全。一旦守护国家安全的意识占上风，求取国家发展的意愿就会下降。发展引发的不满总有些令人触目惊心，只要不发展，矛盾就会减少；或者安于守势，社会矛盾就更少。“文革”反对帝、修，反成为保障国家安全的首选，结果发展严重迟滞。尽管今天这种进取与退守的互斥选择，已经不再成为中国发展的政策选项，但国家必须居安思危。三是守护国家安全的底线一定要坚持。国家安全的保障必须既有利于保障日常安全，又有利于保障非常状态下的国家安全。需要明确的是，国家的日常安全问题高于与先于国家的非常安全问题，这样才不至于在和平状态下人为制造国家不安全，保证国家的安宁有序，持续发展。换言之，国家总体安全观是中国发展必须应对的课题，但也必须安顿在全面深化改革的框架内，放置到依法治国的现代国家正常状态中，才具有真正的合理性。

最近几年，中国寻求可持续发展的顽强尝试有目共睹。形式上成为常态的 GDP 增长膜拜已经受到明显矫正。但以全面深化改革和依法治国促使国家真正落到现代国家的正常状态的努力，才刚刚迈出蹒跚步伐。按照大国公共政策周期论的说法，这些谋划真正奏效，至少需要十年。执政党高层的谋划对此是审慎的，仅仅是全面深化改革的结构性布局，就给出了七年时间。这是必要的时间付出。欲速则不达！

任剑涛

（清华大学政治学系教授）

* 本文刊于《武汉大学学报》2017 年第 4 期，经授权使用。